KB042560

일본 영화가 재미없는 ~~있는~~ 10가지 이유

현대 일본 장르영화의 경향과 사회적 컨텍스트

유양근 저

10 Reasons Why Japanese Films
Are Not Interesting

박영사

차 례

들어가며: 일본영화와 장르 그리고 수용

　일본 문화 개방 이후 영화 분야에서도 많은 일본영화들이 소
개되고 있고 마니아들이 있을 정도가 되었다. 물론 현재 젊은 층에
서는 애니메이션이 대세가 되어 있지만 여전히 일본영화를 보는 관
객층이 존재한다. 일본영화를 공부하고 연구하고 있는 입장에서 이
는 반가운 일이다. 하지만 근래에 한국영화의 선전과 할리우드 블
록버스터가 영화관에서 경쟁하는 사이 일본영화를 포함한 다른 나
라 영화들은 영화제에서나 볼 수 있을 정도로 개봉 편수나 관심에
서 상당히 멀어진 느낌을 받는다. 특히 일본영화의 경우 지브리 애
니메이션이나 최근의 신카이 마코토(新海誠)감독의 ＜너의 이름
은＞ 등의 애니메이션이 있기는 하지만, 실사영화의 경우는 전반적
으로 관객의 호응을 얻지 못하고 있으며 한마디로 재미없다는 반응
들이 많다.

　근래의 예를 보아도 일본에서 2012년과 2013년도 흥행 수익 1
위를 기록했던 ＜바람의 검심 るろうに剣心＞ 시리즈는 우리나라에
서 2013년과 2015년에 각각 개봉했으나 2,648명과 3,160명, 1,851명

등으로 저조했다(영화관입장권 통합 전산망 자료. http://www.kobis.or.kr.) 2012년 일본에서 흥행 돌풍을 일으켰던 코미디 영화 <테르마에 로마에 テルマエ·ロマエ>는 2013년 우리나라에서 3,319명의 관람 성적을 남겼다. 참고로 일본 영화제작자연맹 발표 자료에 따르면 <바람의 검심> 시리즈는 일본에서 흥행 3위를 하며 52억 엔, 43억 엔 등의 높은 흥행 기록을 남겼으며, <테르마에 로마에>는 흥행 2위로 59.8억 엔의 흥행 기록을 남겼다.

여러 가지 원인이 있다고 생각되지만, 여기에는 분명히 일본 영화의 여러 가지 코드가 우리 관객들과 맞지 않는 부분이 있다고 추측할 수 있을 것이다. 물론 재미있다고 생각되어 호응을 받았던 영화가 아예 없는 것은 아니다. <러브레터 Love Letter>(1995)의 경우는 애니메이션을 제외하고 가장 흥행에 성공한 일본영화로 꼽히며 우리나라에서 재개봉되기도 했고, <이제 만나러 갑니다 いま、会いにゆきます>(2004)의 경우도 상당한 흥행을 기록했다. 그러나 우리나라 영화나 미국영화에 비해 상대적으로 관객수가 많은 것은 결코 아니다. 그렇다면 어떠한 점이 우리나라 관객의 호응을 끌어내지 못하는 것일까?

이런 관점에서 일본의 장르영화를 최근작 중심으로 분석하여 장르의 흐름과 현상황, 사회적 컨텍스트 등을 살펴보고 어떠한 점이 우리나라 관객들의 흥미와 공감을 얻지 못하는지 살펴보고 다른 관점에서 보다 흥미롭게 일본영화를 접할 수 있는 정보를 제공하고자 하는 것이 이 책이 지향하는 것이다.

다만 이 책은 장르영화를 연구하는 전문적이고 이론적인 접근을 하려고 하지는 않는다. 일반 독자들도 쉽게 펼쳐보고 이해할 수 있으면서 다른 해석을 이끌어 낼 수 있도록 서술하기 위해 노력하였다. 따라서 장르의 역사나 이론은 가급적 배제하고 2000년 이후에 일본에서 개봉된 영화들을 대상으로 현대 일본 사회와 연결지어 해석하는 데 집중하였음을 밝혀 둔다.

그럼에도 불구하고 일본의 장르영화의 기초 지식으로 간략하게 역사적인 흐름을 언급해 놓을 필요는 있다고 생각된다.

일본영화는 긴 역사만큼이나 많은 장르영화의 전통이 있다. 교토를 기반으로 영화사 초기부터 정착한 시대극이 있으며, 가부키나 신파에 뿌리를 둔 멜로물, 쇼치쿠(松竹) 영화사를 중심으로 정착한 홈드라마(가족물), 다이에이(大映) 영화사가 장기로 했던 문예물, 닛카츠(日活) 영화사가 전후(戰後) 붐을 일으켰던 청춘물과 액션물, 1970년대를 풍미했던 로망포르노와 야쿠자물 등 스타와 관객이 함께 했던 장르영화의 전통이 있다. 1980년대 이후 굵직한 장르영화의 흐름은 대형 영화사의 몰락과 더불어 끊어지고, 장르의 변형과 결합이라는 세계적인 추세를 따르게 된다. 수치적으로는 영화시장이 다른 엔터테인먼트에 자리를 내어 주고 물러나 있지만, 애니메이션을 필두로 하여 일본영화는 꾸준히 관객들을 극장으로 불러 모으며, 한편으로는 DVD나 인터넷이라는 새로운 매체를 활용하여 장르영화의 맥을 잇고 있다.

이러한 흐름 속에서 근래 일본의 관객들이 호응했던 흥행작들을 중심으로 장르적인 분석을 하고 사회적 배경을 밝히며, 일본 장르영화의 특수한 요소를 추출하고 그러한 요소를 받아들일 수 있는 영화 내외적 정보를 제공함으로써 일본영화를 단지 재미없는 영화가 아니라 흥미있는 일본문화로 접근할 수 있는 징검다리 역할을 했으면 하는 것이 저자의 바람이다.

책의 내용 중 힐링 영화는 일반적인 장르 구분에는 들어가지 않으나 우리나라 관객들이나 네티즌들을 중심으로 자리 잡은 용어로 할리우드 블록버스터 영화나 일반적인 장르영화와는 차별점을 가진 소재와 형식, 내용을 가진 영화를 가리키는데, 특히 일련의 일본영화에서 그것을 찾는 것이 일반적이 될 정도로 현재 일본영화의 일정 부분을 특징짓게 되었다. 따라서 하나의 하위 장르로 포섭하여 배경과 흥미의 포인트, 사회적 맥락을 살펴보는 것이 일본영화 이해에 도움이 된다고 생각하였다. 우리나라에서 관심을 모았던 작품으로는 <카모메 식당 かもめ食堂>(2006), <안경 めがね>(2007), <달팽이 식당 食堂かたつむり>(2010), <심야 식당 深夜食堂>(2014), <리틀 포레스트 リトル·フォレスト>(2014~2015) 등이 있다.

참고로 책의 내용 중 코미디 영화, 시대극, 공포 영화와 관련한 글들은 기존에 학회지에 논문으로 발표한 것을 수정, 보완한 것임을 밝혀둔다. 다소 딱딱한 문체의 글을 이 책의 성격에 맞게 바꾸었고, 소제목 등도 변경하였다. 해당 항목에 논문 관련 사항을 표시해 두었다.

작품의 선정은 우선적으로 흥행수입 10억 엔 이상의 2000년 이후 작품들이다. 가능한 최근작을 중심으로 하려고 노력하였으나, 쉬운 설명을 위해 조금은 과거의 작품도 언급되는 점을 양해해 주었으면 한다. 일본의 영화제작자연맹에서 매년 발표하는 통계를 기준으로 작품을 선정한 것이며, 그 밖에 화제를 불러 모았던 작품도 언급하였다. 작품의 분석과 해석에 앞서 각 일본 장르영화가 우리나라 관객의 일반적인 공감이나 호응을 받지 못하는 요인들을 지적하고, 일본 사회에서 가지는 컨텍스트적 의미를 분석하여 다른 각도에서 그러한 장르영화들을 바라볼 수 있는 가능성을 제시하였다.

이 책에 있는 장르들은 수많은 장르의 일부에 불과하며 더욱이 장르의 특성상 서로 결합하거나 변화하므로 극히 일반적인 수준에서 읽어주었으면 한다. 이론적인 측면이나 미학적 측면보다는 관객의 수용과 일본의 사회적 배경 해석이 중점이 되도록 구성하였으며, 이 책을 읽으며 일본의 사회문화적 배경과 영화의 접점을 찾아가는 가운데 좀 더 일본영화에 흥미를 가지게 되기를 진심으로 바란다. 더불어 일본영화만이 아니라 우리나라 영화도 컨텍스트적인 해석이 가미되면 그저 장르영화라고 치부하던 많은 영화들에 다른 해석도 가능하다는 독자들 각자의 새로운 지평으로 나아가기를 바라는 욕심도 부려보고 싶다.

01 가족 드라마: 공감은 가는데

01

일본의 가족 드라마 - 클리셰

　　가정을 배경으로 가족 사이의 갈등이나 위기를 극복하는 과정에서 드러나는 아픔이나 사랑을 그리는 가족 드라마(홈드라마)는 동서고금을 막론하고 많은 창작물의 주요 소재가 되어 왔다. 해피엔딩이 되거나 그렇지 않은 경우에도 언제나 메시지는 가족의 사랑이 주는 위안과 힘을 소중히 여겨야 한다는 것이 된다. 가족이 개인에게 미치는 영향이 과거와는 사뭇 달라진 현대에도 가족 드라마의 외형을 띤 작품 속에서 메시지만은 거의 변함이 없다.

　　일본영화는 교토를 중심으로 시대극이, 도쿄를 중심으로 현대극이 발전하는 초기 양상을 보였는데, 현대극의 주요 장르는 코믹물과 가족 드라마 혹은 둘이 섞인 양상을 보이는 작품이었다. 일본영화 역사상 거장으로 꼽히는 오즈 야스지로(小津安二郎)와 나루세 미키오(成瀬己喜男)는 그런 영화 장르에서 하나의 범례를 만든 사람

_도쿄 이야기

으로 일컬어진다. 나루세 미키오가 남녀간의 미묘하게 어긋나는 사랑을 주특기로 하는 작품을 가족이나 가정 속에서 다루었다면, 오즈 야스지로는 어떤 의미에서 정통 가족 드라마의 형태를 완성했다고 보인다. 그의 중후반기 영화들에서는 과년한 딸을 둔 노부부(대개는 홀아버지)가 딸을 시집보내려고 하지만, 딸은 부모가 걱정이 되어 혼사를 미루는 것이 거의 정해진 스토리이다. 코믹한 에피소드가 섞이거나 서로를 위하는 마음이 잔잔한 애잔함으로 다가오기는 하지만, 이러한 가족의 사랑이 주는 따스함이 관객에게 전달되는 작품들이다. 예를 들어 <도쿄 이야기 東京物語>, <만춘 晩春>, <이른 봄 早春>, <초여름 麦秋> 등등의 작품에서 그러한 스토리를 반복해서 묘사하고 있다. 어쩌면 뻔한 스토리에 배우도 같은 사람들인 영화에 관객이 끊이지 않았던 것은 연출력과 연기에 대한 호응도 있었지만, 어쩌면 잊히고 무시되고 있던 가족애에 대한 환기가 작용했을 것이라는 추측도 가능하다. 그것은 1950년대로 들어서면서 패전 이후에 경제적인 회복과 희망을 보게 되었던 일본에서 사(私)보다는 공(公)이 우선시되고 출세와 물질 지향이 대세가 되어 가던 시대였기에, 어찌 보면 과거의 향수를 묘사하고 현실을 외면하는 것으로 비판받았던 가족과 가정에 대한 애틋함이 역으로 관객의 공감을 얻을 수 있었다는 것이다.

또 하나 일본 관객에게 가족이라는 키워드를 주었을 때 떠오르는 영화는 <남자는 괴로워 男はつらいよ> 시리즈이다. 야마다 요지(山田洋次) 감독이 1969년부터 1995년까지 같은 주연 배우인 아츠미 기요시(渥美清)를 기용해 만든 최장수 시리즈 영화로, 떠돌이 행상인 토라가 우연히 인연이 된 여성에게

_남자는 괴로워

사랑에 빠지는데(대부분 짝사랑) 여러 사정으로 실연당하고 여동생과 친척이 경영하는 가게로 찾아오지만, 친척과의 갈등 끝에 다시 길을 떠나는 반복되는 구성을 보인다. 물론 코미디 장르에 가깝지만, 일본 관객들은 코미디와 더불어 오빠의 행복을 바라는 여동생의 애틋한 사랑과, 그런 여동생을 보살펴주지 못한다는 자괴감이 묻어 있는 토라의 표정 속에서 진한 가족애를 느끼는 것이다. 친척과의 불화도 서로 위하는 마음이 오해나 외부적 요인으로 인해 발생하는 것으로, 친척 부부도 오랫동안 소식이 없으면 토라의 안부를 여동생과 함께 걱정한다. 재밌는 것은 그렇게 걱정하고 있는 자리에 반

드시 토라가 소식도 없이 나타난다는 것이다.

이러한 가족 드라마가 긴 시간 일본 관객들에게 사랑받아 온 배경에는 앞서 언급한 가족애와 보편성에 대한 믿음과 향수가 서려 있다고 보여지고, 또한 반복에서 오는 편안함과 안도감도 동시에 작용했을 것이라 생각된다. 한편 우리 관객에게 이러한 가족 드라마가 감동적이거나 감정이입되어 흥행에 성공하거나 화제가 되는 일이 적은 것은 왜일까? 할리우드에서 만들어진 가족 드라마와 일본 가족 드라마는 어떤 다른 점이 있어서 그런 결과를 낳을까?

물론 여러 가지를 생각해 볼 수 있겠으나, 과거 영화에서 보이는 전통적인 면면이 드러나는 것과 캐릭터들간의 관계에 있어 가부장적이거나 지나치게 감성적인 접근이 현대 가족의 변화와는 다소 거리가 있게 느끼게 하는 것이 아닐까 생각한다. 일본영화는 어떤 장르에서도 과거의 틀거리를 크게 벗어나지 않는다는 특징이 보인다. 물론 벗어난 것이 없다는 얘기는 아니다. 다만 과거를 이어 새로운 것을 입힌다는 양상이 두드러진다는 것이다. 따라서 가족 드라마에서도 오즈 야스지로나 나루세 미키오, 야마다 요지가 만들었던 영화들의 스토리 패턴이나 캐릭터 관계 설정, 메시지 등이 무의식적으로 흔적을 남기고 있고, 그것이 우리나라 관객에게는 진부하거나 반복되는 인상을 주는 것이 아닐까 생각한다.

가족에 대한 생각은 어떤 의미로 보편적인 것이라는 시각이 있을 수 있다. 동서고금을 통틀어 가장 일차적인 집단이고 사회화의 기반이며 혈연이 중심이 된다는 어떤 동질성을 안고 있기 때문이다. 그러나 가족 드라마는 그러한 보편성을 재생산하는 데 그치지는 않는다고 생각한다. 일본영화에서도 그러한 틀을 벗어나려는 시도가 있고, 그것에는 현대라는 일정한 컨텍스트가 작용하고 있다고 생각한다.

그렇다면 현대 일본영화에서 가족 드라마라는 장르는 어떤 양상을 보이고 있으며, 메시지에서 어떤 사회적 컨텍스트를 읽어낼 수 있을까? 장르는 변화를 기본적 속성으로 하고 있기 때문에, 그리고 기본적으로 대중과의 호흡을 근간으로 하고 있기 때문에 현대 일본영화에서 가족 드라마가 어떤지를 알아보는 것은, 가족에 대한 인식의 변화까지 생각해 볼 수 있으므로 중요하다고 하겠다. 모든 가족 드라마를 대상으로 할 수 없기에, 최근 가장 주목받는 감독의 영화 두 편을 대상으로 생각해 보기로 한다.

02

현대 일본 가족 드라마 - 고레에다 히로카즈가 본 현대 가족

현대 일본의 가족 드라마를 이야기할 때 떠올리지 않을 수 없는 것이 고레에다 히로카즈(是枝裕和) 감독이다. 1991년 <또 하나의 교육 もう一つの教育>이라는 다큐멘터리 영화로 감독을 시작한 이래, 1995년 <환상의 빛 幻の光>으로 극영화를 시작하면서 주목받는 영화감독으로 성장했다. 2004년 <아무도 모른다 誰も知

らない>가 칸영화제에서 최연소 남우주연상을 수상하면서 국제적으로도 인정받는 감독 대열에 들어선다. 다큐멘터리로 영화감독을 시작한 것이 이후 그의 작품의 특징 중 하나로 받아들여지는 다큐멘터리식 연출이라는 것과 연관된다. 관객에게 감정이입이나 감성을 강요하지 않고, 어느 정도 거리를 둔 카메라 위치와 인물을 따라가는 흔들리는 카메라, 절제되면서도 일상적인 연기 등이 그의 스타일로 받아들여지게 된 것도 그러한 영향이라 생각해 볼 수 있다.

<아무도 모른다> 이후 발표된 그의 영화 속에서는 특히나 가족과 연관된 소재와 메시지가 눈에 띈다. 넓게 얘기하자면 인간 관계에 대한 것이라고도 할 수 있으나, 그가 오즈 야스지로와 자주 비교되는 선상에서 말하자면 가족 드라마 장르에서 새롭게 자신의 세계를 구축한 감독이라고 할 수 있겠다. 이제부터는 그의 작품 중에서 <그렇게 아버지가 된다 そして父になる>(2013)와 <어느 가족 万引き家族>(2018)을 중심으로 가족 드라마라는 장르와 관련해 얘기를 진행해 보도록 한다.

그에 앞서 <아무도 모른다>를 잠시 언급할 필요가 있다. 이 작품은 도쿄를 배경으로 하고 있는데 실제 있었던 사건을 토대로 만들어진 극영화다. 사건의 개요는 엄마와 함께 살던 4남매가 엄마의 가출 후 어렵게 생활을 하다가 막내가 병으로 죽자 몰래 하네다 공항 근처에 묻어준 일이다. 아주 평범하고 상식적으로 일본 수도인 도쿄에서 21세기라는 시대에 그러한 일이 일어난다는 것이 일견 믿기 힘든 면이 있다. 사건 자체가 가지는 엽기적인 측면에 집중하

면 공포영화나 스릴러 같은 느낌이 들 수 있으나, 이 영화는 어디까지나 홀로 남겨진 4남매와 우연히 친구가 된 외톨이 소녀가 새로운 가족이 되는 이야기라고 할 수 있다. 어린 나이에 어찌할 방법이 없는 상황에서 선택할 수밖에 없는 해결책이 제3자의 시각에서 보면 엽기적으로 비칠 수 있다는 무서운 현실, 어쩌면 감독은 그것을 관객에게 보여주고 싶었는지도 모른다. 이 영화의 앞부분에 인상적인 장면이 있다. 다세대 주택으로 이사를 온 엄마와 주인공 소년이 주인집에 인사를 하는 장면인데, 엄마는 아무렇지 않게 준비한 듯이 거짓말을 한다. 남편은 해외 출장 중이고, 아이는 한 명이며 성적이 우수하다며. 물론 동생들은 이삿짐 트렁크에 몰래 숨어 있는 상황이고 둘째인 여동생은 밤에 몰래 역으로 데리러 간다. 남편은 소식이 끊긴지 오래다. 하지만 카메라는 이런 말을 하는 엄마의 모습을 잡지 않고, 주인 남자 옆에 서 있는 젊은 여성의 팔에 안긴 강아지의 모습을 담는다. 집을 얻는데 아이들이 많으면 시끄러워 곤란하다는 남자의 말이 오프 스크린 사운드로 들리는 가운데 카메라가 잡은 강아지 화면은 이후의 전개를 돌이켜 생각할 때 의미심장하다. 인간인 아이들은 트렁크에 몰래 숨어 이사 오고 없는 존재로 살아야 하는 비정한 현실 속에서 주인집에 살고 있는 강아지는 아무렇지 않게 새로운 거주자를 바라본다. 애완견보다도 존중받지 못하는 인간(혹은 아이)이라는 모두가 믿고 싶지 않은, 그래서 아무도 모르는 현실에 대해 이 장면은 극명하게 보여주고 있다.

이 영화는 앞서 말한 대로 새로운 가족의 형성에 대한 영화이다. 그것은 혈연을 포함하지만 서로 공감하는 비혈연이 공동체의 일원이 되는 새로운 가족의 탄생을 보여준다. 이전의 가족 드라마에서 혈연을 중심으로 위기를 극복하거나 사랑으로 갈등을 봉합하는 반복되어 온 스토리 구조를 이탈한다. 위기가 극복되거나 갈등이 봉합되거나 하는 결말을 기대하고 충족되었다면, 가족 드라마의 클리셰를 인지하고 무의식적으로 편안한 마음으로 극장을 나섰을 것이다. 하지만 이 영화는 막내의 죽음 이후에 대해서는 보여주지 않는다. 감독은 그 이후 어떻게 되었나를 관객에게 전해주는 것보다 어떻게 이런 일이 일어났고 그것이 이끈 결과가 현대 가족의 모

_그렇게 아버지가 된다

습을 보여주는 것이 아닐까 하고 관객과 대화를 요청하고 있다고 생각된다.

<그렇게 아버지가 된다>도 <아무도 모른다>와 마찬가지로 충격적인 사건을 내포하고 있다. 단란한 가정에 어느 날 갑자기 병원에서 아이가 뒤바뀌었다는 소식이 날아든다. 초등학교 입학을 앞두고 있던 자신들의 아이가 친자식이 아니라는 사실에 경악하는 부부. 이야기는 친자식을 자신들의 아이로

알고 키우고 있던 다른 부부와의 만남과 아이 선택의 갈등에 휩싸이는 부부의 모습으로 전개된다. 중간에 아이가 바뀐 것이 실수가 아니라 유복하고 행복한 가족의 모습에 질투와 분노를 느낀 간호사의 고의로 저질러진 일이라는 것이 밝혀지지만, 주요 전개는 교환 생활을 거쳐 친자식을 데려와 같이 살려고 하는 아빠에게 맞추어진다.

엘리트로 성장해 회사에서도 인정받는 간부급 사원 료타와 아내 미도리 그리고 아들 케이타. 남들이 부러워할 정도의 경제적, 사회적 수준을 유지하며 단란하게 지내던 가족에게 닥친 부조리한 사건. 결국 료타는 케이타가 아니라 친자식인 류세이를 택하고 같이 살려고 한다. 처음에는 서로간에 적응하지 못하던 류세이에게도 서서히 정이 생기고 그렇게 새로운 생활이 진행되는가 싶었을 때, 료타는 우연히 케이타가 주로 가지고 놀던 디지털 카메라를 보게 된다. 케이타가 류세이네 집으로 가기 전에 같이 놀이터에서 찍은 사진들. 그리고 그 이전 사진들을 넘겨보던 료타는 눈물을 감추지 못한다. 이윽고 료타는 아내와 함께 케이타를 맞으러 가고, 피하는 케이타와 화해한다.

이 영화에서 사진은 중요한 역할을 한다. 병원에서 료타 부부와 류세이를 키우는 부부가 처음 만나 아이들 사진을 보여줄 때, 케이타의 사진은 사진관에서 찍은 반듯한 사진이고, 류세이의 사진은 부부가 찍었을 듯한 스냅 사진이다. 이것은 무엇을 보여주는 것일까? 케이타의 사진은 가족이 아닌 다른 사람에 의해서 공적으로 찍은 사진이고, 류세이의 사진은 부부 중 누군가가 찍은 것이다. 케이타를 데리러 가기 전 료타가 케이타의 사진기를 돌려보다 눈물을 흘린 것과도 연관된다. 문득 케이타가 그리워서 눈물을 흘렸을까? 그것보다는 사진을 찍는 행위가 가지는 의미 부여가 더 크다고 생각한다. 사진을 찍는 행위는 피사체에 대한 관심 혹은 애정이라 할 수 있다. 아무 흥미도 없는 피사체를 초점을 맞추고 구도를 따져가며 찍지는 않는다. 그런 것이라면 일찌감치 지웠을 것이다. 료타가 넘겨보던 사진에는 케이타가 가기 전날 놀이터에서 자신이 찍어준 케이타의 모습 이외에는 모두 자신인 료타의 모습이 담겨 있다. 거실에서, 소파에서 자고 있는 자신을 케이타는 수없이 찍었던 것이다. 즉 케이타는 료타에 대한 관심을 사진으로 남기고 가지고 있었으나, 정작 자신은 사진 한 장 찍어줄 관심은 없이 자신과 같지 않은 케이타의 능력과 근성 없음을 꾸짖고만 있었던 것이다. 이에 대한 후회와 참회가 료타로 하여금 눈물을 흘리게 했다고 보는 것은 어떨까? 두 집 부부 사이의 사진 교환에서도 이러한 관심과 애정의 표현이었던 사진은 비교가 되고 있는 것이다.

그런데 이 영화의 스토리는 얼핏 신파물에 자주 등장하던 '출생의 비밀' 같은 분위기를 떠올리게 한다. 하지만 영화는 그렇게 눈물과 안타까움과 감정이입에 매몰되지 않는다. 소재에서 오는 신파물의 분위기를 떠나 영화는 가족의 개념에 대해 곰곰이 생각하게 한다. 가족 드라마에서 당연시해 온 전제를 탁자 위에 올려놓고 현미경으로 관찰하며 생각하게 하는 것이다.

가장 먼저 떠오르는 것은 당연히 혈연이다. 케이타가 친아들이 아니라는 것을 DNA검사를 통해 확인했을 때 처음 했던 말을 기억하느냐고 아내 미도리가 료타에게 묻는 장면이 있다. 실은 물어보려는 것이 아니라 자신에게 상처를 준 남편에 대한 분노를 표하는 장면이다. 료타가 차에서 무의식중에 뱉은 말은 '역시 그랬나…'였다. 거기에는 자신만큼 영민하지도 않고 재능도 없으며 열정적이지도 않은 케이타에 대한 의구심과 해답이 들어 있었다. '모든 사람이 당신처럼 열심이지는 않다'는 미도리의 대사도 그에 대한 비난이다. 료타는 류세이를 데려오기 전 자신의 아버지를 찾아가는데, 아버지는 피가 중요하다는 말을 한다. 자신과 닮지 않은 케이타에 대한 의구심과 거부감은 결국 피를 나눈 류세이를 택하게 한다.

그런데 이 영화에는 비혈연 가족들이 여럿 등장한다. 우선 료타의 아버지는 아내가 죽은 뒤 재혼을 했고, 료타는 독립하기 전까지 새어머니와 가족으로 같이 살았었다. 또한 고의로 아이들을 바꿔치기한 간호사는 재혼 후 남편의 아들과 살고 있다. 이혼으로 괴로워하던 그녀에게 행복해 보이는 료타 가족은 질투의 대상이었던 것이다. 법정에서 자백을 했으나 공소시효가 지나 처벌을 받지 않은 간호사는 위로금을 료타에게 전하는데, 이것을 돌려주러 갔을 때 간호사의 아들이 나와 료타를 노려본다. 너는 관계없다는 말에 아이는 '관계가 있다. 엄마니까'라며 간호사를 보호하며 나선다. 이후 차로 돌아온 료타는 아버지 집으로 전화를 해 새어머니와 통화를 한다. 과거 얘기를 꺼내려는 료타의 이야기를 막으며 새어머니는 좀 더 시시한 얘기를 하고 싶다고 말한다. 어머니로 인정하지 않으며 쌀쌀맞게 굴고 무시했던 과거를 사죄하려는 료타였던 것이다.

일본은 상대적으로 혈연에 대한 집착이 덜 하다는 것이 일반적인 견해이다. 예로부터 가업을 이을 사람이 없으면 피가 섞이지 않았더라도 양자나 양녀를 들여 맥을 이었으며, 비록 혈연이 있더라도 가업을 제대로 이을 자질이 없다면 외부 사람을 가족으로 맞아들였다. 본가와 분가의 분리로 그러한 위치를 재확인시켰고, 이것은 상하관계의 종적인 구조를 가족에게 부여했다. 즉 가업을 잇는 사람이 혈연과 상관없이 본가를 차지하고 나머지 형제자매들은 분가에 해당되는 종속적인 위치에 놓이게 되는 것이다. 이를 일본의 '이에(家)' 제도라고 한다. 따라서 이 영화에 대해 기존 일본의 가족제도를 벗어나는 것은 아니며, 오히려 가부장제의 존속을 드러내고 있다는 분석도 있다.

하지만 이전 가족제도는 현대사회에서 일반적으로 영향력을 상실했으며, 대가족이 아니라 핵가족이 일반화되었고 직업의 다양화와 도시화 등의 상황에서 가업과 관련하여 양자, 양녀를 일상적인 것으로 보는 것은 무리가 있다고 보여진다. 오히려 비혈연 가족의 구성이 다른 요인으로 인해 확대, 확산되는 현상에 주목할 필요가 있다. 그것은 높은 이혼율과 만혼, 비혼, 고령화 등 우리에게도 이제는 익숙한 사회 현상들이다.

영화에서도 애초에 사건이 발생한 것은 이혼으로 인해 우울증과 정신적 혼란을 겪던 간호사로 인한 것이었고, 재혼 후 자신의 생활이 안정되자 자신이 저지른 일을 고백하게 되었던 것이다.

<아무도 모른다>의 4남매는 아버지가 각기 다른 것으로 설정되어 있다. 실제 사건을 재구성한 것이므로 비혈연 가족이라는 관점에서 의미가 있다고 하겠다. 참고로 일본 후생노동성 자료에 의하면 2016년 결혼 건수는 62만여 건, 이혼은 21만여 건이고, 초혼의 경우 남성 평균 연령은 31.1세, 여성은 29.4세였다. 추이를 보면 결혼과 이혼 모두 감소하는 추세로 여기에는 혼인신고를 하지 않은 사실혼 관계나 비혼 증가 등이 원인으로 지적되고 있고, 결혼 연령이 증가하는 만혼의 추세는 지속되고 있다. 더불어 재혼은 17만여 건으로 꾸준한 상승세를 지속하고 있다.

통계 자료를 깊이 분석할 생각은 없으나, 이러한 자료들은 현대 사회에서 가족에 대한 기존의 인식이나 가치관도 상당한 변화를 겪었으며, 오즈 야스지로가 안타까운 시선으로 바라보았던 전통적 가족의 해체를 넘어 새로운 단계로 진입했다는 것을 느끼게 한다. 혈연이 절대적인 전제였던 '가족'이라는 조직 혹은 관계가 그 전제 조건을 수정할 수 있는 환경을 맞이했다는 것이다.

<그렇게 아버지가 된다>에서 비자발적으로 맞이하게 된 비혈연가족을 보여주었다면, <어느 가족>은 어쩌면 그것에서 더 나아간 극단적인 양상을 보여준다. <어느 가족>의 원래 제목은 '만비키(万引き)가족'이다. '만비키'란 가게에서 몰래 물건을 훔치는 행위를 말한다. 영화의 첫 장면은 마트에서 물건을 몰래 숨겨 나오는 소년 쇼타를 보여주고, 그것을 돕는 중년 남자 오사무가 나온다. 이

_어느 가족

들이 함께 돌아간 집에는 어쩌면 단란하게 살고 있는 가족 구성원들이 있다. 할머니와 어머니, 누나. 이 다섯 명의 가족은 실은 피 한 방울 섞이지 않은 타인들이다. 엄밀하게 얘기하면 소년의 누나에 해당하는 아키는 할머니의 손녀에 해당한다. 본처에서 낳은 아들의 딸로, 할머니는 후처였다. 이 가족에 새로운 구성원이 추가된다. 어둠 속에 혼자 있던 어린 소녀 유리를 오사무가 데리고 온 것이다. 부모의 학대로 상처받은 아이였다. 할머니는 할아버지의 사망을 숨기고 연금을 받고 있으며, 오사무는 건설 현장에서 일용직을, 아내에 해당하는 노부요는 공장에 다니며, 아키는 퇴폐업소에서 일한다. 어쩌면 각자 일을 하고 수입을 얻고 있는 것이다. 이들은 언뜻 보아서는 각자 자신의 일을 하며 주거와 숙식을 함께 하고, 소통과 위로를 주고받는 평범한 혹은 단란한 가족의 모습을 보여준다. 위기는 할머니의 죽음과 암매장 이후에 쇼타가 만비키를 하다 들켜 도망가다가 발을 다쳐 붙잡히고 이후 오사무와 노부요가 과거 있었던 사건과 연관되어 경찰 조사를 받으면서 발생한다. 노부요는 전 남편이 살해되고 오사무와 함께 있게 되었는데, 전 남편의 살해에 두 사람의 공모가 있다는 혐의를 받고 할머니의 암매장도 추궁받게 된다. 노부요는 자신의 단독 범행이라는 자술을 하고 오사무를 보호하며, 쇼타에게는 그의 실제 가족을 만날 수 있는 실마리가 될 처음 만난 장소를 알려준다. 어느 정도 시간이 흐른 뒤 오사무와 쇼타는 하룻밤을 같이 지내고 헤어지며, 아키는 예전에 같이 살던 집을 찾아와 둘러본다. 유리는 다시 돌아온 아파트 복도 베란다에서 혼자 창살 너머로 무언가를 바라본다.

영화의 줄거리를 장황하게 얘기했는데, 마지막 에필로그에 해당하는 위기 이후 인물들의 감정이나 인식을 살펴보기 위한 것이다. 이들은 경위야 어떻든 강제로 구속당하거나 강요받지 않는 생활을 하고 있었다. 그러면서도 계약관계처럼 차갑고 계산적인 인간관계를 형성하고 있지도 않다. 그것은 노부요가 혼자 죄를 받아들인 것, 자신을 유괴한 것이 아닐까 의심했던 쇼타가 오사무를 만난 뒤 돌아가는 버스 안에서 혼자 '아빠'라고 속삭이는 장면, 아키가 옛 집을 찾아와 마치 추억의 장소인 듯 물끄러미 쳐다보는 애틋함, 그리고 마치 아파트 복도 베란다를 넘어 그 집을 찾아가려는 듯한 유리의 몸짓 등에서 그들이 느꼈던 감정은 그야말로 '가족'이었다는 것이다. 그들 각자가 가족에서 소외되었던 과거를 가진 사람들이라는 것에서 이러한 분석은 타당하다고 생각된다. 할머니는 후처로서, 노부요는 유리와 마찬가지로 부모의 학대를, 쇼타는 차 안에 방치되었으며, 아키는 집에서 갈등을 겪었던 것이다.

감독은 다른 작품들과 마찬가지로 절제된 카메라 위치와 거리를 유지한다. 그럼에도 유리의 친부모나 아키의 부모가 있는 공간에서 나오는 차가움이 '만비키 가족'이 사는 공간에서는 사라진다. 따뜻함이라고 할 수는 없겠지만 이들 비혈연 가족이 만들어내는 풍경 속에 전통적으로 이상적이라고 여겼던 가족의 이미지가 보이는 것이다. <그렇게 아버지가 된다>에서 '아이들에게는 같이 지내는 시간이 중요하다'는 대사가 나온다. '함께 시간을 공유하는 것', 그것이 가족이라는 인간관계의 기초이자 조건이 된다는 것으로 해석할 수 있다. 실제로 <어느 가족>의 우리나라 개봉시 어느 카피라이터에는 '그들이 훔친 것은 함께한 시간이었다'라고 되어 있을 정도로, 공유한 시간은 이 영화를 본 사람들에게 각인된다. 만비키라는 위법행위도 어쩌면 쇼타와 함께 공유하고 싶은 시간의 한 형태였을지도 모른다. 그 외에는 사교성도 능력도 떨어지는 오사무가 공유할 수 있는 것이 없었기에 말이다.

<그렇게 아버지가 된다>에서 가장 감정을 자극하는 것은 개인적으로 료타가 디지털 카메라에서 케이타가 찍은 사진을 넘겨보는 장면이다. 왜 사진을 보며 우는 것일까? 사진 혹은 사진을 찍는다, 영화 혹은 영화를 만든다는 행위나 개념은 찍히는 대상, 즉 피사체에 대한 관심을 말한다. 그것이 사랑, 증오, 슬픔, 향수 등 어떤 감정을 갖든 피사체에 대한 관심이 없으면 애초부터 피사체가 되지 않았을 것이다. 료타가 넘겨보던 사진들 중에 케이타가 피사체로서 등장하는 것은 단 한 차례, 즉 케이타를 류세이의 집으로 보내기 전에 놀이터에서 찍은 것뿐이다. 그에 비해 카메라에 남아 있는 나

머지 사진들은 모두 휴일에 집에서 자는 료타 자신의 모습들이다. 다시 말하면 케이타는 늘 자신을 지켜보고 있었다는 것이다. 시간을 함께 공유하고 싶어서 말이다.

이러한 사진에 함축된 의미부여는 아이가 뒤바뀐 것을 알고 양가 부모가 처음 만난 날 서로 아이의 사진을 교환하는 장면에서도 나온다. 료타가 꺼낸 것은 스튜디오에서 정장을 입고 찍은 케이타의 사진인 반면, 류세이의 사진은 아빠인 유다이의 휴대폰 속에 있는 스냅 사진으로 물놀이를 하는 장면이다. 함께하는 시간을 강조하는 유다이는 케이타가 교환생활로 자신의 집에 왔을 때도, 자신의 일하는 공간에서 함께 한다.

이렇게 <어느 가족>은 혈연, 비혈연의 문제를 떠나 현대사회에서 가족이란 어떤 것인지에 대해 메시지를 전한다. 비혼, 만혼, 이혼, 재혼 등등 사회적인 현상들이 만드는 지표가 인간관계의 고정축이 변화했음을 수치로 보여준다면, 영화에서는 가족이란 무엇이고 어떤 관계를 형성해야 할 것인지를 강요 없이 제안하고 있다. 그것은 '개인'을 존중하고 배려하는 '소통'과 '시간의 공유', 그리고 거기에서 오는 공감이라고 생각된다. 각각에는 상당한 제약이 있고 이상화된 면면이 있겠지만, 가족 혹은 가정에서의 문제가 사회적으로도 파장과 영향을 끼치는 지금 현실을 생각할 때, 차분히 반추하기에 충분한 문제와 메시지를 끄집어 낼 수 있을 것이다.

가족 드라마와 컨텍스트 - 가족의 탄생

가족에 대한 이야기는 사랑만큼이나 보편적이라 할 수 있다. 하지만 보편적이라는 말 속에 고정불변이라는 의미가 깔려 있는 것은 아니다. 양상도 이미지도 구성도 각양각색이라 할 수 있다. 더욱이 변화라는 흐름 속에 있음을 느낄 만큼 속도 또한 가지고 있다.

김용태 감독이 만든 <가족의 탄생>(2006)이라는 영화가 있다. 언뜻 다양한 배우들이 출연한 옴니버스식 영화일 것이라는 예상과 달리 동떨어져 있던 인물들과 이야기가 한데 얽히게 되는 결말이 파격적인 영화이다. 자신보다 스무 살은 많아 보이는 남동생의 애인과 같이 살게 되는 여자, 사랑에 쉽게 빠지는 엄마가 남긴 이복동생을 떠안은 여자, 서로 너무나 달라 헤어지려는 연인들. 이 세 에피소드는 하나로 묶이면서 혈연이 아닌 사람들로 연결된 새로운 가족의 탄생을 관객에게 보여준다. 우리나라 영화를 예로 든 것은 앞서 언급한 변화 그리고 변화의 속도가 어느 문화권이나 나라에 국한된 것이 아니라는 것을 얘기하고자 함이다. 가족은 선택이 아니라 인연의 사슬이 만들어낸 운명이라고 많은 사람들이 생각했고 실제로 그런 면은 있다고 인정하지 않을 수 없다. 하지만 그런 인연이 구조화되고 고정불변한 것으로 억압의 형태를 띠게 되는 일들을 보아왔고 지금도 보고 있다.

그렇다면 고레에다 히로카즈 감독의 영화들에서 보이는 가족에 대한 인식 변화는 무엇에 기인한다고 할 수 있을까? 우선 '개인'에 대한 자각과 '개인'의 파워 신장을 들 수 있다. 민주제도를 만들고, 투표권을 획득하고, 자유를 얻는 모든 변화는 집단의 구성원이 아닌 '개인'을 발견하고 존중하기 위한 것이라고 할 수 있다. 현대의 기술 발전은 이러한 개인의 편의와 권리 증진에 가속도를 붙이게 했다. '가족'이 사랑과 자애를 바탕으로 한 자연발생적 집단이지만, '개인'을 존중하고 배려하는 데 있어 갈등과 마찰이 끊이지 않았던 것도 사실이다. 가족 드라마는 그러한 갈등과 마찰, 위기를 가족이라는 테두리 내에서 사랑과 포용으로 회복하는 클리셰를 일반적으로 상용해 왔다고 할 수 있다. 그러나 그것은 어느 의미에서 한계를 가진다. 결국 집단인 가족에 귀의, 귀속하는 결말은 '개인'이 발현되고 신장되는 변화와는 방향을 달리할 수 있기 때문이다. 행복한 해피엔딩은 두 가지의 방향이 일치하는 것이겠지만 말이다.

고레에다 히로카즈 감독의 영화에서 비혈연 가족임에도 그들이 가족의 향기를 음미하고 그리워할 수 있는 것은 '개인'에 대한 존중과 배려, 공유하는 시간 그리고 공감이 있기 때문이다. 이렇게 가족이 가지는 본질적인 의미를 제기하고 생각할 수 있는 것도 '개인'에 대한 자각이 보다 심화되었고 '개인'이 가지는 파워가 그만큼 커졌다는 반증일 수도 있겠다.

일본 사회의 변화 양상의 다층적인 면을 모두 볼 수는 없지만, 영화를 통해서 가족에 대한 인식 변화의 일면을 살펴볼 수 있었다.

이제는 비단 다른 나라의 일이 아닌 우리의 현실로 받아들여야 하게 되었다. 그런 의미에서 가족 드라마라는 장르 영화 내에서 볼 수 있는 변화는 충분히 참고할 가치가 있다고 생각된다. '개인'이 있는 가족 드라마로서.

🎬 오즈 야스지로(小津安二郎, 1903~1963)

일본 영화 역사의 거장으로 추앙받는 감독. 1923년 쇼치쿠(松竹) 영화사에 들어가 촬영조수와 조감독을 거쳐 감독이 되었다. 데뷔작은 1927년 〈참회의 칼 懺悔の刃〉. 당시 미국영화의 모더니즘을 받아들이면서 이른바 '기하치물 喜八もの'이라 불리는 소시민 동네의 정서가 넘치는 작품을 만들었다. 소시민이나 중산층의 비애나 부모 자식 간의 교류를 그리는 일련의 영화를 통해 자신의 스타일과 주제의식을 드러내었다. 특히 촬영에서 인물을 찍는 데 낮은 높이에서 약간 위를 올려보듯이 찍는 로우앵글은 그만의 독특한 스타일로 주목받는다. 즉 방바닥에 앉아 생활하는 일본인의 눈높이에 맞추기 위해 특수 제작된 촬영 기구를 사용해 바닥에 몸을 붙이듯이 낮은 자세에서 촬영했다. 이것을 방바닥에 깔았던 일본 전통의 다다미를 인용해 서양에서 '다다미숏'이라고 불리게 되었다. 이러한 다다미 앵글은 기본적으로 인물을 촬영할 때 정면에서 포착하고 고정된 카메라를 고집했던 그의 스타일과 함께 인간을 존중하는 한 표현으로 받아들여졌다. 주로 소시민들의 정과 가족 해체의 안타까움, 부모 자식 간의 애틋한 사랑을 담담하게 그려내어 가장 일본적인 감독과 작품으로 인식되었다. 대표작으로는 〈태어나기는 했지만 生まれてはみたけれど〉(1932), 〈만춘 晩春〉(1949), 〈도쿄 이야기 東京物語〉

(1953), 〈이른 봄 早春〉(1956), 〈부초 浮草〉(1959), 〈꽁치의 맛 秋刀魚の 味〉(1962) 등이 있다.

🎬 〈남자는 괴로워 男はつらいよ〉
(1969~1995, 1997년 특별판, 2019)

〈남자는 괴로워〉 시리즈는 아츠미 기요시(渥美清) 주연, 야마다 요지(山田洋 次) 원작과 감독의 TV드라마 및 영화 시리즈이다. 주인공을 부르는 애칭에 서 '토라상(寅さん)'시리즈라고도 불린다. 영화의 경우 1969년부터 1995년 까지 47편이 만들어졌고, 1997년에는 특별판, 2019년에는 오마주 기획으 로 다시 만들어졌다. 일본 영화 역사상 가장 장기간에 걸쳐 있고 작품 편수 가 많은 시리즈물이다.

시리즈를 관통하여 내용은 대동소이하다. 야바위꾼 직업을 가진 구루마 토 라지로(車寅次郎)가 어쩌다 여동생 사쿠라가 살고 있는 고향 가츠시카 시바 마타(葛飾柴又)에 돌아와서 커다란 소동을 일으키는 희극으로, 여행에서 우 연히 알게 된 '마돈나(여성 주인공)'에게 반하지만 실연을 당하거나 어쩔 수 없는 사정으로 물러나거나 하여 사랑을 이루지 못하는 연애담을 일본 각지 의 아름다운 풍경을 배경으로 묘사하고 있다.

주연 배우인 아츠미 기요시는 이 시리즈에 연속하여 출연하면서 일약 국민 배우로서의 위치를 굳건히 했다. 본명보다도 '토라상'이라는 애칭이 그대로 아츠미 기요시를 부르는 호칭이 되었을 정도다. 이 시리즈는 배우 아츠미 기 요시의 기여가 상당히 크다. 기획 당시부터 야마다 요지 감독은 아츠미 기요 시를 만나고 나서 주인공 캐릭터와 내용을 구체화시킬 수 있었다고 할 정도로, 원래 배우가 가진 익살스러움, 재치 있는 화술과 내면의 쓸쓸함 등이 묻어나는 캐릭터성이 그대로 영화에 표현되고 있다. 시리즈에는 당대의 유명한 여배우들이 '마돈나'로 등장해 화제를 불러 모았고, 다음 작품의 '마돈나'는 누구일까가 관심의 초점이 되곤 했다.

이렇듯 하나의 정형화된 스토리 패턴과 반복되는 구조가 계속 인기를 끌었던 것은 배우가 가진 매력이 가장 크겠지만, 해체되어가는 공동체와 가족, 인정의 세상을 애틋하게 바라보던 사람들의 공감을 불러 일으켰다고 보인다.

02 코미디 영화: 웃을까 말까

01

일본의 코미디 영화 - 재미없는 이유

국내에서 개최되는 국제영화제에 관객으로 가본 경험에서 한 가지 기이한 것을 느끼게 된다. 일본 코미디 영화를 보는데 많은 관객 중 특정 장면에서 웃고 있는 것은 극히 소수이고, 나와서 얘기를 들어보면 코미디인데 별로 웃기지도 않고 허무하다는 것이다. 학교 수업 중에 일본 코미디 영화를 선정해 같이 관람했을 때의 반응도 이와 다르지 않다. 심지어 일본에서 흥행몰이에 성공한 코미디 영화에 대해서도 반응은 그다지 좋지 않다. 할리우드의 코미디 영화에 대한 반응과는 사뭇 다른 것을 알 수 있다. 이러한 경험에 비추어 볼 때 일본 코미디 영화, 혹은 웃음을 주려는 의도된 장면에 대한 반응이 일본인과 우리나라 사람들이 다른 것인가 하는 의

* 이 글은 교육부와 한국연구재단의 지원을 받아 수행된 연구논문
  (NRF-2015S1A5B5A07042223)을 수정, 보완한 것임.

문을 가지게 된다. 물론 한 가지로 규정할 수 없는 많은 요인들이 작용할 수 있겠지만, 여기서 주목하고자 하는 것은 웃음 코드, 즉 웃음을 유발시키는 방식에 있어서의 차이점에 대한 것이다. 일본은 영화의 역사만큼이나 긴 희극물의 계보를 가지고 있다. 그렇게 이어지고 쌓아 온 웃음 코드가 현대에 이르러 어떻게 정립해 있으며, 일반적인 웃음 코드의 방식들과 궤를 달리하는 것은 어떠한 것인지를 살펴보자.

우리나라에 소개되는 일본영화는 장르의 다양성에도 불구하고 코미디 영화의 경우 흥행에 있어 상대적으로 고전을 면치 못하고 있다. 영화진흥위원회의 영화관입장권통합전산망의 기록에 따르면 <너의 이름은>(2017)은 363만여 명, <센과 치히로의 행방불명>(2002)은 195만여 명, <주온>(2002)은 101만여 명, <일본 침몰>(2006)은 94만여 명의 관객을 모았는데, 코미디를 많이 가미한 영화 중 그래도 나은 성적을 기록한 것이 <스윙걸즈>(2004)의 5만 5천여 명, <훌라걸스>(2006)의 5만여 명 등으로 상대적으로 차이가 많다. 2012년 일본에서 흥행 top10에 오른 <테르마에 로마에 テルマエ·ロマエ>의 경우는 통계 기록으로 겨우 3천여 명의 관객 동원에 그치고 있다. 그 속편의 경우 일본에서는 2014년 흥행에서도 44억여 엔으로 성공하고 있으나, 우리나라에서는 아직 개봉하지 못하고 있다.

이러한 현상은 분명 우리나라 코미디 영화의 흥행 기록과도 대비된다. 예를 들어 2013년의 <7번방의 선물>은 1,281만여 명,

<박수건달>은 389만여 명이 들었고, 2014년의 <수상한 그녀>는 865만여 명, <조선명탐정: 놉의 딸>은 387만여 명의 관객이 보았다. 국내 영화 선호 경향과 타장르와의 혼합이라는 다른 변수를 상정해 보아도, 일본 코미디 영화의 고전에는 분명 다른 요인이 있다고 가정하지 않을 수 없다.

코미디와 웃음 코드

코미디는 무성영화 시대부터 인기 있는 장르로 자리매김하였고, 맥 세네트(Mack Sennett)나 찰리 채플린(Charles Chaplin), 버스터 키튼(Buster Keaton) 등의 스타들을 낳아 전세계적인 확산을 이루었다. 물론 현대에 와서 코미디는 독자적인 장르로서 경계를 명확히 하는 것이 어려워졌다. 즉 다른 장르와 연결되거나 혼합되어 장르 자체의 경계를 무너뜨리고 있다. 멜로 장르와의 결합, 공포나 스릴러 영화에서의 사용, 액션과의 혼합 등등은 그러한 예의 일부에 지나지 않는다. 이처럼 현대 영화에서 코미디의 요소가 다양하게 사용되고 있다는 사실은 웃음을 유발하는 방식 혹은 기법에 대한 관심 또한 커지는 것을 의미한다. 여기에는 슬랩스틱 코미디의 전통에서처럼 기계적인 몸동작과 만화에서처럼 치고받는 엉망진창 액션이라는 고전적인 수법에서 블랙코미디의 예에서 보이는 아이러니나 위트를 사용한 풍자에 이르기까지 여러 가지 기법들이 사용되고 있음을 알 수 있다.

스티브 닐(Steve Neale)과 프랑크 크루트니크(Frank Krutnik)는

코미디와 코믹(comic)을 구분하며, "코믹이란 용어는 의도뿐만 아니라 효과를 모두 포괄하면서, 웃음을 야기하려는 의도를 지닌다는 뜻과 웃음을 실제로 야기한다는 뜻을 함께 지니고 있기 때문에, 공포영화나 전쟁영화 또는 드라마까지도 코믹한 것이 될 수 있다"(『세상의 모든 코미디』, 커뮤니케이션북스, 2002)라고 얘기한다. 그런 의미에서 여기에서 사용하는 웃음 코드란 '코믹'이라는 용어와 서로 통한다고 할 수 있다.

앙리 베르그송(Henri Bergson)의 『웃음』은 희곡과 연극을 텍스트로 하여 웃음 유발의 양상과 기제를 정리하고 있다. 기계적 운동, 가장(假裝), 반복, 전도, 오해, 경직성, 과장 등의 요소를 웃음을 일으키는 대표적인 기법들로서 분석하고 있다(『웃음』, 세계사, 2005). 비록 연극(희곡)을 텍스트로 분석하고 있지만, 웃음 일반의 코드는 문학을 비롯하여 영화에도 충분히 확장하여 적용할 수 있는 가능성을 가지고 있다. 실제로 이정국은 베르그송의 논의를 참고로 하여 코미디의 작동 원리를 구체적인 영화 속 장면을 예로 들면서 원초적 본성, 장애(불균형), 반복, 오해 등 14가지로 정리하고 있다(「영화에서 코미디의 작동 원리 연구」, 『영화교육연구』vol.13, 한국영화교육학회, 2011). 또한 앤드루 호튼(Andrew Horton)은 베르그송을 참고하면서 코미디 플롯 장치로서 반복, 전복, 상호 간섭, 가장과 과장, 가로막기, 반응 숏 등을 들고 있다(『코미디 중심의 시나리오 쓰기』, 한나래, 2005). 문학산은 이명세 감독의 웃음 유발 기법을 전도된 이미지와 배후 시선을 통한 오해로 분석하고 있다(『10인의 한국 영화감독』, 집

문당, 2004). 전도된 이미지는 관객의 기대와 상식을 위반하는 것이고, 배후 시선을 통한 오해는 정보의 차이로 인해 관객에게 웃음을 유발하는 것이다.

일본 코미디 영화도 많은 부분 이러한 기제가 작동하고 있음에 틀림없다. 그렇지만 이러한 기제 이외의 요소들이 우리나라 관객의 수용을 방해하거나 거리감을 두게 만드는 원인이 된다고 할 수 있다. 코미디 영화는 관객의 웃음을 유발하여 그것을 통해 전하고자 하는 메시지를 강화시키고 경우에 따라서는 감동으로 이끌어 간다. 따라서 웃음은 필수불가결한 요소이며, 이것이 곧 관객의 호응을 받느냐 실패하느냐의 관건이 된다. 그러므로 일본 코미디 영화가 우리나라 관객에게 호응을 받지 못하는 것은 웃음 유발에 실패한 것이라는 가설을 떠올리게 된다. 따라서 일본 코미디 영화에서 웃음을 유발하는 기법 혹은 방식, 즉 웃음 코드를 보다 면밀하게 살펴볼 필요가 있다. 이를 바탕으로 우리나라와는 다른 일본 특유의 웃음 코드를 발견해 내는 것은 그러한 가설을 입증하는 하나의 단초가 될 수 있을 것이다.

코미디 일반에 관한 얘기를 하자면 기능과 역할에 대해서도 잠깐 짚고 넘어갈 필요가 있다. 그저 웃고 시간을 보내는 킬링타임용 장르를 넘어 코미디는 많은 부분 사회적 비판 기능을 수행해 왔다. 물론 웃음 자체에서 스트레스 해소나 기분전환을 이룰 수 있다는 데 동의한다. 거기에 좀 더 다른 시각을 덧붙이면 다른 장르보다도 더 신랄한 풍자와 해학, 비판이 가미될 수 있음을 알 수 있다.

그것도 또 다른 재미라고 하겠다.

코미디 영화의 사회적 기능

코미디 영화는 공포 영화가 그렇듯이 단지 하나의 감각적 자극만을 전달하는 장르가 아니다. 공포 영화가 사람들에게 공포만을 전달하려고 하는 것이 아니라 그러한 장르적 관습을 통해 사회적 모순이나 인간성에 대한 얘기를 풀어내고 있는 것과 마찬가지로, 코미디 영화 또한 웃음과 즐거움만을 주는 것이 아니라 삶과 사회에 대해 풍자, 비판, 호소 등을 전달할 수 있다는 것은 쉽게 접할 수 있는 TV 코미디 프로그램을 보아도 금방 알 수 있다. 보편적인 것일 수도 있지만, 영화의 특성상 어느 정도는 현재의 상황을 대상으로 하는 경우가 많다.

코미디 영화는 웃음을 매개로 하여 지역과 시대를 넘어선 보편적인 것일 수도 있지만, 영화의 특성상 어느 정도는 당대의 세태 혹은 특정 사회의 일면을 대상으로 한다고 할 수 있다. 따라서 코미디 영화가 어떤 소재와 메시지로 사회적 소통을 하고 있는가를 알아보는 것은 사회문화적 접근으로서도 기능할 수 있다.

달리 얘기하자면 코미디 영화는 사회와의 관점에서 일정한 기능을 하는데, 사회 통합을 위한 기능과 사회 비판을 위한 기능으로 크게 나누어 생각할 수 있다고 본다. 물론 엄밀하게 구분할 수 있는 것은 아니고 상당히 중첩되어 있다고 할 수 있지만, 특정 시기의 영화에 대한 컨텍스트적 논의와 해석에는 유효할 수 있다고 생각한다. 메시지와 캐릭터, 내러티브 그리고 영화를 둘러싼 컨텍스트 분석을 통해 사회적 교정과 통합을 수행하는지 아니면 사회 비판적 입장에서 풍자와 변화를 도모하는지를 시대적 상황과 더불어 해석해 보는 것은 그 자체로 흥미로운 일이다.

02

현대 일본 코미디 영화 - 웃음 코드를 찾아라

여기서는 2013년과 2014년 일본 국내에서 흥행에 성공한 코미디 영화를 살펴보기로 한다. 2013년과 2014년에는 분석 대상이 되는 작품 이외에도 코미디의 요소를 품은 다수의 작품이 흥행에서 좋은 성적을 내고 있기도 하다. 예를 들어 한국영화 <수상한 그녀>의 리메이크인 2014년작 <그녀는 거짓말을 너무 사랑해 カノジョは嘘を愛しすぎてる>(17.8억 엔), <늑대소녀와 흑왕자 狼少女と黒王子>(12.1억 엔) 등이 있다. 흥행작을 분석하는 이유는 흥행에 성공한 작품이란 일본 관객들에게 호응을 받고 영화 관람의 재미를 주었다는 것으로, 자의적인 작품성 평가와는 달리 대중의 취향을 반영하는 것으로 판단하기 때문이다. 코미디 장르 구분과 흥행작은 일본제작자연맹에서 매년 발표하는 통계에서 흥행수입 10억 엔 이상의 코미디 작품이라는 기준에 따랐다. 이에 따라 분석 대상 작품은 총 6편이 되고, 그 작품들의 목록과 내용은 다음과 같다.

작품(개봉 연도)	흥행 수입	내용
<수수께끼 풀이는 저녁 식사 후에 謎解きはディナーのあとで>(2013)	32.5억 엔	집사와 그의 고용주인 여경찰이 호화유람선에서 벌어진 의문의 사건을 해결하는 이야기.
<기요스 회의 淸須会議>(2013)	29.6억 엔	오다 노부나가 사후에 권력을 둘러싼 실존인물들의 암투를 그린 코믹 팩션물.
<사죄의 왕 謝罪の王>(2013)	21.8억 엔	사죄센터를 중심으로 다양한 사건들에 대신 사죄하여 용서를 받는다는 내용의 코미디물.
<테르마에 로마에 II テルマエ・ロマエ II>(2014)	44.2억 엔	1편에 이어 고대 로마와 현대 일본을 오가게 된 목욕탕 설계사 루시우스의 이야기.
<트릭 극장판 라스트 스테이지 トリック劇場版 ラストステージ>(2014)	18억 엔	여류 마술사와 초자연현상 연구자가 해외 미지의 섬에서 겪는 모험을 그린 이야기.
<초고속 참근교대 超高速!参勤交代>(2014)	15.5억 엔	권력가의 음모로 실행불가능한 단시간에 에도로 참근교대를 해야하는 시골 영주와 부하들의 이야기.

언어유희

언어는 형성과 변형 그리고 생활에서의 교류를 통해 살아있는 소통 수단이다. 살아 있다는 것은 고정된 의미 전달 이외에 문화적으로 다른 쓰임새를 가질 수 있으며, 언제까지나 변화를 지속한다는 점을 이야기한다. 따라서 문화권을 벗어나면 아무리 수용 문화권의 정서나 환경에 맞추어 번역을 해도 원래 언어나 언어의 소통을 통해 만들어지는 웃음 코드는 전달하기 힘들다. 일본 코미디 영화에서 빈번하게 찾아볼 수 있는 것은 이렇게 일본어를 사용한 특유의 웃음 코드이다. 번역이란 과정을 통해서는 느낄 수 없는 뉘앙스나 지역적 특성이 다분히 들어 있는 것이 바로 일본의 웃음 코드이다.

일본인들이 즐겨하는 유희로 '다자레(駄戯れ)'라는 것이 있다. 사전에는 서투른(시시한) 익살로 뜻풀이하고 있는데, 가장 흔한 것이 일종의 말장난으로 동음이의어가 많은 일본어의 특성을 살려 전혀 엉뚱한 응답을 주고받는 것이다. 때로는 장난을 넘어 신랄한 풍자나 비판을 담는 형식으로서도 기능하고, 감탄을 자아낼 정도의 재치를 보여주는 역할도 한다.

<트릭 극장판 라스트 스테이지>에서는 이러한 예를 많이 찾아볼 수 있다. 남자 주인공이 여자 주인공을 소개하면서 "여기는 저의 29번 조수 야마다입니다."라고 하자, 여자 주인공은 "고기 먹는 날이야?"라며 힐난한다. 일본어에 익숙하지 않고 언어유희를 모르면 이해하기 힘든 장면이다. '29'를 일본어로 숫자 하나씩 읽으면 '니'와 '쿠'가 되고 이를 붙여 읽으면 '니쿠' 즉 고기라는 뜻의 일본어가 된다. 즉 우리의 빼빼로데이나 삼겹살데이처럼 언어유희와 결

_트릭 극장판 라스트 스테이지

합한 문화인 것이다. 또 남자 주인공이 "가이드북에도 실려 있지 않은 비경을 보러 가기로 했다"고 하자, 여자 주인공은 "비겁? 사람을 속여서라도 이기거나 하는 그런 것?"하고 물어본다. 남자 주인공은 짜증을 내며 "아니야!"라고 소리친다. 이 장면에서는 비경과 비겁의 일본어 발음이 같은 데서 오는 착각을 웃음 코드로 사용하고 있다. 또한 멀지 않은 곳에 회사의 지사(支社)가 있다는 말에 여자 주인공은 "오입(五入)"이라 맞받는다. 이것은 지사의 발음이 사사(四捨)와 같다는 것을 이용한 다자레이다. 즉 '사사오입'으로 받아치며 재치를 발휘한 것이다. 이러한 언어의 유희는 타언어권에서는 이해하거나 수용하기 곤란하기 마련이다.

_사죄의 왕

다른 방식으로 일본어를 유희와 웃음 코드로 사용하는 예가 있다. <사죄의 왕>에서 만탄공화국이라는 나라의 황태자를 그런 줄 모르고 영화에 출연시키고 술과 닭꼬치를 먹여 국가적 지탄을 받게 된 영화 관계자들과 국가 정치가들이 사죄하러 간 장면에서 만탄어라며 일본어 자막을 붙이는데, 오랜만입니다라는 자막에 실제 만탄인들이 하는 말은

'차부다이(ちゃぶ台)'로 접이식 밥상을 뜻하는 일본어이며, 어서오세요라는 자막에는 '오차(お茶)'를 발음하는데 마시는 차를 뜻하는 일본어이다. 그리고 고케시 인형에 화난 만탄인들이 영화관계자들을 쫓아내며 자막에는 돌아가라(카에레 帰れ)라고 쓰여 있는데, 발음은 일본어를 조합하여 '레카에'라고 하고 있다. 통역관이라는 캐릭터가 쓰는 만탄어에도 일본어를 엉망으로 섞어 쓰는 것을 알 수 있다. 이것은 마치 다른 나라 말을 흉내내면서 자국 언어를 교묘하게 비틀어 쓰는 개그 프로그램을 닮아 있다. 하지만 일본어를 모르면 전혀 웃음 코드를 발견할 수 없는 장면이기도 하다.

일본의 예능 프로그램을 비롯하여 연예계, 영화계에 간사이(関西) 지역 출신들의 대두는 어제 오늘의 일이 아니다. 교토는 일본영화의 중심지였으며, 오사카나 고베는 전통문화와 정치의 중심지였다는 과거의 유산이 예술에도 영향을 미치고 있다. 그 영향은 일명 오와라이(お笑い) 프로그램이라 불리는 개그 프로그램에도 여실히 나타나 간사이 사투리가 빈번하게 사용되는 것을 볼 수 있다. 단순히 언어의 문제만이 아니라 그 언어를 사용하는 지역의 기질이나 성향까지도 들어 있는 것이 표준어인 도쿄의 글로벌적인 분위기와는 상당히 다르게 다가온다.

그런 의미에서 간사이 사투리와는 다르지만 도호쿠(東北) 지방을 배경으로 하는 작품 속에서 그 지방 사투리가 쓰여 그 자체의 웃음 코드를 만들어내고 있다. <테르마에 로마에 Ⅱ>에서 실제 로케이션 장소는 도치기(栃木)이지만, 여주인공 마미(真美)의 고향

은 후쿠시마(福島)로 설정되어 있으며 그 중에서도 아이즈(会津)로 되어 있어 독특한 리듬의 방언을 구사한다. 표준어인 도쿄어나 간사이어에 비해서 상당히 리드미컬한 억양을 보인다. 첫 음절의 강세가 강하고 어미를 길게 빼는 느낌이다. <초고속 참근교대>의 무대 배경도 지금의 후쿠시마 이와키(岩木)이다. 아이즈에 비해 리드미컬한 억양은 좀 덜하지만, 음절 발음에 있어 격음이 약화되어 있다. 예를 들어 주인공 나이토(内藤)가 가신에게 '그렇게 화내지 마라'라고 할 때, 발음은 'そうおごるな(소우오고르나)'로 들리는데, 표준어에서는 'そうおこるな(소우오코르나)'가 된다. 이러한 연음화 현상은 이 영화 곳곳에서 찾아볼 수 있다. 후쿠시마를 배경으로 하는 방언은 억양의 리듬이 주는 재미와 더불어 캐릭터의 순수함을 드러내어, 내러티브상 있는 그대로의 모습을 표출하는 순진무구함을 표상하며 나아가 코미디를 통해 전하려는 메시지와도 연결된다. 후쿠시마는 3.11 동일본대지진과 원전사고의 피해를 입은 곳이기 때문이다.

만담(漫才) 형식과 마(間)

다음으로는 과거부터 현재까지 이어지는 전통 예능의 하나인 만담(漫才)의 형식을 들 수 있다. 만담은 일반적으로 두 명의 콤비로 이루어진 스탠딩 개그라고 할 수 있다. 두 사람은 역할이 각각 나뉘어 있어 한 명은 '보케(呆け)'라고 불리며 상식이나 합리성의 일반적인 수준을 벗어나 엉뚱한 말이나 행동을 하는 역할을 맡고, 다른 한 명은 '츳코미(突込み)'라고 하여 보케의 말이나 행동을 비난하거나 교정해 주는 역할을 맡는다. 이들은 다양한 소재를 통해 아주 빠른 속도감으로 에피소드를 꾸며 나간다. 영화에서도 쓰이는 용어로서 '마(間)'라는 것이 있는데 흔히는 대사와 대사, 행동과 행동 사이의 시간 간격을 일컫는다. 이것이 만담에서는 지극히 짧다. 관객이 알아차리기 전에 상대의 비약이나 엉뚱함, 바보스러움을 공격하기 위해 만담에서의 '마'는 짧아야 한다. 분석 작품은 아니지만 영화 <만담갱 漫才ギャング>(2011)에 이런 대사가 나온다. "츳코미에게 중요한 것은 속도에 있다. 보케가 하는 말의 허점을 다른 사람보다 몇 초라도 더 빨리 알아차리고 상황에 따라서 지적, 주의, 정정 중 하나를 하는 것이 츳코미에게 중요한 것 중 하나다." 즉 반응의 속도에 사람들의 웃음을 이끌어내는 코드가 있다는 것이다. 이것이 영화나 애니메이션의 대화 속에서 사용될 때, 경우에 따라서는 이해가 곤란하거나 시간을 요할 수 있다. 이렇게 만담의 형식과 짧은 '마'의 사용은 코미디의 웃음 코드로 빈번하게 사용되지만, 다른 나라에서 받아들이기 위해서는 관람 경험을 통한 학습이 선행되고 그것을 일상적인 웃음으로 받아들이는 암묵적 동의가 필요하다.

<트릭 극장판 라스트 스테이지>에서 남자 주인공과 여자 주인공 사이의 대화는 마치 만담 콤비를 보는 듯한 느낌을 준다. 즉 여자 주인공이 보케, 남자 주인공은 츳코미의 역할로 볼 수 있다. 남자 주인공이 해외로 같이 가자고 하자 여자 주인공은 "바깥(外)의 바다(海)라고 쓰는 그 해외 말이야?"라고 묻고, 남자 주인공은

빠르게 "바다의 바깥이다"라고 정정한다. 여기에는 바깥의 한자와 바다의 한자를 읽는 발음이 유사하다는 것(한자를 음으로 읽을 때 바다(海)의 일본어 발음은 '카이 かい'이고, 바깥(外)의 발음은 '가이 がい'이다)에서 오는 언어유희와 더불어 만담 형식의 웃음 코드를 가진다.

<사죄의 왕>에서는 주인공 구로시마(黑島)와 의뢰인이자 후에 조수가 되는 노리코(典子)의 대화에 이러한 형식이 보인다. 야쿠자의 차를 실수로 들이받아 사고를 낸 노리코가 사정 얘기를 하며 내용도 모른 채 받아온 노예계약서를 두고 하는 대화이다.

노리코	그러니까 그때도 정말로 제가 잘못했는지 확인할 필요가 있었단 말이예요.
구로시	200% 잘못이지요!
노리코	사죄했단 말이예요, 제대로.
구로시마	언제, 어떤 타이밍에?

이때 노리코의 말이 끝나기 무섭게 구로시마의 신랄한 대답이나 질문이 날아든다. 마치 두 사람이 만담의 보케와 츳코미처럼 지극히 짧은 '마'를 두고 대화가 이어진다. 이것이 상대를 닦달하는 것처럼 보이지만, 만담의 형식에서는 상대의 오류나 엉뚱함을 지적하고 정정하는 타이밍으로서 일본인들에게는 친숙한 웃음 코드로 작용한다. 물론 우리나라 일반 관객에게는 그저 상대의 어리숙함을 몰아세우는 장면으로 보이지만 말이다.

<테르마에 로마에 Ⅱ>에서 일본만두(餃子)를 먹게 된 로마인 루시우스는 속으로 '이렇게 탄 빵처럼 생긴 걸 세계 제일인 로마인이 먹고 좋아할 줄 아냐?'라고 생각하다가 입속에 만두를 넣고는 바로 눈을 크게 뜨며 속으로 '맛있어!'라고 외친다. 앞의 생각과 뒤의 상반된 결과를 보여주는 간격이 지극히 짧음으로 인해 웃음이 발생한다.

_테르마에 로마에 Ⅱ

이렇게 대사와 대사 사이, 대사와 반응 장면 사이를 지극히 짧게 하면서 그 사이에 만담 형식의 정정이나 비판을 넣거나, 반전이나 의외의 결과를 보여주는 연출은 그 자체로 일본인들이 예능 프로그램을 통해 익숙한 것이며, 전통 예능이라 할 수 있는 라쿠고(落語)나 만담을 떠올리게 하는 연상작용으로 인해 관객을 즐겁게 하는 웃음 코드로 자리잡고 있다.

과장된 캐릭터와 액션

우리나라 코미디 영화에도 등장하지 않는 것은 아니지만(예를 들어 <가문>시리즈의 조폭들, <조선명탐정> 시리즈 등), 일본 코미디 영화에는 다수의 캐릭터가 평범함과 상식, 합리성과는 무관하게 등장한다. 그들은 마치 현실에서 살지 않는 만화의 주인공들처럼 동떨어져 있다. 따라서 내러티브의 진행에서의 역할이 합리성이나 상식의 인과관계와는 별개로 주어진다.

예를 들어 <트릭 극장판 라스트 스테이지>의 등장인물들은 TV시리즈를 통해 이미 관객이 알고 있다는 것을 전제로 과장의 강도를 더하는데, 가발을 쓴 형사 캐릭터는 지나치게 가발에 집착하여 남들이 다 알고 있는데도 자신의 대머리와 가발을 들킬까봐 노심초사한다. 그것은 극 전개와는 아무 맥락적 관련성이 없고, 드라마에서부터 이어진 캐릭터의 습성을 과장하여 보여주는 것이다. 또한 의사로 나오는 동성애자 캐릭터도 의사라는 직업보다는 동성애자에 대해 가지는 편견과 선입견으로 인한 과장된 이미지(우에다 교수에게 초반부터 눈웃음을 치고, 악수하는 손을 놓지 않으며, 말을 할 때 몸을 꼬는 동작 등)를 여기저기에서 장면화하고 있음을 발견할 수 있다. 실제로는 그렇지 않음에도 대중들에게 과거부터 각인된 이미지를 허풍스럽게 보여주는 것이다. 인권과 관련된 묘사임에도 여전히 사용되고 있는 이 같은 이미지가 다소 눈에 거슬리는 것도 사실이다. 영화 초반부 우에다 교수가 의뢰해온 회사의 사무실로 안내받을 때, 다른 사무실 안에는 직원들이 아무것도 없이 벽에 절약을 강조하는 종이들이 붙어 있는 사무실 바닥에 앉아 전화로 'Do'만 외치고 있는 것을 보게 되고, 안내받아 들어간 사무실에는 유아용 의자들이 놓여 있을 뿐 사무집기는 찾아볼 수가 없다. 절약이라는 회사 방침을 극히 과장된 이미지로 표현한 것이다.

<사죄의 왕>에도 다수의 캐릭터나 상황이 그러한 과장을 담고 있다. 주인공이 현대와 어울리지 않게 바가지 머리를 하고 나오는 것은 물론, 초반부 극장 매너와 더불어 영화의 배경 설명을 하는 장면에서 휴대폰을 끌 것을 주의하는 장면에 갑자기 벨소리가 울리고 이어서 팝콘통을 바닥에 쏟으며 자신의 가방을 뒤지는 여성이 등장한다. 가방 안에서는 계속해서 여러 개의 휴대폰이 나오고 급기야 벨소리의 음원인 자명종시계가 나온다. 의외의 반전을 노린 웃음 코드이지만, 더 분명하게 다가오는 것은 캐릭터와 상황이 주는 과장에 의한 웃음이다. 마찬가지로 노리코의 의뢰로 야쿠자에게 사죄하러 갔을 때, 피를 흘리며 사죄하는 것이 효과가 있다고 하여 돌로 자신의 머리를 내리치게 하는 장면, 그리고 야쿠자들 앞에서 과도하게 양옆으로 비틀거리는 장면 등은 상황보다는 캐릭터를 현실과는 동떨어진 것으로 보이게 한다.

<수수께끼 풀이는 저녁 식사 후에>에서는 호화유람선으로 수송되는 귀한 조각상을 지키는 형사와 그것을 훔치려는 도둑 형제가 상황과는 달리 과장되게 코믹하게 그려지고 있다. 형사는 실수로 조각상의 날개를 부러뜨리고 같이 있던 선원에게 들키지 않으려고 조각상과 마찬가지 포즈로 시선을 가리거나, 어떤

_수수께끼 풀이는 저녁 식사 후에

말에든 '하이 하이~'를 외치며 허풍을 떤다. 도둑 형제는 누구나 들을 만한 소리로 조각상을 훔치겠다고 호언을 하고, 누구의 눈에도 띌 만큼 뽀글뽀글 파마를 한 외모를 가지고 있다.

_기요스 회의

<기요스 회의>는 역사의 실존인물을 주요 캐릭터로 하고 있는데, 하시바 히데요시(羽柴秀吉)의 야욕에 맞서는 시바타 가츠이에(柴田勝家)는 전장에서 용맹을 떨치고 단순하고 맹렬한 성격인데, 주군이었던 오다 노부나가(織田信長)의 누이인 오이치(お市)를 사랑하는 마음에 주변의 시선이나 상대인 오이치의 비아냥과 이용하려는 의도를 알아차리지 못할 정도로 무지하고 분별 없는 인물로 그려진다. 오다 노부나가의 둘째 아들인 노부오(信雄)는 커다란 코를 가진 인물로 허풍이 심하고 모래밭 경주에서 결승점을 앞두고 경망스럽게 달리다 앞으로 고꾸라지며 넘어진다. 한편 이후에 도요토미(豊臣)로 성을 바꾸는 하시바는 별명인 원숭이처럼 경망스럽고 얼핏 보아 무사나 사무라이와는 어울리지 않는 외모에 말에 있어서도 절제가 없게 그려진다. 이 영화에서는 몇몇 진중하고 책략에 기민한 인물을 제외

하고는 실존인물이 가졌을 법한 일면을 극히 과장하여 묘사하고 있음을 알 수 있다.

<테르마에 로마에 Ⅱ>에서도 여주인공 마미(真美)는 스모 경기장에서 루시우스를 발견하고 뛰어가다 소바 그릇에 얼굴을 처박고 만다. 전편인 <테르마에 로마에>(2012)에서도 마미는 만화가가 되려는 일념으로, 여탕에 들어왔다 여자들이 던진 물건에 맞아 쓰러진 벌거벗은 루시우스의 옆으로 다가가 열심히 스케치를 한다. 만화가 선생이 자신의 습작을 비판하자 만화가 그려진 종이를 입으로 물어뜯기도 한다. 오직 한 곳만을 보고 주변을 신경쓰지 않는 마미의 캐릭터를 과장되게 보여주고 있는 것이다. 호색가인 케이오니우스가 임종을 맞아 루시우스에게 자신이 사랑했던 여인에게 전해달라며 편지를 건네는데, 호색가에게도 진정한 사랑이 있었다고 루시우스가 감동하는 순간, 루시우스는 또 다른 여인에게 보내는 그의 편지를 받게 되고 시간이 흘러 루시우스의 팔에는 안기에도 벅찰 정도로 많은 편지가 들려 있다. 호색가인 케이오니우스의 캐릭터를 과장하기 위한 장치로서의 장면이다.

<초고속 참근교대>의 주인공 나이토(内藤)는 작은 시골의 다이묘(大名)로 영주의 권위와는 달리 소박하고 백성들과 격의 없이 소통하는 인물인데, 특히 화장실에 들어갈 때 문이 닫히는 것을 무서워해 문을 지키는 하인을 두고 있다. 한번은 가신이 실수로 문을 닫아버리자 이내 비명소리가 울려퍼진다. 마츠다이라(松平)는 영지의 재정을 담당하는 가신으로 5일이라는 물리적으로 불가능한 시

_초고속 참근교대

간 내에 참근교대를 하라는 명령에 속도를 위해 함께 가는 가신들의 칼과 창도 모두 대나무로 바꿔버린다. 그리고 사사건건 돈이 없다는 푸념을 한다. 우물에 빠졌다 머리가 풀어진 채로 어둠 속에 나타난 마츠다이라를 본 가신들은 귀신이라며 놀라 뒤로 넘어진다. 다이묘와 사무라이라는 권위적이고 용감하며 냉정하게 임무에 임하는 고정된 이미지를 뒤엎는 웃음 코드의 하나임에는 틀림없으나, 그것이 지속적으로 나타나며 내러티브의 결정적인 전환에 보이는 모습과는 너무나 대조적일 정도로 과장된 캐릭터를 보이고 있다.

인용

다음으로는 일본 TV드라마나 다른 영화, 예능 프로그램, 스포츠 등에서의 이미지를 인용하거나 참조하는 것이다. 즉 일본 내 엔터테인먼트를 적극적으로 수용하여 융합과 시너지 효과를 기하고 있는 것이다. 원래 인용은 영화 속에서 해당 인물이나 작품을 패러디하거나 오마주로서 사용하는 것이 일반적이다. 영화를 사실로서 보여주려는 노력과 인식이 지배했던 시대에는 금기시되기까지 했는데, 영화에 대한 인식 변화나 관객들의 학습효과로 인해 과감한 인용이 오히려 재미와 흥미를 불러일으키는 요소로 작용하게 되었다. 주성치의 경우는 이를 적극 활용하여 <쿵푸 허슬>(2004)에서는 중국의 중견 감독 펑 샤오강을 단역으로 출연시키거나, 스탠리 큐브릭의 영화 <샤이닝>(1980)에서 복도로 피가 홍수처럼 쏟아져 나오는 장면을 패러디하기도 했다. 물론 중국 관객에게 재미를 선사함에도 목적이 있지만, <샤이닝> 패러디는 스탠리 큐브릭에 대한 오마주이기도 한 것이다.

<트릭 극장판 라스트 스테이지>는 본래 TV드라마였는데, 시리즈의 성공에 힘입어 극장판을 수차례 만들어 왔다. 일본에서는 흔히 있는 TV드라마의 극장판 개봉은 우리나라에서는 아주 드문 현상이라 할 수 있다. 드라마에서 익숙한 주요 캐릭터들이 그대로 등장하고 있는 점은 일본 관객에게는 캐릭터와 배경을 설명 없이 받아들일 수 있는 반면에, 일본 드라마를 접하지 못했던 타국의 관객에게는 처음에 낯설 수밖에 없어, 웃음 코드도 마찬가지로 공허하게 다가올 수 있다.

또한 이 작품의 주연 여배우는 일본인들이 익히 알고 있는 나카마 유키에(仲間由紀恵)인데, 영화 속에서 계속 실제의 나카마 유키에를 언급하는 장면들이 반복해서 등장한다. 초반부 몰래카메라인줄 모르고 출연했던 수중 탈출 마술 장면에 관객들이 "나카마 유

키에 빼닮았네", "양쿠미"라는 대사를 한다. '양쿠미'는 나카마 유키에가 주연을 맡은 드라마 <고쿠센 ごくせん>에서의 캐릭터 애칭이다. 그리고 몰래카메라의 사회를 보는 것은 일본 예능 프로그램에 단골 출연하는 유명 예능인인 고르고 마츠모토(ゴルゴ松本)이며, 마찬가지로 우에다 교수에게 의뢰를 하는 회사의 회장역은 유명 코미디언인 무라카미 조지(村上ジョージ)로 자신이 TV에서 유행시킨 동작(코에 손을 댔다가 떨어뜨리며 '두ーㄴ(ドゥーン)'을 외치는 동작)을 영화에서 반복한다. 또 아이들의 서예 연습 장면에서는 마지막 시리즈라는 것을 강조하면서 영화 <트릭> 시리즈와 관련된 내용과 관객에게 고마움을 전하는 메시지도 등장한다. 이처럼 유명한 코미디언과 배우, 시리즈에 있었던 일화나 인물의 배치 등을 통해 인용과 패러디를 많이 사용하고 있음을 볼 수 있다.

<사죄의 왕>에서는 아들이 행인을 폭행한 것에 대해 사죄 기자회견을 하는 중년 배우를 지도하는 장면이 나오는데, 회견 후에 나눈 대화는 다음과 같다.

구로시마 　 회견 전에 저랑 눈이 마주쳤지요?
난부(南部) 　 그 덕에 어깨 힘을 빼고 자연스럽게…
구로시마 　 너무 뺏잖아요. 그게 뭐야? 만년의 류 치슈(笠 智衆) 아닌가 했어.

류 치슈는 오즈 야스지로(小津安二郎) 감독의 영화를 대표작으로 하여 쇼치쿠(松竹) 영화사의 홈드라마 영화에 나이에 맞지 않게 노년의 캐릭터로 자주 출연했던 배우이다. 구로시마는 난부의 과장되게 힘없는 회견 모습을 일본인들에 익숙한 옛 배우의 이름으로 힐책하고 있는 것이다.

<테르마에 로마에 Ⅱ>에서 여자 주인공에게 이끌려 혼욕탕에 들어가게 된 루시우스가 곰과 함께 목욕을 즐기는 여성을 보게 되는데, 그 역할을 맡은 배우는 마츠시마 도모코(松島トモコ)로 실제 케냐에서 사자와 표범에게 공격받아 귀국 후 깁스한 채로 기자 회견을 해 화제가 되었던 사람이다. 일본인들이 익히 알고 있는 에피소드를 곰이라는 맹수가 등장하는 장면에 의도적으로 출연시킨 것이다. 또한 이 영화에는 스모 선수였던 유명인들을 실제 스모 선수나 로마의 글래디에이터로 출연시키고 있다. 예를 들어 아케보노(曙), 고토오슈(琴欧州), 도치아즈마(栃東) 등 스모 자체를 즐기지는 않더라도 스모 관련해 조금이라도 관심이 있다면 알 수 있는 은퇴한 스모 선수들이 출연하고 있는 것도 웃음 코드로 작용한다.

이렇게 일본 내의 문화나 엔터테인먼트에 관한 정보와 감각이 없다면 일본 관객들처럼 인용이나 패러디의 웃음 코드를 찾을 수 없다는 점에서 일본 특유의 요소로 볼 수 있다.

03

코미디 영화와 컨텍스트 - 웃음 코드와 사회성

베르그송은 웃음의 사회성을 강조하고 있다. 즉 희극성은 교정을 요하는 개인 혹은 집단적 결함을 나타내는 것이고 웃음이란 이것을 교정하는 것이라고 하고 있다. 이러한 베르그송의 고찰은 코미디 영화의 기능과 관련하여 두 가지 분류, 즉 사회적 교정과 통합, 사회 비판과 풍자에 있어서 전자를 설명하는 준거로 활용된다.

스티브 닐(Steve Neale)과 프랑크 크루트니크(Frank Krutnik)는 "코미디에 있어서 웃음은 궁극적으로 의미화과정(process of signification) 동안에 일어나는 자아위치(position for ego)의 유쾌한 상실과 회복에서 유래한다"고 지적한다. 즉 자신의 자아와 현실을 망각하고 등장인물이나 상황에 빠졌다가, 다시 제자리로 돌아오게 한다는 것인데, 이를 적극적으로 해석하면 웃음은 즐거움의 일시적인 효과로 그치는 것이 아니라 반추하는 역할을 동반하게 한다고도 할 수 있을 것이다. 만담 형식의 웃음이 많은 부분 이러한 교정을 즉각적으로 행하는 가운데 웃음을 유발한다고 할 수 있다. 반면 다자레와 같은 언어유희는 메시지와는 무관하게 상황을 재미있게 만드는 엔터테인먼트적 속성이 강하기도 하지만, 때로는 사회나 인간에 대한 신랄한 풍자를 품고 있기도 하다. 또한 과장된 캐릭터들이 단지 웃음 코드의 수단으로써만 기용되고 있는지, 아니면 사회나 인간관계를 풍자하기 위한 역할을 하고 있는지를 살펴보는 것도 이러한 코미디 영화의 사회적 기능을 파악하는 데 유용할 것이다.

이러한 전복적인 기능과 관련해서는 스티브 닐과 프랑크 크루트니크의 글이 역시 참고가 된다. "실재감(verisimilitude)의 개념은 우리에게 코미디는 저속하고 열등한 등장인물이나 계급 또는 그들의 삶과 관련이 있고 또 있어야만 한다는 오랜 관행에 대하여 토론의 장을 제공한다. 그것은 또한 우리에게 코미디에 있어서 고정관념의 역할에 대해 언급하고, 코미디가 본래 전복적(subversive)이라는 인식을 가능하게 한다. … 그러나 코미디는 우리를 웃기기 위해서 반드시 놀라게 하는 것, 부적절한 것, 그럴듯하지 않은 것 그리고 초월적인 것들을 사용한다. 그것들은 사회문화적 규범들과, 다른 장르나 미학적 체제를 지배하는 규범들로부터 일탈을 수행한다."

이렇게 코미디는 통합과 교정이라는 속성과 더불어 전복적인 성향도 같이 지니고 있는데, 박근서는 코미디의 양가적 성격을 "코미디의 사회실존적 의미는 그것이 일탈과 위반을 통한 저항과 전복 그리고 규칙과 규범을 통한 복종과 재생산의 '타협점'이라는 데 있다"라고 설명하고 있다(『코미디, 웃음과 행복의 텍스트』, 커뮤니케이션북스, 2006).

그러면 일본 사회에서 코미디 영화는 어떤 사회적 기능을 하고 있는가? 비판과 통합이라는 틀로 분석해 보자면, 2013년~2014년 흥행작 코미디에서는 비판의 기능이 상대적으로 강함을 알 수 있다. 분석 영화들을 보면 <기요스 회의>, <사죄의 왕>, <트릭>, <초고속 참근교대> 등이 비판 기능의 영화에 해당되고,

<수수께끼 풀이는 저녁식사 후에>와 <테르마에 로마에 Ⅱ>는 통합이 기능이 강하다고 판단된다. 이것은 소재 자체에서 기인하기도 하지만, 시기적인 영향이 보다 더 크다고도 추측해 볼 수 있다.

시기적으로 볼 때 2011년 동일본대지진을 겪은 일본 사회에서 분출된 비판과 자성, 새로운 라이프스타일의 추구 경향, 주체적 삶에의 지향 등과 연관된다고 생각한다. 동일본대지진과 후쿠시마 원전 사고를 둘러싸고 원인과 대처에 있어서 정치와 정부에 대한 비판적 인식이 높아진 점, 전후(戰後) 세대가 구축해 온 가치관과 생활양식이 간과해 온 일상과 개인의 소중함 재인식 등이 코미디 영화 속에서 비판적 기능을 수행하게 하는 동력의 하나로 작용했다고도 해석할 수 있다.

<기요스 회의>나 <초고속 참근교대>는 시대극 장르와 결합한 코미디물로서 정치인들의 권력욕과 이전투구를 그리거나, 중앙과 지방, 도시와 농촌을 계급적 상하관계로 치부하는 정치인들을 그리고 있다. 이를 보는 일본인들은 동일본대지진 당시의 정치권에 대한 비판을 충분히 읽어낼 수 있었으리라 짐작할 수 있다. 동일본대지진과 후쿠시마 원전 사고가 일본 사회에 던진 충격은 보도나 다른 많은 저작을 통해 알려져 있으며, 그 중에서도 정치나 권력에 대한 비판의식과 중앙과 지방정부의 관계에 대한 재고, 국민과의 소통 등은 가장 많이 언급되었던 부분이다. <초고속 참근교대>의 마지막 부분에 주인공인 나이토가 쇼군과 대화하는 장면이 있다. 나이토는 "만약 쇼군이 정말로 어리석다면 백성이 고통받는다"라고

하자, 쇼군은 이를 수긍하며 "정치를 소홀히 해서 이와키(岩木)의 흙을 죽여서는 안 된다, 앞으로도 영원히."라고 당부한다. 이는 권력자에 대한 경계와 더불어, 굳이 이와키라는 지명을 언급한 것은 보다 직접적인 메시지가 있다. 이와키는 후쿠시마현에 속해 있는 곳이다. 영화가 개봉되기 3년 전 일어났던 대지진과 원전사고의 피해를 입은 지역인 것이다. 이와키의 흙이란 이와키를 터전으로 살아가는 국민을 일컫는 말이고, 이에 대한 당부는 다름 아닌 권력을 손에 쥔 정치인과 기업에 대한 것이다. 복구의 전망이 불투명한 현실에서, 영화 속 이 대사는 분명 코미디 영화임에도 직접적인 언설로 받아들여질 수밖에 없는 상황적 조건을 만들어 낸다.

또한 <사죄의 왕>은 유난히 사죄에 민감하며 그것으로 많은 것이 묻힌다고 여기는 일본인들에게 진정성 없는 형식만의 사죄에 대해 비판을 가하고 있다. 역사나 정치로 비약해서 해석하면 군국주의 일본의 식민 통치와 연결시켜 볼 수도 있는 부분이다. <트릭 극장판 라스트 스테이지>는 일견 엔터테인먼트적 코미디로 보이지만, 영리를 위해 자연과 문화를 파괴하는 자본에 대한 비판, 지금까지 전후세대가 추구해 온 행태에 대한 비판으로 읽을 수도 있다. 또한 전후세대가 지향해 온 성장 신화의 이면을 들추는 것으로 해석 가능할 것이다.

웃음 코드의 일본적 특수성과 그러한 자신들만의 웃음 코드를 통해 사회적 통합의 기능만이 아니라 상황에 맞는 비판적 기능을 수행하고 있다고 해석되는 일본 코미디 영화에 대해 비교해볼 필요성은 분명히 존재한다고 생각된다. 우리나라 코미디 영화에 대한 많은 저작과 논문들이 주목하고 있는 코미디 영화의 기능도 비판과 풍자에 있다는 사실은 이를 뒷받침하는 근거라고 할 수 있겠다.

일본 코미디 영화 흐름

일본 최초의 코미디 영화는 야마나카 사다오(山中貞雄) 감독의 〈단게사젠여화 백만량의 항아리 丹下左膳餘話·百万両の壺〉(1935)를 들 수 있다. 흑백의 시대극 영화로 볼품없는 항아리 속에 금은보화가 묻혀 있는 지도가 들어 있다는 소문이 돌면서 항아리를 두고 벌어지는 소동을 유쾌하게 그리는 영화다. 외눈에 외팔인 사무라이 단게사젠이 등장하지만 그럴싸한 액션씬은 없고 가게 여주인과의 실랑이, 조연들의 멍청한 대응이 웃음을 자아내는 희극이다.

1940, 50년대에는 일본의 희극왕이라고 불리는 에노켄(에노모토 겐이치 榎本健一)이 활약한다. 달리는 차에 올라타 반대로 내리는 등 가벼운 몸동작과 애교 넘치고 익살스러운 표정으로 많은 사랑을 받았다. 특히 손오공 역할을 훌륭히 해냈다. 그의 명성에 걸맞게 그의 애칭인 '에노켄'을 영화 제목에 넣은 많은 작품이 줄을 이었다. 1960년대 말부터 시작된 〈남자는 괴로워〉 시리즈는 일본 코미디 영화만이 아니라 영화계 전체에 있어서도 획기적인 작품이다. 1969년부터 1996년까지 47편에 이르는 많은 작품이 같은 배우인 아츠미 기요시(渥美淸)를 기용하여 제작되었다. 영화 자체는 코믹과 재담이 섞인 가족 드라마 혹은 로맨틱 코미디 등의 많은 요소를 포함하고 있어 하나로 규정하기는 힘들지만, 희극적 요소가 많은 것은 틀림없다. 머리에 쓴

누런 모자, 배에 두른 복대, 달가닥 소리를 내는 게타와 손에 든 커다란 가방은 그의 심볼로 야바위꾼 혹은 장돌뱅이 신분인 그(토라상)가 전국 방방곡곡으로 떠나는데, 그에게 희망이 있다면 가는 곳에서 아름다운 여인을 만나 짝사랑에 빠지는 것이다. 평소에는 허풍을 떨며 남을 훈계하듯이 수다를 떨지만, 아름다운 여인 앞에서는 제대로 말도 못하고 수줍어하는 일면 귀여운 구석이 캐릭터의 인기를 오랫동안 유지했다고 보인다. 하지만 결말은 늘 실연의 고배를 마시고 여동생 사쿠라가 있는 고향으로 쓸쓸히 돌아온다. 이런 정형화된 패턴의 반복이 가능했던 이유는 주인공 캐릭터의 정감가는 이미지와 매번 바뀌며 등장하는 '마돈나'(토라상이 짝사랑하는 여인) 역할의 여배우들, 그리고 사쿠라를 포함한 가족, 친척들의 따뜻한 가족애가 있기 때문이다. 1980년대 코미디 영화를 장식한 것은 〈낚시광 일지 釣りバカ日誌〉(1988~2009)이다. 〈남자는 괴로워〉의 야마다 요지가 감독했다. 대기업 건설회사의 만년 평사원 하마사키(애칭 하마짱)는 일은 대충하고 오로지 낚시와 가족밖에 모르는 중년 남자이다. 낚시 도구를 사려는 초로의 초보자를 만나 잘난 척하며 이것저것 알려주는데, 나중에 알고 보니 그가 다니는 회사의 사장인 스즈키(애칭 스짱)였다. 두 사람은 서로의 정체를 알았음에도 좋은 관계를 유지한다. 두 사람은 오로지 낚시에 의해 맺어지고 지속되는 관계였으므로 서로 비밀을 유지한다. 그러면서 만나는 사람들, 인간관계 등의 에피소드가 섞여 주인공 하마짱의 입담과 능청스러움을 웃음의 요소로 관객에게 선사한다.

1980년대부터 현재까지 코미디영화만이 아니라 일본영화계 전체에서도 주목할 감독 겸 배우는 기타노 다케시(北野武)이다. 만담가, 코미디언으로 방송에서도 유명인이었던 그가 남성의 우정, 방황, 분노, 폭력, 죽음, 웃음 등등에 대한 일련의 영화로 감독으로서의 명성도 쌓았고, 특히 〈하나비

HANA-BI〉는 베니스영화제 그랑프리를 수상해 일약 세계적으로 유명해졌다. 그가 코미디언이라는 직업을 의식해 만든 코미디 영화는 〈모두 하고 있습니까 みんな~やってるか！〉(1994)라는 작품이다. 무능한 남자가 비디오를 보다 문득 여자를 만나고 싶다는 생각에서 시작되는 황당한 모험의 풍자 코미디이다.

(김영심, 『일본영화 일본문화』에서 발췌, 정리)

03   시대극: 역사는 어려워

얼마 전까지 우리나라 TV 드라마의 흥행 코드 중 하나는 '퓨전사극'이라 해도 좋을 만큼 화제를 모으는 작품들이 잇따랐다. <해를 품은 달>의 열풍에 이어 <옥탑방 왕세자>, <닥터 진>, <불의 여신 정이> 등이 주목을 받았다. 이것은 <다모>(2003)의 엄청난 인기로부터 시작된 것이기도 하지만, 정통 사극이라 불리는 고증과 역사적 사실에 기초한 정적인 역사 드라마로부터 탈피하면서 중장년층만이 아니라 청년 세대에게도 호응을 받게 된 사극의 변모와도 관계가 있다고 생각된다. <대장금>, <태왕사신기>, <추노>, <뿌리깊은 나무> 등이 그에 해당된다.

한편 영화에서도 시대 배경을 근대 이전으로 하는 시대극들이 꾸준히 개봉되었는데, <명량>을 제외한다면 그 경향은 역시 정통 역사물이 아니라 퓨전에 가까운 형식적 특징을 보이고 있다. <스캔들>, <쌍화점>, <방자전>, <왕의 남자>, <음란서생> 등 성적인 코드를 넣은 작품들이 있는가 하면, <황산벌>이나 <평양

* 이 글은 2012년 교육부의 재원으로 한국연구재단의 지원을 받아 수행된 연구 논문(NRF-2012S1A5B5A07035125)을 수정, 보완한 것임.

성>, <조선명탐정>처럼 코믹한 작품이 있고, <형사 Duelist>나 <구르믈 버서난 달처럼>, <최종병기 활>과 같이 액션에 중점을 둔 시대극도 있다. 이들 작품은 시대 배경과 역사적 사실이 절대적인 하나의 틀로 작용하는 정통 시대극이 아니라 각각의 제작 포인트나 주제의식을 드러내기 위한 장치로서 기능하고 있다. 여기에는 관객층과 그들의 관람 행태 혹은 욕구의 변화를 연관지어 볼 수 있을 것이다.

일본영화 역시 2000년대 이후 시대극 영화가 양적으로나 질적으로 꾸준히 성장하는 가운데 현대적 감각이나 가치관, 형식을 입힌 화제작들이 줄을 잇고 있으며, 애니메이션이나 공포 영화와 더불어 자국만이 아니라 세계를 겨냥한 일본 브랜드로서 두각을 나타내고 있다. 중국이나 홍콩의 시대극이나 무협물이 하나의 브랜드로서 각인된 것처럼, 일찍이 일본영화를 세계에 알린 시대극의 면모를 다시 일신하고자 하는 움직임으로도 파악된다. 따라서 일본 시대극 영화의 현재의 양상을 파악하는 것은 일본인들의 인식이나 가치관 혹은 인간관계의 변화를 살펴보는 것임과 동시에 우리나라 시대극 영화의 분석에도 도움이 될 것이다.

여기서는 2000년 이후의 작품들을 분석 대상으로 삼아 그 속에 투영되어 있다고 생각되는 일본인들의 가치관이나 집단 및 대인관계의 양상을 살펴보고자 한다. 이를 위해서 주요 등장인물(캐릭터) 분석과 다른 인물들과의 관계성 그리고 집단의 특성, 메시지 등을 분석해 보고자 한다. 특히 작품 분석에서 주목하고자 한 것은

과거 제작되었던 시대극 영화의 리메이크작들이다. <자토이치 座
頭市>(2003), <간류지마 巖流島>(2003), <단게사젠 백만량의 항
아리 丹下左膳·百万両の壺>(2004), <츠바키 산주로 椿三十郎>
(2007), <숨겨진 요새의 세 악인 The Last Princess 隱し砦の三惡
人 The Last Princess>(2008), <최후의 주신구라 最後の忠臣蔵>
(2010), <목숨 一命>(2011) 등이 그 작품들이다. <최후의 주신구
라>는 리메이크가 아니라 주요 스토리의 번외편에 해당한다. 주신
구라의 후일담으로 본편과는 다른 정서와 메시지를 함축하고 있어
분석에 추가하기로 한다. <목숨>의 우리나라 개봉 제목은 <할복:
사무라이의 죽음>이지만, 원래의 의미를 살리기 위해 <목숨>으
로 표기한다.

　　원작과 리메이크작의 비교를 통해서 현대의 일본 시대극 영화
가 과거의 범주를 재구성하고 있는 변주의 양상을 보다 확실하게
파악할 수 있고, 또한 그와 달리 여전히 수렴되고 있는 공통적인
지점도 보다 분명하게 볼 수 있다고 생각한다.

01

일본의 시대극 - '찬바라'?

　　시대극 영화는 일반적으로 시대 배경을 기준으로 하는 구분이
다. 일본 시대극의 경우는 "明治維新 시대 이전을 주로 하여 설정

하고 있으며 이 기간 동안의 시대를 극으로 설정한 모든 영화를 시대극이라고 칭하고 있다."(최영철,「日本의 時代劇映畵에 대한 연구」, 『人文論叢』28, 漢陽大學校人文科學大學, 1998) 츠츠이 기요타다(筒井淸忠)는 시대극의 시대구분을 하면서 왕조시대, 전국(戰国)시대, 에도(江戸)시대, 막부(幕府) 말 유신기의 네 시대를 들면서 가장 작품 수가 많은 것이 에도시대를 테마로 한 것이고 이어서 막부 말 유신기, 전국시대의 순서라고 하고 있다(『時代劇映畵の思想: ノスタルジーのゆくえ』, ウェッジ, 2008). 공통적으로 메이지 유신 이전의 시대를 배경으로 하는 것이 시대극 영화의 기본 설정으로 파악하고 있다.

일본 시대극 영화의 흐름을 간략하게 정리해 보자. 일본영화사 초기에 가부키의 배우와 스토리, 플롯을 옮긴 시대극은 일본영화 자체로 인식되었고, 일본인 최초의 영화감독으로 일컬어지는 마키노 쇼조(牧野省三) 역시 이런 가부키 활극(活劇)으로 이름을 널리 알렸다. 그가 만든 1908년 작품 <혼노지 전투(本能寺合戰)>가 일본 시대극 영화의 시작이라 인정되고 있다. 교토를 중심으로 하는 시대극과 도쿄를 중심으로 하는 현대극이 두 축을 이루어 일본영화를 급속히 발전시켰고, 이는 태평양전쟁이 일어나기 전까지 지속되었다. 1920년대의 허무주의 시대극과 1930년대의 자유주의 시대극, 군국주의 시대극을 거치며 시대극 영화는 다양성과 동시에 일본인들의 사회관이나 가치관의 변화를 스크린에 반영해 냈다. 1945년 패전과 미군정의 검열로 인해 시대극은 수년간 자취를 감추었으나, 미군정이 끝남과 동시에 시대극은 다시 부활하여 관객을 맞아들였고 일본영화 황금기라 불리는 1950년대 후반까지 대중의 사랑을 받는 일본영화의 대명사가 되었다.

1960년대 이후 일본 영화산업이 침체기로 들어서면서 시대극은 양적으로 급격하게 쇠퇴의 길로 접어들었고, 공포 영화나 액션 영화의 시대 배경이 되거나 하위 장르로 취급되었다. 미국영화의 세계적인 확산과 도시화, 경제 발전은 시대극보다는 현대를 사는 일본인을 다룬 영화를 더욱 선호하게 만들었던 것이다. 1990년대 중반 이후 다시 세계 무대에서 주목받게 된 일본영화는 2000년 이후 산업적으로나 작품의 질적 수준에서 부활하고 있다는 희망을 언급하기 시작했다. 이와 보조를 같이하듯 시대극 영화도 활발하게 제작되고 관객들의 호응도 얻고 있다.

우리나라에서 일본 시대극 영화는 일반적으로 사무라이나 검객이 비장하고 엄숙하게 자세를 잡고 결투를 벌이며, 잔인한 묘사와 선혈이 낭자한 장르로 인식되어 왔다. 그런 영화들이 많았던 것은 사실이지만, 그것이 일본 시대극 영화를 대표한다고 할 수는 없다. 왜냐하면 시대를 배경으로 하는 다양한 하위장르가 있기 때문이다. 일명 '찬바라'라고 불리는 칼싸움 영화는 액션 영화라고 하는 것이 오히려 맞을 것이다.

시대극 영화의 형식과 내용에 있어 다양성을 구축해 왔음에도 불구하고 일본 시대극 영화가 일본영화의 브랜드로서 인식되는 혹은 인식시키려는 근저에는 역사를 관통하여 현대에까지 이어지는 통합의 지점들이 있다고 생각된다. 이것을 '수렴(convergence)'이라고 하자. 혹자는 이것을 무사도 정신이라 하고, 다른 사람은 휴머니즘(인정)이라고도 하고, 또 다른 사람은 공동체 의식이라고도 한다. 어쩌면 이 모든 것을 통괄할 수 있는 어떤 것, 즉 의(義)나 성(誠) 혹은 도(道) 등으로 설명할 수도 있겠다. 이렇게 수렴의 지점을 찾는 것은 일본 문화가 가진 특성으로 수용성과 편집성, 화혼양재(和魂洋才) 등을 언급하듯이 다양한 변주의 양상을 보이는 시대극 영화 속에서도 그것을 발현시키면서 곁가지들을 배제시키는 흡수의 지점이 있다고 생각하기 때문이다.

한편 수렴이라는 지속적인 부분과 달리 과거로부터 변화된 가치와 인간관계, 집단에 대한 인식이 투영되는 것은 시대 배경의 동일성에도 불구하고 어쩌면 당연한 일이라 하겠다. 흔히 전통적 가치 혹은 봉건적 질서라고 얘기하는 시대극의 바탕이 근본적으로 재검토, 재설정되는 것이다. 이것을 '변주(variation)'라고 해보자.

계급 윤리나 성적 차별 등의 변화를 개별적으로 살펴보는 것도 의미는 있다고 생각하지만, 그것은 현대 생활과 사회에 있어서 당연시되는 것을 역으로 영화 속에서 찾아보려는 것에 다름 아니다. 따라서 수렴과 변주의 개념을 통해 살펴보는 것은 전통적인(어느 정도는 현대에까지 유지되고 있는) 일본 사회와 일본인의 '관계성'과 가치관을 현대라는 컨텍스트에서 판단하는 척도로서의 역할을 할 수 있다고 생각한다.

'바(場)'와 '다테(縱)'

시대극 영화를 통한 변화를 알아보기 위해 나카네 지에(中根千枝)의 '바(場)'와 '다테(縱)'의 개념을 분석 도구로 삼고자 한다(나카네 지에 著, 최길성 옮김,『日本의 社會構造』, 형설출판사, 1989). 물론 1960년대 중반에 발표된 일본인과 일본 사회의 분석 개념으로 시간이 많이 흘러간 것은 사실이다. 그럼에도 불구하고 여전히 일본사회와 일본인을 분석하고 이해하는 데 유용한 것으로 생각된다. 즉 변화와 유지라고 하는 사회 변화의 양상을 일본에 적용시킬 때 많은 시사점과 적합성을 얻을 수 있다. 더욱이 전통적인 시대극 영화는 이러한 틀을 강화하고 정당화해 온 측면이 있다.

아오키 다모쓰(靑木保)는『일본 문화론의 변용』(소화, 2003)에서 전후 일본인과 일본 사회에 대한 일본문화론의 흐름을 정리하면서 네 시기로 나누고 있는데, 그 중 일본문화론이 가장 활발하게 전개된 '긍정적 특수성의 인식'(전기 1964~1976, 후기 1977~1983) 시기에 대표적인 것으로 언급되고 있는 것이 도이 다케오(土居健郎)의 '아마에(甘え)론'과 더불어 나카네 지에의 '종(縱)적 사회론'이다. 일본인과 일본 사회에 대한 상대적 열등감에서 벗어나 특수성을 긍정적으로 파악하고 있다는 아오키의 주장을 차치하고 생각하더라도, 일본인의 대인관계와 사회(조직)에 대한 인식을 파악하는 데 중요한 개념인 것은 틀림없다.

나카네는 집단의 구성 원리로 '자격'과 '바(場)'를 대비시키면서 일본의 경우 '바'를 강조한다고 하고 있다.

- 일정한 지역이라든가, 소속기관 등과 같이 자격의 차이를 묻지 않고 일정한 개인이 집단을 구성하는 경우를 가리킨다.
- 회사라든가 대학이라든가 하는 틀이 사회적 집단구성, 집단 인식에 큰 역할을 갖고 있다는 것이며, 개인이 가진 자격 자체는 제2의 문제가 되어 있다.

이렇게 '바'를 공통으로 하여 구성된 집단은 닫힌 세계이고 성원의 전면적이고 감성적인 참여에 의해 일체감이 생기게 되며, 집단이 커지면 구성원을 결속시키는 조직이 생기게 되는데 그것이 '횡(橫)조직과 대비되는 '다테(縱)'조직이다.

일본의 사회집단의 구성방법에서 이론적으로 예측되는 '縱'의 관계는 실제로 강하게 기능하며, 그것이 현실의 집단 구성원 결합의 구조원리가 되고, 설령 동일집단 내의 동일자격을 가진 사람이라 해도, '縱'적 운동의 영향에 의해 어떤 식으로든지 '差'가 설정되고 강조됨으로써, 놀랄 만큼 정교한 이른바 序列이 형성된다.

아오키 다모쓰는 나카네 지에의 논지를 언급하면서, 종적 성격을 결정하는 요인으로 '바'의 강조, 집단에 따른 전면적 참가, 종적 조직에 따른 인간관계라고 정리한다. 그리고 '바'와 집단의 일체감으로 생겨난 사회집단은 그 성격을 부모 자식 관계와 비슷한 종적 관계에서 구하게 되며, 일본 사회에서는 그러한 종적 관계에 의해 집단 내부의 서열화가 발달되어 있다고 한다. 또한 그러한 집단이 타집단과의 관계에 있어서는 대립이 아니라 집단간 병렬관계를 만든다는 것이다.

구견서는 나카네 지에의 논지를 다음과 같이 정리한다.

> 일본의 사회집단과 사회관계는 장소를 중심으로 형성되며 장소에는 수직문화가 존재한다. 즉 일본사회를 구성하고 있는 가정조직, 기업조직, 지역조직, 사회조직, 국가조직 등은 전통적인 수직문화에 뿌리를 두고 있다. 그 가운데 일본의 전통적인 가족(家 : イエ)조직은 일본사회집단과 사회관계의 기본형태이며, 가족원리는 사회집단의 근본원리로 작용한다(『현대 日本 문화론』, 시사일본어사, 2000).

이러한 '바'와 '다테'의 원리는 동질적인 집단문화를 견인해 내는 반면, 이질적인 것을 배척하는 폐쇄성을 가지게 된다. 또한 집단과 개인의 관계에 있어서 집단의 이익을 우선시하며, 커뮤니케이션에 있어서는 이심전심의 감성적 이해를 위주로 하게 된다. 기업의 연공서열은 이러한 원리를 집약한 것으로 묘사되는데, 집안의 위계질서를 기업으로 옮겨 놓은 정서적 공동체로서 간주한다는 것이다. 이러한 개념이 설득력 있게 다가오는 것은 일본인들이 대인관계나 집단에 대한 인식에서 편안함을 느끼는 원리적인 것을 개념화하고 있기 때문이다. 시대극 영화에서 그런 정서가 발현되는 것은 현대와의 간극에도 불구하고 생활에서 수긍하고 있는 '수렴'의 부분이 작용하고 있기 때문이라고 생각한다.

그렇다면 많은 사회적, 경제적, 정치적 요인들로 인해 변화를 경험한 일본인들에게 시대극 영화는 어떤 새로운 개념이나 메시지를 던지고 있을까? 혹은 어떻게 그러한 개념을 유지하면서 공감을 얻고 있을까? 지금부터 2000년대 이후 만들어진 리메이크 시대극 영화의 비교 분석을 통해 그것을 구체적으로 살펴본다.

02

현대 일본 시대극 - 현대를 풍자하는 시대극

변주

<간류지마>는 검객 미야모토 무사시(宮本武藏)를 주인공으로 하는 많은 영화 중의 하나이지만, 이전의 작품 속에서 다루어진 것과는 다른 면모를 보이고 있다. 미야모토 무사시를 다룬 대표작의 하나인 이나가키 히로시(稻垣浩) 감독의 3부작 <미야모토 무사시>(1954~1956)와 비교해보면 그것은 확연하다. <간류지마>에서 다루는 사사키 코지로와의 대결은 3부작의 완결편인 <결투 간류지마 決鬪巖流島>에서 전개된다. 승부욕과 출세 지향적이던 무사시는 스님에 감화되어 수양을 거듭하여 검술은 물론 인격적으로 많

은 사람들의 흠모를 받게 된다.
약자를 살리기 위해 무릎을 꿇고
궂은일을 마다하지 않으며, 스스
로 땅을 개척해 농사를 지으며 농
민들과 함께 살아간다. 흙을 통해
생명의 숭고함을 알았다는 그의
말은 전인적인 완성체를 표현하
고 있다. 무사시의 경우는 몸담았
던 농촌의 마을, 농사라고 하는
자신의 '바'를 탈피하여 다른 곳에
서 그것을 구하지만 결국은 성숙
한 형태로 원래의 자리로 돌아갔
다고 할 수 있다. 좀 더 큰 조직

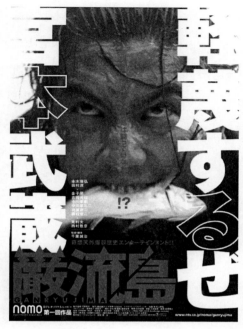

_간류지마

의 정점에 서고자 했던 그이지만 수양 과정을 거쳐 보다 깊은 깨달
음으로 작은 '바'를 지향하게 되었다. 하지만 '바'에서의 그의 위치
는 '횡'적인 것이라기보다는 '다테'적인 것으로 그의 신분이 사무라
이이며 이미 명성을 얻은 것으로 농민들과 함께라기보다는 리더로
서의 역할을 하고 있으며, 이를 회의하거나 거부하지 않는다. 즉 깨
달음은 '다테'적인 위치인 사무라이(무사)로서의 베푸는 위치이고
휴머니즘적인 관점의 의미망 안에 존재한다. 사사키 코지로의 경우
는 더욱 극단적으로 승부욕과 출세욕에 사로잡힌 인물로 정점만을
지향하며 무사시와 같은 휴머니즘이나 삶에 대한 존중이 보이지 않

는다. 따라서 타인과의 관계는 수단으로만 존재하고 베풀어주는 확장은 없다. 그 또한 로닌(浪人)의 신분이기 때문에 주군을 모시는 사무라이로서의 '바'를 원하지만 '다테'적인 서열의 기본적 바탕인 신뢰에 기반해 있지 않다. 따라서 영화 속에서 그는 무사시의 대척점에 있는 일종의 악역이 될 수밖에 없는 것이다.

<간류지마>에서 무사시와 사사키는 캐릭터의 역전을 이룬다. 무사시는 살인과 강간을 일삼는 악인이며 난봉꾼으로 등장한다. 반면 사사키는 예의를 갖추고 있으며 정치적인 술수를 꿰뚫어 보면서도 자신을 희생하여 가문을 지키려고 한다. 무사시에게는 딱히 정해진 '바'를 찾을 수 없고, 지향이란 오로지 자신에게 도전하는 자들을 죽이는 것이다. 그를 무서워하는 어부와 여동생도 폭력에 의해 강제로 노예처럼 부려지지만, 한편에는 경멸이 자리하고 있다. 그것은 '바'나 '다테'적 서열관계와는 무관한 본능에 가까운 복종이다. 사사키는 가문이나 주군과의 관계에 있어서 일정한 위치를 차지하는 '바'를 분명히 하고 있는 인물로 그려진다. 그는 사무라이로서 자신의 책임과 역할을 자각하고 있으며, '다테'적인 사회에서의 희생이라는 전형적인 캐릭터로 그려진다. 그는 가문을 위한 희생이라는 대의명분을 안고 정정당당한 결투와 죽음으로 영웅의 모습을 예상하고 있다. 하지만 그는 우여곡절 끝에 무사시로 착각한 어부의 손에 허망하게 죽는다. '바'의 명예와 '다테'적 사회의 체계를 지키려는 그의 바람은 허망하게 무너졌다고 볼 수 있다. 반면 무사시는 어부에게 엉겁결에 머리를 맞고 기절했다가 예전의 자신

을 잊고 새로운 사람이 된다. 어부가 건네준 주먹밥의 소중함과 함부로 사람을 죽이지 말라는 충고도 진심으로 받아들인다. 그는 '바'와 종적 서열체계와는 다른 경로로 자아를 발견하게 되는 것이다. 사사키가 모든 사람에게서 받던 흠모는 '바'와 '다테'적 사회를 철저히 지키는 데서 오는 것이었으나 허무하게 무너지고, 무사시는 그와 달리 자신의 내부로부터 가치를 발견하게 되는 전복된 캐릭터와 스토리 전개를 보여주고 있다.

<숨겨진 요새의 세 악인>(2008)은 리메이크라기보다는 각색에 가까운 변화를 보여주는 작품이다. 원작은 1958년 구로사와 아키라(黒澤明)가 만든 동명 작품이다. 다른 나라의 침략을 받아 영지를 뺏긴 공주 유키히메와 그녀의 신하 로쿠로타가 재기를 도모할 금을 가지고 난관을 극복하며 탈출하는 이야기이다. 탈출하기까지 적을 속이기 위해 지략을 동원하지만, 궁극적인 원동력이 되는 것은 생명에 대한 존중과 믿음이다. 원칙과 행동에 있어 무사와 다를

_숨겨진 요새의 세 악인

바 없는 기풍을 보이는 유키히메는 두 번 애통한 눈물을 흘리는데, 자신을 위해 희생당한 로쿠로타의 여동생과 도중에 동정하여 구해 준 여인의 죽음을 맞이한 상황에서 생명의 소중함을 깊게 느끼는 장면이다. 로쿠로타는 적의 장수와 대결을 펼쳐 이기고도 상대를 참하지 않고 돌아서는데, 이는 나중에 그의 도움을 받아 탈출할 수 있는 계기가 된다. 주인공 로쿠로타는 주군이라 할 수 있는 유키히메와 자신의 위치 관계를 명확히 하고 있고, 이에는 서로간의 신뢰가 기반한다. 벙어리 행세를 자처하는 유키히메를 통해서 '바'와 '다테'적 관계를 지탱한다고 할 수 있는 신뢰의 미화된 모습이 단적으로 드러난다. 이것은 적장의 배신 행위와도 연결된다. 자신의 목숨을 구한 것이 동정이 아닌 무사로서의 기개에 대한 서로간의 신뢰에 기반하고 있기 때문이다. 역으로 적장에게 있어 자신이 속해 있던 '바'는 '다테'적 관계를 유지하고 동질감을 형성하지 못한다고 판단했으며 기본적으로 신뢰의 관계가 형성되지 않았음을 보여준다. 그들의 탈출에 기여한 두 평민은 좁은 의미에서 '바'를 달리하는 사람들이다. 따라서 그들은 자신의 욕망을 채우기 위해 합류하게 되며, 신뢰보다는 눈에 보이는 기만과 이익 추구를 형상화한 캐릭터이다. 따라서 그들은 동질 집단 구성원이 아니라 보조적인 역할을 하는 코믹 캐릭터로 기능하고 있다.

한편 2008년 리메이크된 <숨겨진 요새의 세 악인 THE LAST PRINCESS>에서는 오히려 보조역이었던 두 평민 중 한 명이 주인공으로 바뀌어 있다. 로쿠로타는 원작보다도 강고하게 '바'와 '다테'

적 서열관계를 철저히 지키고 있는 인물로 그려진다. 여동생이 희생된 것에 오히려 유키히메가 눈물을 흘리며 질책할 정도로 당연한 것으로 생각한다. 그러나 탈출 과정에서 평민 중 한 명인 다케조에게 공주를 부탁할 정도로 동등한 동료집단으로의 이행을 용인하고 있다. 원작에서 신뢰 관계를 구축했던 적장과의 관계는 전장에서 상처를 입히고 수치를 느끼게 만들었다는 이유로 적대 관계로 전환된다. 로쿠로타의 의지와는 상관없이 적장은 무사로서의 자신의 '바'와 '다테'적 서열관계를 무너뜨릴 수 있는 요인으로서의 로쿠로타를 없애려고 한다. 이것은 '바'와 종적 관계의 자연스러움과 아름다움이 아니라 형식 자체를 유지하려는 의지이며 집단 자체의 이익보다는 자신의 이익이 우선시되고 있다는 것을 보여준다. 일행을 놓친 동료 사무라이를 무참히 죽이는 장면을 통해서도 이런 일면을 볼 수 있다. 다케조와 유키히메는 농민들의 축제를 통해 '바'와 '다테'적 관계에 얽매이지 않는 자유로운 삶을 꿈꾸게 되며 신분을 넘어 사랑하게 된다. 서로 다른 '바'와 '다테'적 관계가 '횡적' 관계로 변화하는 지점이다. 물론 탈출에 성공하고 나서 각자는 자신의 본래 '바'로 돌아가지만, 횡적 관계의 여운을 남기고 있는 점은 주목할 만하다. 억류되었던 로쿠로타와 공주를 구하는 장면에서 다케조는 동료집단인 평민들의 힘을 비는데, 여기서도 '바'와 '다테'적 관계를 넘어선 횡적 관계 형성의 단초를 보이고 있다.

주신구라(忠臣蔵)는 전전(戰前)부터 최근에 이르기까지 수십 편

_최후의 주신구라

의 영화와 드라마로 만들어질 정도로 일본인들에게 친숙한 스토리이다. 가부키의 주요 소재 중 하나로 자리할 만큼 많은 사람들이 좋아하는 이야기이기도 하다. 이유도 불분명한 채로 상대에게 칼부림을 해 할복을 할 수밖에 없었던 주군의 복수를 하는 47명의 가신들의 이야기로 요약할 수 있는 주신구라는 기본적인 복수극의 내러티브를 영화화해 왔다. 이준섭은 이러한 주신구라의 주인공인 47명의 로닌에 대한 평가를 두 가지 경향으로 대별하고 있다.

그 중의 하나가 1868년 11월에 메이지 천황이 센카쿠지(泉岳寺)에 칙사를 파견해 오이시를 비롯한 아코 낭인의 행동을 칭송한 것을 받아들여 그들을 의사(義士)로 찬미하는 국수주의 입장이다. 근대의 주신구라에서 압도적으로 많은 부분이 바로 의사전(義士傳)과 같은 것이다. 다른 하나는 1873년 2월에 복수를 국가공권을 범하는 중대한 범죄행위로 금지한 복수금지령에 의거해 의사(義士)로 인정하지 않는 계몽주의의 입장이다(「忠臣藏映畵의 史的考察」, 『日本學研究』 제26집, 단국대학교 일본연구소, 2009).

이렇게 다른 두 시각이 존재함에도 불구하고 영화 속에서 그들은 대부분 의로운 일을 한 사람들로 표현되고 있다. 거기에는 그들의 집단 소속감과 동질감, 즉 '바'를 공유하는 이들의 신뢰와 희생이 있고, 또한 오이시를 중심으로 하는 '다테'적 관계의 일사불란함과 깔끔함이 자리하고 있다. 쇼군에 의해 가문이 해산되었음에도 그들의 '바'는 여전히 죽은 주군을 정점으로 하는 '다테'적 관계를 유지하고 있다. 로닌이 되어 다른 주군을 섬기거나 떠돌아 다니거나 혹은 평민처럼 생활을 영위하거나 하는 선택지를 거부하고 원래의 형태를 유지하며 죽음을 맞이하는 그들에게서 그러한 전통적인 '바'와 '다테'적 신뢰 관계의 본보기를 발견하는 것이다.

기본적인 복수극의 내러티브 형식을 가지면서 '바'의 동질감과 '다테'적 관계를 갈등없이 보여주던 주신구라 영화가 근래 들어 변화된 모습을 보여준다. 1994년 이치카와 곤(市川崑) 감독의 <47인의 자객 四十七人の刺客>에서 주인공 오이시가 복수를 계획하고 실행하는 과정에서 부인과 두 여인에게 주는 사랑을 부각시켜 인간적인 면모를 부각시켰다면, <최후의 주신구라>는 복수극의 후일담에 해당하는 것으로 속편 혹은 번외편에 해당하며 다른 시각을 노정한다.

<47인의 자객>에서 오이시가 자신의 연인과 자식을 시중에게 부탁하는 장면이 있는데, <최후의 주신구라>는 바로 그 시중 마고자와 오이시의 딸인 가네의 이야기이다. 거사 전날 밤 마고자는 오이시의 간곡한 부탁을 받아들인다. 거사에서 이탈했다는 누명

을 쓰고 사라진 그는 오이시의 바람대로 오이시의 연인 가루와 딸 가네를 돌본다. 가루가 세상을 뜨자 어린 가네를 홀로 돌보게 되는데, 가네는 성장하면서 마고자에게 연정을 품게 된다. 마고자는 자신에게 맡겨진 사명을 완수하는 것이 자신이 속한 '바'와 '다테'적 서열 관계를 지키는 길이라는 것을 굳게 믿는다. 가네의 마음을 알고 난 뒤 흔들리는 자신을 추스르기 위해 거상 집안의 아들과 가네의 혼사를 적극 추진하게 되고 그 과정에서 자신에게 씌워졌던 오명도 벗게 된다. 그러나 이렇게 오명을 벗는다는 것은 예전의 '바'를 떠난 자신을 구축할 수 없다는 것이 되고, 결국은 가네의 혼례를 성사시킨 뒤 할복으로 생을 마감한다. 그는 갈등한다. 가네의 사랑이 기쁘면서도 받아들이는 것을 두려워하며, 그 두려움은 자신의 자아를 형성한다고 믿어 온 '바'와의 절연이다. 물론 오명을 통해 표면적으로는 절연 상태에 있지만, 그 자신은 항상 그 안에서 자신을 규정하고 있는 것이다. 이것은 '바'의 집단주의적 성격과 폐쇄성을 의미한다.

집단주의의 특징은 집단의 이익이 구성원의 이익보다 우선하며, 집단을 위해 개인을 희생시키며, 모든 책임은 집단책임이며, 집단의 방향은 구성원의 합의에 의하기보다는 몇몇 리더에 의해 결정되며, 집단 이탈자는 영원한 이탈자로 낙인찍혀 차별받으며, 집단에서는 혈연도 이익에 우선할 수 없는 데 있다(구견서, 『현대 日本 문화론』).

가네의 경우는 오이시라는 사무라이의 딸로서 어려서부터 주어진 '바'와 '다테'적 서열을 지켜야 한다는 압박감이 있지만, 그것이 주는 안정감이나 자존감보다는 마고자와의 생활이 주는 편안함이 더욱 절실했던 것이다. 그녀에게는 '바'와 '다테'적 서열 관계를 떠나 새로운 관계를 형성하려는 의지가 있었다. 물론 의지를 관철시키지 못하고 자신의 위치를 찾아가게 되지만 마지막 선물로 마고자에게 손수 만들어준 옷은 사회적인 종적 관계를 떠나 있다. 즉 가족 내의 부녀지간 혹은 부부지간에서 이루어지는 종적 관계의 의미를 담고 있는 것이다.

이처럼 일본인의 전통적인 가치관, 멋지다고 생각해 온 숭고함의 표상이던 주신구라의 '바'와 '다테'적 관계는 다른 형식의 관계와 갈등을 노정하고 있다. 물론 주군에게 사명 완수를 고하고 뒤를 따라가는 마지막 할복 장면에서 그러한 전통 질서와 집단 인식을 떨쳐내기는 어렵지만, 그가 갈등해 왔던 것의 유일한 해결책으로 자결을 택했다면 그것은 가네와 함께 보았던 조루리에서의 동반자살에 해당하는 의미로도 해석할 수 있을 것이다.

수렴

1962년 만들어진 <자토이치 이야기 座頭市物語>는 이후에 시리즈로 만들어져 20여 편에 달하는 작품이 나올 만큼 인기를 누린 영화이다. 시각장애인이면서도 남들보다 뛰어난 검술 실력을 지닌 이치가 방랑하면서 겪는 이야기를 풀어내는 것이 기본적인 설정

_자토이치 이야기

이다. 야쿠자 조직이나 악인들로 인해 고통을 받는 사람들을 도와주는 인정 많은 인물이면서도, 자신을 속이거나 해하려는 사람들에게는 당당히 사람의 도리와 정(情)을 주장하는 인물이다. 자신을 야쿠자라 얘기하고 스스로 자인하는 바탕에는, 사람들로부터 인정받는 직업을 가지고 남에게 폐를 끼치지 않고 살아가는 '가타기(堅気)'에 대한 죄스러움과 자신의 운명에 대한 수긍이 자리하고 있다. 그것을 조금이라도 속죄하고 가타기에 대한 존중을 표하기 위한 것이 그의 인정의 발로라고 할 수 있다.

<자토이치 이야기>에서 그는 방랑 도중 면식이 있는 한 야쿠자 조직의 오야붕을 찾아가는데, 마침 거기에는 조직간의 알력이 있는 곳이었고 오야붕이나 조직원들에게 환멸을 느낌에도 마지못해 조력자로 남게 된다. 우연히 결핵을 안고 있는 사무라이와 친해지고 서로를 존중하는 맘이 생기지만, 그는 곧 큰 싸움을 벌이게 되는 다른 조직에 몸담고 있는 사람이었다. 서로를 해치지 않기 위해 애쓰던 그들은 결국 대결을 벌이게 되고 사무라이는 이치의 칼

에 만족하며 죽어간다. 둘은 비록 신분차는 있지만 자신의 '바'를 잃었거나 거부하는 사람들로서 어느 곳에 정착하지 못하고 있다는 공통점이 있다. 함께 술을 마시며 흉금을 털어놓는 장면에서 두 사람은 동질감을 느끼며 자신들의 운명을 서로 이해한다. 한편 이치를 좋아해 따라 나서려고 하는 여인 오타네는 비록 선술집에서 아버지를 도와 일하고 있지만, 이치에게 있어서는 자신과 달리 '바'를 확실히 가진 사람이다. 따라서 그녀를 피해 산길을 걷는 이치의 모습 속에서 '바'를 중심으로 한 그의 인간관계, 사회 인식의 단면을 볼 수 있다.

기타노 다케시(北野武)가 자토이치 시리즈를 리메이크한 <자토이치>는 에피소드만을 바꾸고 기본적인 설정의 틀은 그대로 유지하고 있다. 조직간 알력이 아니라 커다란 조직의 횡포가 배경이 되고 있고, 그 조직원들에게 복수하려는 남매, 아내의 병 수발을 위해 조직의 킬러로 일하는 사무라이, 조직에서 이탈한 건달 등이 이치와의 관계망을 형성한다. 원작 시리즈의 이치와 달리 사무라이와의 교류나 이해는 없이 대결 구도가 형성되고, 그 실마리는 남매를 보호해 주려는 관여이다. 영화 초반부터 자신을 해하려는 야쿠자들을 인정사정 없이 베어버리는 이치의 모습은 원작보다 훨씬 차가운 인상을 남긴다. 원작이 어쩔 수 없이 싸움에 들어가고 자신을 해하려는 자에게만 칼을 휘두르는 이치의 모습을 보여줬다면, <자토이치>의 이치는 자신을 속이려는 도박장 사람들을 포함해 조직의 수괴를 끝까지 찾아가 죽이는 철저함을 보인다. 남매의 안타까운 이야기에 공감하는 절차적 과정이 간략화된 만큼 그의 행동은 무시와 차별에 대한 분노에 가깝다. 이러한 캐릭터의 변화에도 불구하고 그의 행위의 바탕에는 야쿠자 조직에 의해 고통받는 가타기로서의 농민들과 어려서 부모를 잃고 복수를 위해 방랑하는 남매에 대한 정(情)이 있다. 사무라이와 이치는 '바'가 없이 떠도는 동류이지만, 둘의 교류가 이루어지지 않고 있다. 즉 동질감을 가질 수 있는 인정(人情)과 소속된 '바'를 확인할 기회가 없는 것이다. <자토이치>의 이치도 자신의 '바'를 욕망하지 않고 다시 방랑의 길로 나서는데, 복수가 끝난 남매는 농민 속에서 자신들의 '바'를 찾게 되어 행복한 표정을 보인다. 얼핏 많은 부분이 변주된 듯 보이는 이 작품에서 각각의 인물들이 갖고 있는 '바'의 견고함과 그 안에서의 안도감은 여전히 유지되고 있으며, 서로 다른 '바'의 교류는 어디까지나 인정이라는 덕목이 기능할 뿐 융화되지는 않고 있음을 보여준다.

1930년대 중후반 '자유주의 시대극'(佐藤忠男,『日本映畵思想史』, 三一書房, 1971)이라고 불리는 변화된 시대극들이 등장했을 때, 대표적인 것이 야마나카 사다오(山中貞雄) 감독의 작품들이다. 그 중의 하나인 <단게사젠여화 백만량의 항아리 丹下左膳餘話·百万両の 壺>(1935)는 독특한 캐릭터들과 유머러스한 이야기 전개를 가진 작품으로 2004년 <단게사젠 백만량의 항아리>라는 제목으로 리메이크되었다. 비장하고 엄숙하며 잔혹한 이미지의 시대극과는 전혀 다른 일종의 유희를 느끼게 하는 작품이다. 한쪽 눈과 한 팔을 잃은 사무라이 단게사젠이 활놀이 가게에 기거하는데 불량배의 손에 혈육을 잃고 혼자가 된 아이를 맡게 되고, 그 아이가 우연히 갖게 된 항아리가 다이묘가 찾고 있는 백만량짜리 항아리라는 것을 알게 되는 이야기이다. 시대극 영화이면서도 이렇다 할 검술 장면이 없는 것이 특색인데, 리메이크작에서 초반부 단게사젠이 불구가 된 것을 알려주는 에피소드에 화려한 액션이 나오지만 그것뿐이다. 또한 단게사젠과 활놀이 가게 주인 오후지는

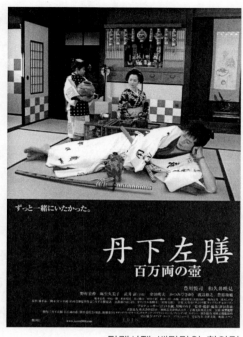

_단게사젠 백만량의 항아리

전통적인 의미의 남녀관계와는 다른 태도를 보여준다. 서로 상대에 대한 호감이 있는 연인관계인 것 같으면서도, 마치 부부싸움이라도 하듯 사사건건 트집을 잡고 날을 세워 응수하거나 비꼰다. 남녀의 주종관계나 신분 위계도 무시된다. 다이묘의 동생이 활놀이 가게 여종업원에 빠져 놀러 올 때도 신분의 문제는 크게 드러나지 않는다. 이러한 특징들은 이 영화가 이미 전통적인 시대극의 패턴이나 제도적 관계를 벗어난, 말 그대로 '자유주의'적 시대극임을 말해준다. 리메이크작이 변화시킨 부분은 단게사젠과 오후지가 맡게 된

아이 야스키치가 실은 다이묘의 잃어버린 아들이었다는 설정과 이별 장면이 추가된 것이다. 이것으로 인해 원작과는 달리 어떠한 변주가 일어날 법도 하지만, 커다란 틀에서는 대동소이한 결과를 낳는다.

신분이나 남녀관계 묘사가 전통적인 위계나 시대적 질서를 벗어나 있기는 하지만, 본래 외견상 비치는 이미지와 달리 인정이 깊고 타인을 생각하는 스타일의 단게사젠과 오후지 두 사람의 집으로 '바'를 옮기게 된 야스키치는 충실하게 새로이 자리잡은 '바'에서의 역할, 즉 아들로서의 위치를 체득하고 실천한다. 리메이크작에서 다이묘의 아들이라는 사실이 밝혀져 돌아가는 길에도 단게사젠과의 정을 못 잊어 뛰어오고 항아리를 깨뜨리지만, 마지막 장면에 조각들을 붙여놓은 항아리가 보이는 것은 야스키치가 돌아왔거나 혹은 그가 자신의 '바'라고 여긴 곳에 존재하고 있다는 것을 보여준다. 동질감과 종적관계를 얘기할 때 좋은 예로 드는 가족 내의 관계망은 이 작품들에서 다소 과장되고 해학으로 묘사되어 있지만 그 틀을 벗어나지는 않고 있다. 그것은 나카네 지에가 얘기하는 혈연 등의 자격이 아니라 '바'에 의해 자신을 위치시키는 전통적인 인식을 나타낸다. 변수가 생겼음에도 원작과 마찬가지로 '바'에 귀속되어 종적 관계를 유지하는 것이다.

구로사와 아키라의 <츠바키 산주로>와 리메이크작은 연기하는 배우들이 바뀐 것 이외에 거의 대부분이 원작을 그대로 유지하는 일종의 오마주 작품이다. 가신 들의 음모로 감금된 상황에서 죄 의 자백을 강요받는 가로(家老)를 구하려는 젊은 사무라이들과 그 들을 도와 기지와 검술로 일을 마무리하는 로닌의 이야기이다. <요짐보 用心棒>(1961)의 속편 이라고 할 정도로 많은 부분이 닮아 있는 <츠바키 산주로>는 구로사와의 통쾌한 액션시대극 중 하나이다. 리메이크작은 에피 소드의 추가나 배제 없이 거의 모두를 그대로 옮겨 놓았다. 현대 어가 많이 쓰이고 있다는 점을

_츠바키 산주로

제외하면 대사조차도 거의 변화가 없다. 따라서 작품으로서의 변주 의 부분은 거의 없다고 해도 무방하다.

그렇다면 <츠바키 산주로>에서 엿볼 수 있는 '바'와 '다테'적 관계는 어떤 것인가? 주인공인 산주로는 로닌으로 우연히 젊은 사 무라이들의 얘기를 듣게 되고 도움을 자처하고 나선다. 그는 확실 한 '바'를 지니고 있는 사무라이들이 보기에는 수치스러운 행동이나 언행을 아무렇지 않게 한다. 산주로에게 있어 '바'란 존재하지 않으 며 바라지도 않는다. 자토이치 같은 야쿠자가 되지도 못하지만, 정

식 사무라이로 자신의 '바'를 찾으려는 의도도 없다. 즉 그는 자유인으로 떠돌기를 원하는 로닌이다. 따라서 종적 관계망은 그를 옥죄는 사슬일 뿐 권력으로 윗자리에 앉기를 원하지 않는다. 이 점에서 상대 악역인 무로토 한베이와 차이가 있다. 마찬가지 로닌의 입장이지만 무로토는 끊임없이 '바'를 욕망하고 그 내에서 자신의 가치를 높여 권력을 획득하고자 한다. 물론 그에게 있어 '바'는 고정적인 것은 아니지만, 어떠한 '바'이던 그는 들어가고자 한다. 그에게 있어 '바'란 종적 관계의 제일 윗자리로 가는 장소에 불과하며, 따라서 자신의 가치관이나 세간의 평가에는 관심이 없고 오로지 먹잇감으로 여길 뿐이다.

　이 작품에서 흥미로운 캐릭터는 가로의 부인과 딸이다. 그들은 목숨이 위협받는 상황에서도 예의와 법도에 어긋나거나 인정에 거스르는 행동을 극구 거부하고 질책한다. 심지어 자신들을 감금하고 감시하고 있던 사무라이의 목숨을 살려주고 묶은 밧줄을 풀어주기까지 한다. 의복과 음식을 건네는 그들의 인정에 감복한 사무라이는 도망가지 않고 그대로 함께 머물며 젊은 사무라이들과 동일한 입장에 있는 듯한 착각마저 하게 된다. 이들 모녀는 가신의 우두머리인 가로와의 종적 관계만이 아니라 '바'가 가지는 동질성, 즉 그들 모녀의 행동과 가치관은 바로 가로에게서 온 것임을 표현하고 있다. '칼집이 없는 칼'이라 표현한 산주로조차도 그녀들의 순수한 도리와 인정에 그저 따를 수밖에 없다. 자토이치가 가타기인 사람들에 죄의식을 가지듯 그도 모녀의 바보같이 순수한 인정에 일종의 죄의식을 느끼는 것이다. '바'는 종적 관계의 서열이 갈등이 될 수도 있지만, 가로와 모녀 그리고 젊은 사무라이들처럼 동일한 가치관과 동질감으로 행복한 공동체를 만들 수 있다는 점에서 강조되고 있다.

고바야시 마사키(小林正樹)의 <할복 切腹>(1962)은 장중하고 절제된 스타일과 소재의 파격성으로 해외에서도 널리 평가를 받은 작품이다. 전쟁이 없는 평화를 구가하던 시기에 많은 사무라이들이 여러 가지 이유로 로닌이 된다. 궁핍한 생활을 견디다 못해 사무라이 가문을 찾아가 구차한 삶을 깨끗한 할복으로 마무리하겠다며 장소를 빌려달라는 핑계로 돈을 받아가는 일이 발생한다. 명예를 중시하는 한 가문에서는 이를 용서할 수 없는 일이라며 실제 할복을 시키게 된다. 그 후 얼마 지나지 않아 다시 찾아온 중년의 사무라이에게 대나무칼로 할복한 젊은 로닌의 얘기를 들려주는 가로. 중년의 사무라이는 그럼에도 불구하고 할복을 청하고, 그의 살아온 이야기를 통해

_목숨

대나무칼로 할복한 로닌이 그의 사위임을 알게 된다.

대나무칼 할복 장면이 잔혹한 이미지로 남게 되는 이 영화는 2012년 <목숨 一命>이란 제목으로 리메이크된다. 전체적인 이야기 틀과 설정은 대동소이하다. 몇 가지 에피소드들의 추가와 변화를 제외하면 전체적으로 오마주 리메이크 영화에 가깝다고 할 수 있다. 주인공 츠구모 한시로는 사무라이로서의 '바'를 잃고 가족이라는 '바'를 유일한 안식처로 살아가던 사람이다. 그에게 있어 가족이라는 '바'는 여느 평민이나 농민들처럼 생업을 위주로 엮인 것이 아니라, 사무라이로서의 삶 속에서 길들여진 것이 박탈되어 변화된 환경 속에서 새로이 만들어진 것이다. 따라서 딸을 자신이 같이 키웠던 친구의 아들 모토메에게 시집보낸 이후에도 교류와 도움을 지속했던 것이다. '바'를 지탱하던 법도와 규칙을 가족이라는 유일한 '바' 속에서는 인정이 대신하게 된 것이다. 반면 사무라이로서의 '바'를 유지하고 있는 가로 사이토는 그것을 떠난 삶을 상상도 하지 못하는 인물이다. 두 사람의 입장이 명확히 대비되는 것은 사이토의 주군 가문을 상징하는 요로이(갑옷) 장식을 둘러싼 반응이다. 츠구모는 그것이 사무라이 가문의 허울뿐인 명예나 위선을 상징하는 것으로 여기지만, 사이토는 사무라이의 정신과 진정한 명예를 상징하는 것으로 생각한다. 츠구모가 그것을 훼손하였을 때 사이토가 보이는 분노는 자신들의 '바' 그 자체에 대한 훼손으로 생각하기 때문이다.

한편 원작과 달리 리메이크작에서는 각각 다른 '바'에 속한 인

_사진 1 _사진 2

_사진 3 _사진 4

물들을 묘사할 때 빈부의 차를 보다 극명하게 보여주고 있다. 사이토가 기르는 살찐 고양이와 모토메의 집에 찾아오는 야윈 들고양이 (사진 1과 2), 고급 소라를 먹는 사이토와 땅에 떨어져 깨진 계란을 핥아먹는 모토메의 대비(사진 3과 4)가 그것이다. 본시 빈부의 차는 계급과 관련되어 '바'가 가지는 안정성을 위협하고 '종'보다는 '횡'적 연대를 강조하기 위한 것이다. 하지만 이 영화들에서 그것은 본래의 '바'를 잃은 자와 유지하고 있는 자의 사회적 위치의 차를 보여주고, 모토메나 츠구모의 인정에 대한 호소를 보다 강조하기 위한 시각적 역할이 보다 강조되고 있다. 즉 '바'나 '다테'적 서열 관계의 중시 그 자체를 부정하는 것이 아니라, 그것이 형식에 치우칠 때 드러날 수 있는 인정의 경시나 비인간적인 면에 대해 경종을 울리는 데 그치고 있다.

리메이크작에서 원작과 달리 모토메에 대한 처사에 소극적으로 임하며 동정의 표정을 보이는 사무라이를 집어넣은 것도 그러한 사적이며 인간적인 동정을 강조하기 위한 것이다. 츠구모나 모토메가 교류하는 인물들이 일반 평민이나 상인, 마을 사람들에 그치고 있는 것도 전면적인 부정이나 저항이 아니라 개인적인 차원에 머물고 있음을 알려준다. 모토메의 경우에서 알 수 있듯이 그들도 기회가 된다면 다시 가신으로서 자신의 '바'를 찾고 싶어하는 일종의 실업자인 것이다. 그들만이 아니라 사이토 가문의 사무라이들에게서 볼 수 있듯이 자신들의 '바'를 공고히 하고 있는 입장에서 그 안에 다른 '바' 소속의 사람을 들이는 것은 공적으로나 사적으로나 힘들다는 것을 알 수 있다. '바'의 폐쇄적 속성을 드러내 보여주고 있는 것이다.

 03

시대극과 컨텍스트 – 시대를 뛰어넘어

전통적인 시대극 영화가 한 명의, 혹은 수 명의 영웅을 중심으로 한 영웅담, 액션 그리고 충의의 드라마였다고 한다면, 현대의 시대극은 피지배자, 가족, 생존이라는 키워드로 대변할 수 있다. 즉 초인적인 능력을 가진 영웅과 악인의 불을 보듯 뻔한 스토리와 구성에 현대 일본을 표상하는 메시지와 틀을 첨가하고 있다. 혹은 영웅의 신분이 사무라이나 귀족 계급이 아니라 일반 평민이나 천민으로 변화하고 있다. 또한 명분이나 시대적 윤리, 계급적 이데올로기보다는 가족이라는 원초적인 지향, 생존이라는 본능 혹은 의지가 더욱 두드러지고 있다. 가족과 생존은 개별적이고 자율적이며 독립적인 커뮤니티 형성의 기초가 되지만, 시대극 영화에서 제시하고 있는 그것은 공동체적 성격이 짙다. 개인을 강조하는 듯 보이지만 그 개인은 커뮤니티 내의 자유롭고 개성적인 존재가 아니라 특수한 상황과 특별한 존재로만 그려지고 있는 것이다. 여전히 공동체를 떠나거나 죽는 캐릭터가 많은 것은 그 때문이다.

　이러한 외형상의 변주는 리메이크 작품 중심의 분석 결과, 두 가지 상이한 양상을 보여주고 있다. 일본인이 전통적으로 익숙하며 편하다고 생각해 온 공동체적 조직과 인간관계, 즉 '바'와 종적 관계를 바라보는 시각에 있어서의 변주와 수렴이 그것이다. 몇몇 작품들에서 그러한 고정적인 패러다임을 벗어나는 캐릭터와 메시지를 발견할 수 있었지만, 반면에 많은 수의 작품에서는 여전히 과거의 패러다임을 유지 혹은 강화시키고 있다고 생각된다.

　시대극 영화는 당시의 시대상이나 역사적 사건을 알려주는 역할을 하기는 하지만, 거기에 머무르지 않는다. 현대의 사회나 인간관계를 보여주기 위해 시대 배경을 빌린다고 생각하는 것이 오히려 나을 수도 있다. 시대극은 시대를 뛰어넘어 지금, 여기를 얘기하고자 하는 것으로 해석해 보는 것은 어떨까?

미야모토 무사시는 아즈치모모야마 시대부터 에도 시대 초기의 인물로, 단 한 번의 대결에서도 패하지 않은 전설적인 검술가로 서화에도 능한 예술가로도 알려져 있다. 두 개의 칼을 사용하는 니텐이치류(二天一流) 병법의 시조이다. 교토의 병법가인 요시오카 가문(吉岡一門)과의 싸움이나 간류도(巌流島)에서의 사사키 코지로(佐々木小次郎)와의 결투가 후세에 연극이나 소설, 다양한 영상 작품의 소재가 되고 있다. 그의 저서인 『오륜서 五輪書』에는 13세부터 29세까지의 60여 회의 승부에서 패배가 없었다고 기록되어 있다. 그가 만들었다고 인정되는 수묵화, 공예품이 국가의 중요 문화재로 지정되어 각지의 미술관에 소장되어 있다.

『오륜서 五輪書』는 미야모토 무사시가 썼다고 하는 병법서로, 검술의 깊은 뜻을 정리하고 있다. 구성은 地·水·火·風·空의 5권으로 되어 있다. 지(地)에는 자신의 검술 유파를 니텐이치류라고 이름한 것과 지금까지의 생애, 병법의 개요가 쓰여 있다. 수(水)에는 니텐이치류에서의 마음가짐, 큰 칼을 잡는 방법이나 자세 등 실제 검술에 관한 내용이 들어 있다. 화(火)에는 싸움에 관한 것이 쓰여 있는데, 개인과 개인, 집단과 집단의 싸움도 마찬가지라고 하며 싸움에 임하는 마음가짐 등이 들어 있다. 풍(風)에는 다른 유파에 대하여 서술하고 있다. 공(空)에는 병법의 본질로서의 공(空)에 대해 서술하고 있다. 이 책은 이후 사무라이(무사) 계급이 수양을 하고 검술을 연마하는 기본서로서 자리매김했다.

🎬 구로사와 아키라(黑澤明, 1910~1998)

영화감독, 각본가. 다이나믹한 영상 표현과 휴머니즘을 바탕으로 한 스타일로 〈라쇼몽 羅生門〉, 〈산다 生きる〉, 〈7인의 사무라이 七人の侍〉 등 30편의 작품을 만들었고, 아카데미상과 세계 3대 영화제(베니스, 칸, 베를린)에서 상을 받았다. 오즈 야스지로, 미조구치 겐지(溝口健二), 나루세 미키오 등과 함께 세계적으로 명성을 얻었고, 영화사에 있어서는 스티븐 스필버그, 조지 루카스, 프랜시스 코폴라, 기타노 다케시 등의 영화인에게 큰 영향을 주었으며, 일본에서는 '세계의 구로사와'라고 불렸다.

작품에서는 통쾌한 액션 시대극, 셰익스피어 등 고전 원작의 각색 영화, 선택의 기로에 놓인 인간의 심리 묘사 등의 스펙트럼을 가지고 있다. 많은 인원이 전투 씬을 연기하는 몹씬(mob-scene) 촬영에 탁월한 능력을 발휘하였고(여러 대의 카메라 사용), 타협하지 않는 엄격한 연출로 특유의 카리스마를 발휘하여 연기자와 스탭을 압도하는 것으로 유명했다.

대표작으로는 〈라쇼몽 羅生門〉(1950), 〈살다 生きる〉(1952), 〈7인의 사무라이 七人の侍〉(1954), 〈숨은 요새의 세 악인 隠し砦の三悪人〉(1958), 〈요짐보 用心棒〉(1961), 〈가게무샤 影武者〉(1980) 등이 있다. 특히 〈7인의 사무라이〉는 많은 서부극으로 리메이크 되었으며, 〈숨은 요새의 세 악인〉은 조지 루카스와 스필버그의 〈스타워즈〉 제작에 영향을 준 것으로 유명하다.

🎬 고바야시 마사키(小林正樹, 1916~1996)

일본의 영화감독이다. 1941년 쇼치쿠영화사에 입사하여 기노시타 게이스케(木下惠介)의 조감독을 거쳐 감독이 되었다. 군국주의 사회의 잔혹성을 고발한 〈인간의 조건〉(人間の條件, 1959-1961) 3부작은 베니스영화제에서 수상하였고, 무사도의 허울을 들추는 반봉건적 관점의 사무라이 복수극인 〈할복〉(切腹, 1962)으로 칸영화제 심사위원특별상을 수상하여 국제적인 인지도를 얻었다. 〈인간의 조건〉은 강제 징집에 반대하여 군 감옥에 수감된 적이 있는 고바야시의 경험이 양심적 병역 거부자인 주인공에 투영된 작품이다. 이후 지속적으로 함께 작업한 배우 나카다이 다츠야(仲代達矢)가 맡은 그 인물을 감독은 자신의 분신으로 여겼다 한다. 〈도쿄재판 東京裁判〉(1983)은 전쟁 전범들의 실제 재판을 기록하고 편집한 다큐멘터리로 베를린영화제에서 국제비평가연맹상을 수상했다. 잔혹한 제도와 충돌하는 저항적인 개인이라는 주제를 실존적 휴머니즘으로 다뤄낸 일본 영화의 거장이다.

그 외 대표작으로는 〈벽 두꺼운 방 壁あつき部屋〉(1956), 〈괴담 怪談〉(1964) 등이 있다.

04 공포 영화: 그로테스크를 즐겨?

01

일본의 공포 영화 - 잔혹함과 그로테스크

J호러

장르는 관객과의 소통이 없으면 성립할 수 없는 개념이다. 더욱이 역사가 오래된 장르라면 시대적인 흐름과 무의식을 변화된 모습으로 표현하게 된다. 공포 영화는 그 오랜 역사만큼이나 각국에서 특유의 장르로 자리잡아 왔다. 그런 만큼 장르 내에서도 다양한 변주를 볼 수 있는데, "싸이코나 이상성격의 살인마가 등장하는 슬래셔(slasher-movie) 호러, 도끼·전기톱 등의 흉기가 난무하는 스플래터(splatter movie) 호러, 초자연적 현상이나 영혼재래(靈魂再來)를 통해 보고 있는 관객의 심리적 상상력을 자극하여 공포심을 유발하는 오컬트(occult movie) 호러"(김문환「공포영화 <검은 물 밑에서>(仄

---

* 이 글은 2011년도 한국연구재단 학문후속세대양성 시간강사연구지원사업 (인문사회) 과제번호 G00132CI00632의 연구논문을 수정, 보완한 것임.

暗い水の底から, 2001)에 나타난 모성부재」,『지역사회』44호, 한국지역사
회연구소, 2003) 등으로 크게 세분화할 수 있다.

　일본의 공포 영화는 일본의 역사적, 문화적 변화 과정 속에서
일본인과 일본문화의 어두운 면을 다양한 방법으로 전해온 장르이
다. 더욱이 애니메이션과 더불어 지금은 일본영화의 대표 주자인 J호
러로서 세계적인 호응을 받고 있기도 하다. 우치야마 가즈키(内山一
樹)에 따르면 'J호러'라는 명칭이 일반화된 것은 2004년에 'J호러 시
어터'라는 타이틀 아래 <감염>과 <예언>이 공개된 것으로 보아
2000년 전후라고 추정하고 있다(『怪奇と幻想への回路』, 森話社, 2008).

　호러(공포) 영화 장르는 흔히 B급영화라고 불린다. 비주류에
속하는 일회용 엔터테인먼트라는 이야기다. 이것은 비단 일본에서
만이 아니라 어떤 나라를 막론하고 유사한 인식이 있어 왔다. 시무
라 미요코(志村三代子)는 일본 공포영화의 일종인 괴묘(怪猫)영화를
언급하면서 다음과 같이 말하고 있다. "괴묘영화는 다른 장르와 비
교하여 한 단계 낮게 평가되고 있던 괴기(怪奇)영화 가운데서도 지
속적으로 멸시받아 온 그런 종류의 영화작품군인 것이다. 괴기·공
포 영화 멸시의 경향은 일본영화에 국한된 것은 아니다. 예를 들어
서구의 호러 영화는 탄생 당시부터 사회적인 압력이나 편견을 받으
면서도 현재는 가장 인기 있는 장르의 하나로 발전했다."(「女が猫に
なるとき」,『映像学』67, 日本映像学会, 2001)

　하지만 코미디 장르가 웃음의 대상에 사회적 무의식이나 컨텍
스트가 깔려 있는 것과 마찬가지로, 호러 영화는 장르의 특성상 공

포의 대상과 원한의 배경에 사회적, 시대적 모순이 개입되어 있다. 따라서 공포감의 형성 요소 안에는 관객(대중)의 공감이라는 기제가 작동하여 장르의 유지와 확대가 가능한 것이다.

그렇다면 전근대 사회도 아니고 아날로그 사회를 벗어난 디지털 시대에 호러 영화, 특히 J호러는 어떤 것으로 관객의 공감을 얻고 있으며, 그 배경은 무엇일까? 우선 J호러란 무엇인가에 대해 개괄적으로나마 정의할 필요가 있다. 물론 1980년대 후반부터 현재에 이르기까지의 일본 호러 영화를 통틀어 칭한다고 할 수도 있으나, 그러한 시기로서의 구분은 특질로서의 J호러를 간과할 우려가 있다.

여기서는 J호러를 '일본의 전통적인 공포영화의 구조와 원혼의 성격, 묘사와는 차별성을 지닌 1980년대 이후의 일본 호러 영화'라고 규정하도록 하겠다. 그리고 여기서 얘기하는 디지털 시대란 디지털(전자) 기기와 그 활용이 기술적, 시각적으로 두드러진 영화 제작과 배급, 상영의 과정을 일컫는 것으로 좁은 의미로 사용하고 있다. <반지의 제왕>이나 <아바타>, <레지던트 이블> 등의 영화를 언급할 것까지도 없이 대부분의 영화들에서 CG나 특수효과를 사용한 실제감과 스펙터클, 그리고 다양한 뉴미디어를 통한 배급이 일상화된 영화계의 시대적 상황을 일컫는 것이다.

이 글에서 다루는 J호러 작품은 주로 2000년 이후 만들어진 영화들이다. 선구적인 작품으로 알려진 <큐어 CURE>(1997), <링 リング>(1998) 등도 언급되지만 주요 분석 대상에서는 제외한다. 그것은 J호러가 일본 영화계 내에서 하나의 독립된 장르로서

융성을 보인 것은 구로사와 기요시(黒沢清)나 나카다 히데오(中田秀夫), 시미즈 다카시(清水崇) 등 세계적 명성을 얻은 감독들의 개인적인 성취보다는 집단적인 붐에 기인한 것이 크고, 오히려 영화 장르로서의 J호러를 형성한 것은 저예산영화의 특성을 보이는 옴니버스식 작품 스타일이 주가 되고 있는데 그런 움직임은 2000년대 들어 더욱 활발해지기 때문이다. 따라서 주요 분석 텍스트는 <마레비토 稀人>(2004), <괴담 신미미부쿠로 怪談新耳袋>(2004), <일상공포극장 日常恐怖劇場>(2004), <정말로 있었던 무서운 이야기 ほんとにあった怖い話>(2004), <일본의 무서운 밤 日本の怖い夜>(2005), <무서운 여자 コワイ女>(2006) 등이고, 그 외에 <주온 呪怨>(2003), <착신아리 着信アリ>(2004), <휴대폰 애인 携帯彼女>(2011) 등이 참고 텍스트이다. 이 중에는 TV용으로 제작된 작품들도 있는데, J호러의 특징 중의 하나가 매체를 넘나드는 융합 혹은 월경(越境)에 있기 때문에 광범위한 영역을 검토하기 위해 대상으로 삼았다.

J호러 이전의 일본 공포영화

1926년 기누가사 데이노스케(衣笠貞之助)의 <미친 한 페이지 狂った一頁>에는 독일 표현주의 영화에서 보이는 양식적인 특징과 유사한 점이 보이며, 정신질환자들의 내면세계를 보여주고 있어 공포 영화의 단초가 되는 내적 구성을 보이고 있다. 이후 민담과 전설을 차용한 공포 영화의 발전 속에 기노시타 게이스케(木下惠介)

의 <요츠야 괴담 四谷怪談>(1949)
에 이르러서는 현대적인 의미의 공포
영화가 그 모습을 드러낸다. 돈과 명
예에 눈이 먼 남편에 의해 흉측한 몰
골로 살해당한 여자가 원혼이 되어
남편과 일당들에게 복수를 하는 내용
이다. 복수는 직접적인 방법이 아니
라 자신의 죄의식에 의해 공포감에
사로잡힌 남자가 환영을 보고 광기에
사로잡혀 죽음에 이르는 것으로 묘사
된다. 영화 속 여자의 원혼은 신파물
에서 소외당하고 버림받은 여성들이

_요츠야 괴담

눈물과 희생의 리액션에 머물던 캐릭터와는 대조된다. 원혼의 묘사
는 조명과 의상, 특수분장이라는 고전적 공포 영화의 기법들이 쓰
이고 있다. <요츠야 괴담>의 원혼은 가부장적 질서와 배신이라는
전통사회, 봉건적 관념의 희생자로 그려지고 있어, 전쟁 전부터
1950년대까지 변함없이 다루어져 왔던 시대적 문제의식이 그대로
유지되고 있다.

　　일본의 고전적인 공포 영화의 또 다른 축은 이른바 '변신물(變
化もの)'이다. 그중에서도 고양이가 변신하는 소위 '괴묘(怪猫)'영화
는 1950년대 이전부터 1970년대에 이르기까지 지속적으로 제작되
었다. 스토리는 거의 비슷한데 괴묘영화 중 하나인 나카가와 노부

_망령 괴묘 저택

오(中川信夫) 감독의 ＜망령 괴묘 저택 亡靈怪猫屋敷＞(1958)을 예로 들어보자.

　바둑을 두다 격분한 사무라이가 하위 사무라이를 죽이게 되고 하인과 함께 시체를 벽에 감추고 사실을 은폐한다. 죽은 사무라이에게는 눈먼 어머니와 애지중지 키우던 고양이가 있었다. 눈먼 어머니는 저택을 찾아가지만 오히려 사무라이에게 능욕을 당하고, 결국 그녀는 고양이에게 복수를 부탁하고는 자결한다. 그녀의 피를 핥아 먹은 고양이는 사람으로 변신하여 사무라이와 주변 인물들에게 복수한다.

　이런 스토리는 약간의 변형은 있지만 골격을 그대로 유지하며 계속 제작되었다. 예를 들어 다나카 도쿠조(田中德三) 감독의 ＜비록 괴묘전＞(1969)도 캐릭터의 관계상 변화, 즉 본가와 분가라는 설정의 변화는 있지만, 스토리의 기본 골격은 그대로 유지되고 자결하는 장면이나 고양이에게 전이된 원혼이 다른 사람에게 들어가는 장면 등 주요 묘사도 기본적으로 동일하다. 고양이의 변신 묘사는 털옷 등으로 제작된 고양이 탈을 썼던 초창기를 지나 여성 연기자가 분장을 곁들여 등장하는 것으로 변화했다. 원혼이 등장하는 모습이나 고양이가 사람으로 변신해 복수하는 내러티브는 고양이가 개입되어 있다는 것을 제외하면 앞서의 <요츠야 괴담>에서의 여성 희생자의 원혼과 크게 다를 바가 없다.

고전적인 일본 공포 영화에서 볼 수 있는 내러티브는 '원한 − 저주 − 해원(解怨)'이라는 구조로 일반적으로 공식화해 볼 수 있다 (김영심 『일본영화 일본문화』, 보고사, 2006). 그리고 원한을 품고 저주를 내리는 주체는 언제나 여성이다. 초창기의 고양이임을 알려주던 분장과 탈에서 탈피하여 여성성을 전면에 내세우게 된 것도 고전적인 공포 영화 속 주인공이 주로 여성이었던 것과 연관된다. 시무라 미요코(志村三代子)가 말하듯이 "억압당하는 여성이 고양이와 결합하여 인간과 짐승의 경계선을 넘어선 결과로서 괴이함이 발동한다"고 할 수 있다. 여기서의 억압은 신분과 성(性)에 있어서의 차별과 속박이며, 이는 전통적인 공포 영화에서 일반화된 모티프라고 할 수 있다.

이처럼 영화사 초기부터 민담이나 전설, 가부키 등에서 차용되어 제작되어 온 일본 공포 영화는 전근대적 억압과 차별을 모티프로, 전승되어 오던 유령의 모습이나 동물의 변신이라는 묘사를 통해 복수를 하는 내용을 담고 있었다고 개괄해 볼 수 있다.

02
현대 일본 공포 영화 - J호러의 특수성

　현대 일본의 공포 영화가 J호러로 불리게 된 것은 그리 오래된 것은 아니다. 전통적인 공포 영화와도 다르고 서구의 호러 영화와도 다른 일본식 공포 영화의 특질을 형성했던 작품들과 내용은 어떠한 것이었을까?

　1991년부터 1992년에 걸쳐 오리지널 비디오 영화(V시네마)로 만들어진 <정말로 있었던 무서운 이야기 ほんとにあった怖い話>시리즈는 독자들의 투고를 소재로 실화를 영상화한 옴니버스 작품이며, 그 중에서도 고나카 치아키(小中千昭) 각본, 쓰루타 노리오(鶴田法男) 감독의 작품은 이후의 J호러에 많은 영향을 준 것으로 인정되고 있다. V시네마란 극장에서 개봉하는 과정을 거치지 않고 비디오(DVD포함) 대여나 판매용으로 제작된 저예산영화를 말한다. 또한 구로사와 기요시의 <큐어>와 나카다 히데오의 <여우령 女優霊>(1996), <링>은 J호러의 선구적 작품이라고 할 수 있으며, 전통적인 일본 공포 영화와의 차이를 확실하게 보여주는 작품들이라고 할 수 있다.

　그렇다면 이들 작품들과 전통적인 공포 영화와의 차이점은 어디에 있는 것일까? 그것은 기법과 캐릭터, 주제의 면으로 나누어 생각해 볼 수 있다. 먼저 기법적인 면에서 시각적인 사실성이 동시대 다른 장르의 영화와 비교해 전혀 떨어지지 않는다. 전통적인 공포

영화에서 공포심을 조장하기 위해 표현주의적 조명이나 특수분장, 안개나 필터 처리 등의 특수효과를 사용했는데, 그것은 사실감보다는 분위기 위주의 묘사 기법이었다고 할 수 있다. 그에 비해 <링>에서 원혼이 TV 화면에서 방안으로 기어 나오는 모습, <주온>에서 신체가 꺾이는 원혼의 모습 등은 사실적인 묘사로 관객에게 충격을 주었다. 캐릭터 면에서는 기존의 전통적인 원혼이 개인적인 원한을 품은 특정인이나 집단을 대상으로 복수하는 단면적인 캐릭터였고 전근대적 가치관과 의식에 머물렀던 데 비해, <여우령>이나 <링>에서는 복수 혹은 저주의 범위가 특정 상대가 아니고 오히려 불특정 다수로 넓어지며, 원한을 품은 원혼도 다면적인 원한, 추상적인 원한, 미디어나 시대에 대한 원한 등을 복합적으로 지닌 캐릭터로 그려진다. 그리고 <큐어>에서는 어떤 특정한 개인적 원한을 발견하기 힘든 한 청년의 살인 교사가 소재가 되고 있어, 전통적인 공포 영화의 '원한-저주-해원'이라는 구조 자체가 허물어진다.

주제 또한 전통적인 원한과 복수에서 <큐어>의 억압된 욕망, <링>에서의 배타적 사회(異人 죽이기)에 대한 원한 등으로 폭이 넓어지고 추상화된다. 인간 자신의 내면에 잠복하고 있는 폭력적인 가해성이나 물화된 욕망을 도구로 하면서, 현대 사회 특히 일본사회가 가지고 있는 배타성과 억압이 어떤 괴물들을 내면에서 키우고 있는가를 섬뜩하게 보여주고 있는 것이다.

가장 많은 차이를 보이고 있는 것은 묘사에 있어서이다. 물의 사용이나 유령의 이미지 등은 고전적인 공포 영화에서도 자주 등장하는 것이지만, 보다 적극적인 이용이 눈에 띄며, 침묵이라든지 신체의 일부를 공포의 대상으로 포착하여 전달하는 묘사 기법은 조명과 분장이라는 기법에 의존했던 과거 공포 영화와 차별점을 보여준다. 결정적인 것은 원혼의 등장이나 저주를 매개하는 매체의 존재이다. 과거 공포 영화가 매체와 관계없이 출현했다면, 디지털 시대의 J호러는 일상생활의 여러 도구들, 특히 디지털 매체나 전자기기를 매개로 하는 특성을 지니고 있다.

J호러 작품에서 가장 쉽게 포착할 수 있는 것은 전자기기의 활용이다. <링>에서 원혼 사다코가 TV 브라운관을 통해 기어 나오는 장면이 관객들에게 충격을 주었던 것을 우선 떠올릴 수 있다. 그 밖에도 <착신아리>와 <휴대폰 애인>에서의 휴대폰, <주온>에서의 CCTV 등이 연이어 떠오른다. 여기서 중요한 것은 전자기기가 등장한다는 사실이 아니라 그것의 호러적 활용이다. 왜냐하면 J호러에서는 일상적으로 사용하고 있는 문명의 이기가 현대라는 시대성을 담보하는 소품 이상의 의미를 가지고 있기 때문이다.

<마레비토>는 J호러의 대표적인 감독인 시미즈 다카시의 작품으로 가장 공포스러운 것을 보고싶다는 집념에 싸인 프리랜서 비디오작가의 이야기다. 그는 세상과 접하거나 세상을 바라볼 때 거의 무의식적으로 비디오 카메라의 뷰파인더에 의존한다. 지하세계에서 데려온 여자를 방에 두고 그것을 관찰하는 것은 가정용 CCTV와 모니터 영상이다. 별다른 이상 없이 10여 초간 CCTV 영상이 없

어지고 그 여자가 빈사상태에 이르자 그는 패닉에 빠진다.

이 영화에서 비디오 영상이나 CCTV는 중요한 의미를 가지고 있다. 인간의 시각에 대한 불신에서 비롯된 전자기기에의 의존은 인간이 가진 시각적 판단 능력을 기계에 맡기는 사태를 불러와 보는 것과 믿는 것 사이의 관련성을 모호하게 만들었다. 결국은 보는 주체의 자아마저도 흔들리게 되어 현실과 비현실을 구분하지 못할 정도의 혼란과 공황상

_마레비토

태를 맞이하게 된다는 것이다. 비디오 카메라나 CCTV처럼 의식하지 않고 사용하고 있는 전자기기가 인간의 자아나 판단 혹은 진실의 대리자가 되어가고 있는 현실에 대한 직시란 점에서 전자기기는 단순한 소도구가 아니라 전체의 테마를 결정짓고 있는 요소이다.

<괴담 신미미부쿠로>의 여섯 번째 이야기인 <시선>은 내성적인 성격의 여학생이 셀프카메라로 촬영한 동영상에 과거 학교가 생기기 전에 있었던 군대 병원의 간호사가 희미하게 찍혀있는 것을 보게 되는 이야기이다. 프로젝터로 상영하게 된 이 영상에서 희미한 윤곽만 있던 간호사의 모습은 전원을 꺼도 사라지지 않고

커지다 결국은 현실세계로 전이되어 나타나 여학생을 계속 지켜보겠다는 말을 남긴다. <마레비토>에서 카메라는 인간의 시각에 대한 대용물이자 지배자로 나타나는데 비해 여기서는 커뮤니케이션의 대상이라는 위치를 점한다. 즉 비디오 영상이라는 기록 매체가 현실세계와 소통하지 못하는 여학생에게 원혼의 세계와 연결시켜주는 매개이자 통로의 역할을 하고 있는 것이다.

<일상공포극장>의 두 번째 이야기인 <자판기 여자>는 산속에 있는 펜션으로 여행을 간 두 남녀가 외진 곳에 있는 자판기의 음료를 마시고 겪게 되는 기이한 이야기를 담고 있다. 목마름을 달래려 구해온 자판기의 음료는 남녀의 욕망을 고조시키게 되고 결국에는 여자가 자판기 안으로 끌려 들어가고 만다.

_일상공포극장

자판기는 현대인의 일상에 너무나 가까이 친숙한 기계로 자리하고 있다. J호러는 휴대폰도 그렇지만 자판기처럼 아무렇지 않게 일상생활에서 사용하고 있는 기계장치에 인간의 욕망이 불러온 희비극적 결과를 투영해 보여준다. 자판기 음료의 원료가 되는 것이 바로 인간이라는 것은,

현대사회의 공포가 비단 원혼에 의한 것만이 아니라 인간의 욕망 그 자체라는 것을 얘기해주고 있는 것이다.

　<일상공포극장>의 단편들인 <버섯 따기>와 <고양이 손>은 각각 인터넷 채팅과 인터넷 상의 영상물이 주요 소재가 되고 있다. 먼저 <버섯 따기>는 채팅으로 알게 되어 버섯 따기 여행에 나선 청년들이 계략에 빠져 산채로 버섯의 양분이 된다는 이야기이다. <고양이 손>은 일본의 TV 애니메이션 캐릭터인 고양이(냥타)가 이지메와 가정불화로 괴로워하는 소년의 소원을 들어주는 이야기로 애니메이션과 실사가 결합한 작품이다. 애니메이션 속 내용이 실현되면서 애니메이션과 달리 현실세계에서 그것은 살육과 파괴로 나타난다.

　두 이야기 모두 인터넷이라는 매체를 소재로 하고 있다. 현실에서 소통과 커뮤니티 형성이 점점 힘들어지고 있는 현대인에게 인터넷은 서로를 연결시키고 정보 전달과 소통의 장으로 널리 활용되고 있다. 하지만 <버섯 따기>처럼 함정의 수단이 되기도 하고, <고양이 손>처럼 파괴와 살상으로 이어지기도 한다. 그렇지만 인터넷은 불특정다수가 익명으로 접속할 수 있는 매체이며, 누구라도 그와 같은 상황과 만날 수 있다는 것이야말로 J호러에서 주목하고 있는 점이다. 이러한 점은 <일상공포극장>의 세 번째 이야기인 <나야 나>와도 연결된다. 이 작품은 흔히 보이스피싱이라 불리는 현대적 범죄를 소재로 하고 있다. 자신과 아는 사람들만이 소통할 수 있는 사적인 기계장치인 전화가 누군가의 침범으로 혼란스러워

질 수 있다는 것을 제시하고 있다. 개인의 프라이버시를 중시하는 일본 사회에서 이것은 심각한 문제이자 공포로 다가온다. 전화번호부를 뒤지며 '다음엔 어디로 갈까'라고 농담조로 하는 등장인물의 말은 그런 의미에서 실제적인 위협으로 느껴진다.

이러한 J호러에서의 전자기기 활용에 대해 미츠요 와다 마루시아노는 다음과 같이 말하고 있다.

> J호러 영화에서 텔레비전, 비디오, 휴대전화, 감시카메라, 컴퓨터, 인터넷 등 도시생활에 없어서는 안 되는 친숙한 전자기기는 현실에 대한 애매한 불안을 증폭시키는 중요한 역할을 맡고 있다. <링>이나 <주온> 시리즈를 포함하는 많은 J호러 영화에는 등장인물이나 관객이 지니고 있으리라 생각되는 새로운 디지털 기술에 대한 과신을 조롱하는 경향이 있다. 등장인물이 악령의 표적이 되는 것은 흔히 정보전자기기를 매개로 전달되는 텍스트를 해독하는 스스로의 능력을 그들이 무턱대고 과신하는 데서 유래하고 있다(『デジタル時代の日本映画』, 名古屋大学出版会, 2010).

전자기기가 주요 소재로 등장한다는 것 그 자체가 중요하다기보다는, 그러한 전자기기를 이용하는 현대인들이 안고 있는 소통문제나 욕망, 맹신 등의 부가적이면서 오히려 본질을 뒤엎는 요소들에 대해 J호러는 문제제기하고 있는 것이다.

매개체로서의 전자기기에 이어 두 번째로는 음향을 어떤 방식으로 사용하고 있는가에 주목해보자. J호러의 일반적 특징에서도 언급했듯이 침묵 속에서 들리는 음향의 강조는 음원에 상관없이 관객들의 상상력을 자극함으로써 공포감을 극대화하는 방법으로 자주 쓰이고 있다. 때로는 소리의 과장이 아니라 오히려 약화시키는 방법을 통해 효과를 극대화하고 있으며, 또 한 가지 두드러진 점은 노이즈를 이용하거나 공포의 대상이 되는 인물(원혼)의 목소리를 변조, 합성하는 방식을 쓰고 있다는 것이다.

<괴담 신미미부쿠로>의 첫 번째 에피소드인 <야간경비의 보고서>에서 경비 책임자는 공포에 질려 걸려온 경비원의 전화를 받다가 이상한 소리를 듣고는 녹음을 반복해서 들으며 확인한다. 그러자 경비원의 목소리 뒤로 어린아이와 여자의 웃음소리가 조그맣게 들려오는 것을 알게 되고 소스라치게 놀란다. 그것은 주의를 기울여 듣지 않으면 놓치게 될 만큼 작으며 두드러지지도 않는다. 직접 확인에 나선 그에게는 맨발로 뛰는 소리나 화장실 물 내리는 소리 등이 희미하게 들려온다. 주위가 조용하지만 그 소리들은 상대적으로 작게 들리는데, 그것은 앞서의 맥락을 알고 있기 때문에 오히려 더욱 섬뜩하다. 두 번째 에피소드인 <잔연(殘煙)>에서 인물이나 관객들을 놀라게 하는 것은 실체를 가졌다기보다는 새의 날개짓 소리, 풀이나 나무를 밟는 소리, 동물인지 무엇인지 모르는 정체불명의 신음소리 등의 음향으로서, 숲속이라는 공간이 가지고 있는 적막함에 의해 강조된다. 그 소리들은 관객들이 확실히 알아듣기에는 크기가 작아 등장인물들의 공포의 대상이 무엇인지에 더욱 집중하고 긴장하게 만든다. <일본의 무서운 밤>의 <틈>이라는

단편에서는 틈새로부터 긴 손톱을 가진 손이 출현하는데 이와 더불어 작은 여자의 웃음소리가 같이 들린다. 불현듯 들리는 그 작은 웃음소리는 주인공의 운명을 예고하는 듯하다.

이처럼 의도적으로 작은 소리를 들려주어 긴장과 몰입을 유도하며, 재차 같은 음향을 들려줌으로써 관객의 상상력과 공포심을 극대화시키는 방법이 자주 등장하고 있다.

이번에는 노이즈나 변조, 합성의 방법을 예로 들어보도록 한다. 먼저 앞서 언급된 <마레비토>, <자판기 여자>, <시선> 그리고 <일본의 무서운 밤>의 첫 번째 에피소드인 <거미 여자> 등에는 노이즈를 이용한 효과가 보인다. <마레비토>에서는 마치 디지털 기기에 버그가 생긴 것처럼 화면이 일그러지면서 모니터가 꺼졌을 때와 같은 노이즈가 발생한다. 이는 주인공이 시각처럼 의존하는 영상과 그에 부가된 음향이 혼란스러워졌다는 것을 의미하며, 자아의 혼란을 표현하기 위해 이후로도 두세 번 사용된다. <자판기 여자>에서는 차 안에서 라디오 방송에 잡음이 끼고 전화 통화는 노이즈 이후에 단절된다. 물론 깊은 산 속이라는 배경적 고립을 의미하지만, 이후 주인공들이 겪게 될 불가사의한 일을 암시하는 것이기도 하다. <시선>에서는 비디오 카메라와 프로젝터가 전원을 끊었음에도 신호가 없을 때 나는 기계 소리를 내며 주인공을 위협한다. 이 노이즈는 주인공뿐만 아니라 관객에 대한 비합리적 도발로서 소리의 과장과 상황적 맥락이 두드러진다. <거미 여자>에서 기자가 여학생의 말을 인터뷰하기 위해 꺼낸 녹음기는 고장이 난듯 기계음과 노이즈를 강하게 울린다. 이 장면은 여학생의 집이 예사롭지 않은 장소이며 이 여학생에게 무언가 감추어진 비밀이 있다는 느낌을 관객에게 전달한다. 이 밖에도 <마레비토>와 <에도짱>에서는 디지털 화면에 에러가 발생한 듯이 화면이 일그러지거나 파편화되는 장면을 삽입하고 있는데, 노이즈와 마찬가지로 불길한 일이 발생하고 있다는 것을 관객에게 전달하는 역할을 한다.

노이즈와 함께 음성의 합성, 변조가 두드러지는데 이러한 방법의 예로는 앞서의 <시선>, <거미 여자>와 함께 <일상공포극장>의 첫 번째 에피소드인 <생각>, <무서운 여자>의 <딸그락딸그락>과 <하가네> 등을 들 수 있다. <시선>에서는 원혼이 주인공을 보며 그녀가 했던 말을 되풀이 하는데, 그 목소리는 처음부터 끝까지 떨리는 투로 들려온다. 즉 일반적으로 사람이 내는 목소리의 떨림과는 차이가 있는 괴기스런 분위기를 띤 목소리의 기계적 연출이다. 이는 현세가 아니라 죽음의 세계에서 온 인물이라는 느낌을 강하게 전해준다. <거미 여자>에서는 거미 여자의 말이 매우 빠른 속도로 재생되며 반복된다. 이미 거미 여자로 변한 모녀를 본 기자에게는 어떤 물리적 위협보다도 암놈이 수컷을 잡아먹는다는 거미의 이야기가 비정상적인 속도로 들려오는 것이 공포스럽다. <생각>에서는 전화를 받는 남자에게 여자의 장난치는 듯한 웃음소리가 들리고 이어서 "옆에 있는데…"라는 말을 하는데, 그 목소리는 여자 목소리에서 저음의 굵직한 남자의 목소리로 변화된다. 마치 TV에서 신원을 밝히지 못하는 경우 쓰는 낮은 톤으로의 변조나, 녹음 테이프가 늘어지는 것을 연상시킨다. 복수를 하려는 여자와 남편의 원혼이 같이 있는 듯한 느낌을 주기 때문에 더더욱 괴기스럽다. 마지막으로 <딸그락딸그락>에서는 여주인공이 빨간 옷의 여자에게서 공격을 받아 도망치다가 약혼자에게서 걸려온 전화를 받는데, 약혼자의 "카나코야?"라는 억양 없는 소리가 계속 반복되다가 급기야는 저음의 굵직한 톤으로 변조된다. 마치 남자와 여자의 목소리를 섞은 듯한 이 소리는 여주인공이 구원자로 알았던 약혼자와 빨간 옷의 여자가 마치 동일인인 듯한 착각과 함께 그녀의 혼란을 극대화시킨다. <하가네>에서 자루를 뒤집어 쓴 상반신을 가진 여자가 기분 좋을 때 내는 소리는 마치 곤충이 우는 소리와 비슷하고 때로는 동물의 신음소리와 기계음을 섞은 듯한 소리를 낸다. 또 짐승의 소리와 여자의 목소리가 섞인 듯한 경우도 있다. 어떤 것이거나 인간이 낼 수 있는 소리의 영역을 벗어나 있는데, 그녀가 가진 괴물적 속성이 드러남에 따라 그러한 소리의 정체를 어렴풋이 짐작할 수는 있다.

이와 같이 음향은 J호러에서 긴장감과 공포심을 유발하기 위한 특징적이고도 효과적인 방법으로 적극적으로 활용되고 있으며, 영상에서 우리가 발견하는 공포감을 더욱 고조시키거나 혹은 독자적이고 필수적인 요소로 자리잡고 있다.

공포의 매개체로서의 전자기기와 묘사의 적극적인 방법으로서의 음향은 위에서 살펴본 바와 같이 J호러의 일반적인 메시지와 공포감 유발에 있어 어떤 의미에서는 절대적인 위치를 차지한다. 현대 도시와 현대인의 공포가 전자기기나 작은 소리 또는 그 변조를 통해 전달되는데, 거기에는 현대 도시인들이 그런 현대적 기기에 익숙해져 있다는 점에서 관객을 더욱 공포스럽게 만들고 있다는 디지털 시대의 괴담이 있다.

03
공포 영화와 컨텍스트 - J호러와 현대적 유령

　J호러에서 공포의 대상은 무엇이고 어떠한 형상을 지니고 있으며 그 묘사는 어떤 방법으로 이루어지고 있을까?

　우선 공포의 대상이 원혼(유령)이라는 고정된 틀에서 벗어나 상당히 다양해졌다는 것이 첫 번째 특징이다. <괴담 신미미부쿠로>의 <잔연>에서는 사람을 재가 되어 사라지게 만드는 정체불명의 존재가 있고, <장갑>에서는 마치 투명인간이 나타난 것처럼 장갑만이 주인공의 목을 조른다. <약속>에서는 나무의 형상을 한 거대한 여자가 주인공 앞에 나타나 경악하게 만든다. <일상공포극장>의 <자판기 여자>에서는 글자 그대로 자판기가 인간을 흡수해 음료를 만든다는 내용이고, <리얼>에서는 사람들에게서 나는 녹색 피가 공포의 대상이며, <에도짱>에서는 물개를 닮은 귀여운 모습의 생물체가 사람을 집어삼키는 괴물로 변신하고, <고양이

손>에서는 애니메이션의 귀여운 고양이 캐릭터가 공포의 대상으로 변한다. <일본의 무서운 밤>의 <희생>에서는 사람의 거대한 얼굴만으로 된 물체가 나타난다. 머리카락도 주요 소재로 등장하는데 <생각>에서는 슈퍼마켓에서 바닥을 기어오거나 욕조 가득 넘치는 형태로 주인공을 엄습하고, <일본의 무서운 밤>의 <금발괴담>에서는 남자가 미국에서 금발 머리카락에 공격을 당한다. 장편영화인 <검은 물 밑에서 仄暗い水の底から>(2001)에서는 수도꼭지에서 흘러나오는 머리카락이 관객을 소름끼치게 만든다.

<링>에서의 사다코나 <주온>에서 관절을 꺾으며 계단을 내려오는 원혼의 모습이 충격적인 것은 외양에서만이 아니라 그들이 출현하는 장소와도 관련이 있다. 즉 텔레비전 브라운관을 통해 물리적 현실세계로 기어나오는 사다코의 원혼이나, 일반 가정집의 좁은 계단을 대낮에 네 발로 내려오는 모습은 안전하다는 관념이 포함되는 장소에 대한 공격이기 때문에 충격적이라 할 수 있다. 원혼이 출현하기 좋은 장소라고 하는 격리된 특정 장소가 아니라 일상생활 어디에서나 만날 수 있다는 공포감이 훨씬 크게 지배한다.

이러한 장소와 공포의 대상 간에 맺는 불특정성은 J호러에서 느끼는 현대인의 공포를 배가시키고 있다. 앞서 언급했듯이 매개체가 바로 현대 일상생활에서 필수불가결하게 사용하고 있는 전자기기들이고, 이들이 위치하는 장소는 다름 아닌 우리의 일상적 공간이다. 외양적 형상이 아니라 그것이 출현하는 장소가 바로 J호러의

공포를 불러일으키고 있다고 해도 과언은 아닐 것이다. 이를 증명하듯 할리우드판 <주온>의 프로듀서를 맡았던 이치세 다카시게(一瀨隆重)는 다음과 같이 얘기하고 있다.

> 일본인이라면 누구라도 친숙한 장소가 어느 순간 갑자기 무시무시한 저주에 걸린다는 설정으로, 서두에서 '진정한 공포는 일상 공간의 틈으로 낯선 것이 다른 세계에서 슬금슬금 다가와 숨어드는 순간이다'라는 호러관을 밝힌 바 있다. 이 '좁고 평범한 공간'이 상징하는 일상성은 J호러의 특징이 되는 중요한 요소다(『J호러, 할리우드를 쏘다』, 서해문집, 2010).

이러한 공간적 요소의 영향은 많은 작품들 속에서 공포의 대상이 사다코나 <주온>에서의 관절꺾기 원혼처럼 전통적인 귀신의 모습이나 기괴한 모습이 아니라 극히 평범한 사람의 모습인 경우가 많다는 사실에서 알 수 있다.

<야간경비의 보고서>에서 경비원을 놀라게 하는 것은 계단에 보이는 맨발, 윗층에서 뛰는 소리, 결정적으로는 건물의 방안에서 만나게 된 무수한 사람들의 모습이다. 만일 이것이 다른 상황이었다면 공포는커녕 너무나 일상적일 수도 있는 장면이다. 그렇지만 이 작품의 배경이 된 건물은 철거를 위해 모두들 나간 빈 공간이다. 도시 외곽에서 가끔 마주치게 되는 이러한 건물들은 주변에 있으면서도 낯선 공간이며, 그런 기시감이야말로 이 에피소드의 공간

적 유사성을 심리적으로 뒷받침하는 중요한 요소가 되고 있다. <괴담 신미미부쿠로>의 <전신 거울>에서는 원혼이 학교 체육관에 있는 커다란 거울 속에서 손을 내밀어 학생을 끌고 거울 속으로 사라진다. 원혼은 평범한 여자의 모습을 하고 있지만, 학교 체육관이나 과학실 등이 한 번쯤 들어보았을 괴담의 장소라는 점에서 이 단편은 공포심의 많은 부분을 얻어내고 있다. <시선>에서도 마찬가지다. 불꺼진 교실과 스크린에 비치는 영상은 학원 괴담을 연상시키기에 충분한 공간적, 상황적 설정을 준비하고 있기 때문에 원혼의 모습이 그저 옛날 간호사 복장을 한 여자에 지나지 않더라도 상당한 효과를 거둘 수 있는 것이다.

　　<생각>에서는 어린 아이의 옹알거리는 소리, 울음소리 등이 곳곳에 배치되는데, 원래는 아이를 낳은 적이 없는 여자가 두 남매를 데리고 있는 것을 목격하게 된다. 존재하지 않아야 하는 아이들이 둘씩이나 일상적인 공간인 아파트에서 함께 동거하고 있다는 데서 오는 심리적 오싹함이 있다. <고양이 손>에서 귀여운 애니메이션 캐릭터인 냥타가 주인공 소년의 일상적 공간인 방문 앞에 나타나 문을 열어달라는 것이 바로 공포가 되고 있다. 귀여운 외모와 목소리는 마찬가지지만 있을 수 없는 장소인 현실세계로 침범한 TV속 캐릭터는 그대로 두려움의 대상으로 화하고 있다. <틈>에서 주인공에게 두려움을 주어 공황상태에 이르게 하는 것은 벽이나 서랍, 냉장고 문틈 등 인간이 들어갈 수 없는 장소에서 들리는 여자 웃음소리와 긴 손톱을 가진 손이다. 물리적으로 있을 수 없는

장소에서 나타나는 존재이기 때문에 공포감이 발생하고, 일본인들에게 익숙한 좁은 원룸식 방에서 느껴지는 탈출할 수 없는 구속감이 그러한 공포감을 배가시키고 있는 것이다.

이렇게 공포의 대상이 장소와의 관련성에서 만들어내는 공포는 TV 엔터테인먼트 프로그램인 <정말로 있었던 무서운 이야기>의 단편들에서 더욱 두드러지게 나타난다. 이것은 후지 텔레비전에서 일주일에 한 번씩 방영하던 프로그램으로 주당 4개 정도의 단편들과 심령사진 소개가 이루어진다. <폐가의 소녀>는 한밤중에 찾아간 폐가, <심야 거울 속 모습>은 한밤중의 병원 복도, <낯선 광경>은 밤이 찾아오는 공원, <늘어나는 팔>은 방안 벽장을 각각 작품의 배경 공간으로 하고 있다. 폐가나 병원, 공원 혹은 방안에 있는 벽장 등 한 번쯤 가봤거나 일상적으로 이용하는 공간에서 예기치 않은 존재가 불쑥 나타났을 때, 사람들은 미지의 장소에서보다도 훨씬 강한 공포와 그 기억을 지니게 된다.

평범하거나 친숙한 것이 장소와 관련되면서 공포의 존재로 변하는 것을 J호러에서는 흔하게 목격할 수 있다. 그 자체로는 익숙하고 평이한 사람이나 물체가 문화적, 사회적으로 유통되는 괴담의 공간에 놓여지면 이미지보다는 공간적 특수성이 공포의 근원으로 작동하는 것이다.

이 글에서 언급하고 있는 많은 수의 작품들은 오리지널 각본에 의한 것보다는 원작을 가지고 있거나 TV에서 방영된 것을 바탕으로 만들어진 것이다. J호러에 있어 작품의 DVD화는 기본적인 것이고 소설로까지 각색되기도 할 정도로 여러 매체를 오가는 교류가 왕성하다.

예를 들어 <괴담 신미미부쿠로>는 실화 괴담의 붐을 일으킨 1990년 기하라 히로카츠(木原浩勝)와 나카야마 이치로(中山市朗)의 『신미미부쿠로 新・耳・袋－あなたの隣の怖い話』를 원작으로 하고 있고, 2003년 TV로 방영된 이후 DVD 발매를 거쳐 2004년 극장판이 공개되었으며 이후 극장판 개봉은 2012년까지 이어졌다. 또 시미즈 다카시 감독의 <마레비토>는 극장 공개 이후 제작을 맡았던 고나카 치아키에 의해 2004년 소설로 만들어져 간행되었다.

이렇게 J호러가 TV나 DVD, 인터넷, 출판 등 타매체와 활발한 교류를 진행하고 있는 것은 저예산영화로서 J호러의 생존을 위한 전략이라고 평가할 수 있고, 기반을 넓히고 다양한 영화인력을 흡수하고 성장시키는 역할을 했다는 적극적인 평가도 가능하다. 미츠요는 이에 대해 다음과 같이 말하고 있다.

_괴담 신미미부쿠로

일반적으로 말해 J호러와 영화 이외의 미디어—즉 DVD 같은 디지털 상품이나 텔레비전 방영—와의 높은 친화성은 일본 국내외에서 이 장르영화의 붐에 박차를 가하게 만들었다. 즉 이 장르는 많은 상이한 미디어 상품으로 구성되어 있으며, 전통적인 극장 개봉용 장편영화는 단지 복수의 플랫폼의 하나에 지나지 않는다는 것을 강조할 필요가 있을 것이다.

특히 J호러가 디지털을 비롯한 뉴미디어와 맺는 친화성과 관련해서 주목할 것은 옴니버스 스타일이다. <주온>에서 각 챕터가 주인공의 이름으로 되어 있는 것과 마찬가지로 많은 수의 J호러 작품은 형식상 옴니버스 스타일을 가지고 있다. 본 논문에서 분석한 <괴담 신미미부쿠로>, <일상공포극장>, <무서운 여자>, <일본의 무서운 밤>, <정말로 있었던 무서운 이야기> 등 대다수가 옴니버스 형식이다. 물론 이러한 옴니버스 스타일이 일본영화에서 처음 있는 형식상의 시도는 아니다. 공포 영화로 따지면 1960년대 대표적인 공포 영화 중 하나인 고바야시 마사키(小林正樹)의 <괴담 怪談>(1965)이 <검은 머리 黑髮>, <설녀 雪女>, <귀없는 호이치 이야기 耳無し芳一の話>, <찻잔 속 茶碗の中> 등 네 편의 짤막한 이야기로 구성되어 있는 옴니버스식 작품이었다. 단지 옴니버스 스타일이 다양한 소재를 짧은 시간에 간략하면서도 효율적으로 전달한다는 일차적 기능을 벗어나 또 다른 의미를 부여했다는 것에서 J호러를 언급하는 것이다.

이러한 옴니버스식 구성은 DVD라는 유통 매체와의 친화성, 혹은 그것을 목적으로 하는 제작 방식이라고 생각할 수 있다. 즉 옴니버스 스타일은 DVD의 챕터와 마찬가지로 순서가 아니라 소비자의 기호에 따라 선택하여 볼 수 있는 편의성을 지니며, 각각의 단편들이 가지는 상이한 소재와 기법을 다양하게 즐길 수 있는 장점을 지닌다. 더욱이 긴 장편을 오래도록 즐기는 것에 익숙치 않은 디지털, 스마트폰 세대는 짧지만 강렬한 단편들의 모음을 오히려 선호한다는 것도 크게 작용한다. 그리고 도시생활에서 전파되는 각종 괴담이나 경험담 등을 간략하게 전달할 수 있다는 특화된 기능도 있다고 하겠다. 이러한 옴니버스 스타일이 J호러에 있어 가지는 의의를 미츠요는 세 가지로 정리하고 있다. 첫째, 젊은 영화인에게 제작 기회를 부여할 수 있다는 점. 둘째, 극장 공개에 필요한 막대한 경비를 절약할 수 있다는 점. 셋째는 일본 대중문화에 있어서 텔레비전이나 출판물 등 다른 많은 미디어와 높은 친화성을 보여줌과 동시에 상호 텍스트적인 요인을 많이 포함하고 있는 점 등이다.

J호러의 이러한 변모의 이면에는 일본 영화산업이 침체일로를 걸으면서 커다란 메이저 영화사들이 제작 부문을 축소하거나 아예 없앨 수밖에 없었던 상황에 맞서 소규모 제작사에서 저예산영화를 만들게 되었다는 상황적 맥락이 있다. 디지털 시대는 이러한 저예산 장르로서의 J호러를 재구성하고 성장시키는 데 결정적인 역할을 하였다. 장편영화가 지속적으로 지켜오던 영화관이라는 배급과 상영의 기본 틀을 벗어나 그야말로 디지털 시대에 부응하는 제작, 배급,

상영 형태를 본격적으로 구축한 것, 그리고 다른 매체와의 활발한 교류와 상호텍스트성은 그것을 분명하게 보여주는 예라고 하겠다.

　이러한 디지털 시대에 앞서 극장이라는 장소를 벗어나 다른 경로를 밟음으로써 호러의 폭발적인 인기를 견인한 계기가 된 것이 바로 V시네마이다.

　구로사와는 J호러 붐이 1990년대 초반에 고나카 치아키나 츠루타 노리오 등의 영화감독에 의한 오리지널 비디오 작품(극장 공개 없이 애당초 비디오로 만들어지는 작품)의 융성으로 시작되었다고 주장하고 있다. 또한 구로사와는 J호러 영화 작품은 애초에 비디오테입으로 제작되었기 때문에 저예산으로 만들어진 홈비디오처럼 심도가 없는 화상이 J호러의 특징이 되었다고 지적한다. 비디오테입 화면 속에 이미 죽은 사람이 불현듯 찍혀있다는 식으로, 일견 극히 평범한 비디오 화면 속에 거기에 있을 리가 없는 이상한 것을 배치하는 구성이 현대 일본 호러영화의 매력이 되고 있다(ミツ크·ワダ·マルシアーノ, 『デジタル時代の日本映画』, 名古屋大学出版会, 2010).

　위에서 인용한 글은 저예산영화로 생존하기 위한 방법 중의 하나였던 비디오제작이 바로 J호러의 미학적 특징을 이루는 데 결정적인 역할을 했다는 점을 지적하고 있다. 이러한 J호러의 저예산 영화로서의 미학적 특성은 디지털 시대에도 의도적으로 이루어지고 있다.

현재 눈에 띄는 이미지를 제작하기 위해서는 카메라가 포착한 영상 정보를 '감소시키는' 방법을 체득할 필요가 있다는 것이다. 즉 디지털 촬영이란 것은 종래의 영화제작에 있어서 영상에 현실감을 부여하기 위해 필요한 요소를 '부가'―예를 들어 광선의 양을 늘이거나 소리를 첨가하는 등―하는 과정과는 대조적으로 '감소'의 과정을 필요로 하고 있는 것이다(ミツヨ・ワダ・マルシアーノ, 『デジタル時代の日本映画』, 名古屋大学出版会, 2010).

앞서 분석에서 다루었던 전자기기의 활용에서 CCTV나 텔레비전, 비디오 영상 등을 언급했는데, 이들 작품 속에서는 그러한 영상들이 화질을 떨어뜨려 선명하지 않게 처리하여 오히려 사실감을 배가시키고 있으며, 여기에 접속 불가나 수신 상태 불량에서 오는 화면을 삽입함으로써 이를 실제 화면으로 인식하게끔 유도하고 있다.

디지털 시대를 맞은 J호러의 대처는 기술적 진보를 전시하는 스펙터클에의 집중과 대규모 상영, 홍보보다는 오히려 저예산영화가 지니는 미학적 특성이라 할 수 있는 감소와 타매체와의 친화성으로 나타났다고 하겠다. J호러의 이러한 성격은 관객이나 대중과의 연계성이라는 부분에서도 나타나는데, 장르로서 호러영화가 지녀온 의미에 디지털시대의 특성이 더해져 보다 대중친화적인 형태를 띠게 되었다는 사실이 바로 그것이다.

호러영화가 하나의 장르로서 기능하는 사회적 의미의 하나에는 그것이 지속적으로 피억압자, 소수자 입장에서 지배적인 이데올로기나 윤리, 관습 등의 기제 혹은 억압자와 다수자 등에 대항했다는 것이다. 지금은 그러한 이분법적인 구조가 해체되거나 약화되고 특정 상대가 아니라 바이러스처럼 감염되거나 전파되는 불특정적 확장성을 지닌다는 점에서 구별된다고 할 수 있다. 더욱이 꾸며낸 이야기로서가 아니라 실화나 경험이라고 하는 현대인들에 직접 소구하는 형식을 취한다는 점에 그 특징이 있다. 이것은 장르로서의 공포영화가 새로운 싸이클에 진입하고 있다는 징조의 하나로 파악할 수도 있는데, 여기에서 흥미롭게 참조할 것이 바로 '도시 전설'이라고 하는 현대판 괴담이다.

좀 더 사실주의적인 변주들은 현대 관객의 전유된 지식이라는 또 다른 모델, 즉 도시 신화에 말을 걸었다. 이런 종류의 작품은 다양한 방식으로 내러티브의 재료가 진짜임을 증명하고 그 이야기가 아무리 극단적이라 하더라도 그것이 표면상으로는 '진실'임을 주장하면서 판타지와 현실을 화해시키려고 했다. 근대성을 민간전승 신화 속에 위치시키면서 이 내러티브들은 때때로 원시적인 문화를 잘 정돈된 현대 생활에서 당연시되는 양식들과 충돌시키는데, 이를 통해 도시의 가정적인 일상과 '오래된 세계'의 관습 사이의 긴장을 재현한다(폴 웰스, 『호러 영화 – 매혹과 저항의 역사』, 커뮤니케이션북스, 2011).

J호러의 많은 작품들이 독자 혹은 시청자들의 경험담이나 괴담 등 현대(도시)에 전파되는 기괴한 이야기들에서 소재를 얻고 있

는 사실은 바로 장르로서의 공포영화가 양식적인 틀과 더불어 질적인 면에서도 변화를 보이고 있는 상징적인 모습이다. 그런 면에서 인터넷이나 스마트폰(휴대폰) 등을 통한 SNS의 다양한 전개는 J호러가 성장과 확장을 지속할 수 있었던 토양이 되었다고 하겠다.

이는 또한 호러영화 장르가 가지고 있는 토착적인 부분과도 연결된다. 직접 J호러의 많은 작품들을 제작해 오고 있는 이치세는 자신의 할리우드 제작 경험을 빌어 다음과 같이 얘기하고 있다.

현실에서는 예상과 반대로 <링>이나 <주온>처럼 오로지 일본풍의 공포를 추구한 호러영화 쪽이 미국 시장에서 훨씬 잘 통하는 소재였다. 즉 일본 영화 특유의 오리지널 요소를 살려 엔터테인먼트로서의 완성도를 높이는 자세야말로 중요하다는 이야기다. 호러영화는 그 나라의 관객이 무의식적으로 공유하고 있는 문화적 배경(전설이나 관습 등)에 많이 의존한다(이치세 다카시게, 『J호러, 할리우드를 쏘다』, 서해문집, 2010).

장르는 커다란 틀에서 많은 부분 변화의 방향이나 내용을 공유하지만, 개별적인 내셔널 시네마의 차원에서는 이치세의 말처럼 토착적인 문화적 배경이나 무의식이 작용하는 경우가 많다. 전통적인 공포 영화가 희생자나 피억압자의 한(恨)을 윤리적이거나 휴머니즘적 관점에서 감성적으로 다루어왔다면, 지금 지배적인 문화적 배경에서는 어떤 뚜렷한 원인이나 원한을 파악하기 힘든, 달리 말하자면 기표만으로 구성되는 이야기가 그것과 공존하는 형식으로 변화하고 있다고 하겠다. J호러는 이러한 시대적인 변화의 흐름 속에서 그것을 빠르게 자신의 영역 안으로 흡수하고 양분으로 재생해 내었다고 할 수 있다.

🎬 구로사와 기요시(黒沢清, 1955~)

일본 영화 감독, 각본가, 영화비평가, 소설가. 릿쿄 대학 시절에 학내 독립영화제작집단 '패러디스 유니티'에서 활동했다. 같은 동아리에서 활동했던 동료 중 모리 다츠야(森達也), 스오 마사유키(周防正行), 시오타 아키히코(塩田明彦), 만다 구니토시(万田邦敏) 등도 영화감독으로 활동하고 있으며, 아오야마 신지(青山真治) 감독 역시 동문 후배다. 재학 중 하스미 시게히코(蓮實重彦) 교수의 강의를 수강하고 그에게 큰 영향을 받았다고 전해진다.

핑크영화로 데뷔하여 J호러라 불리는 일본 공포영화로 국제적인 명성을 얻었다. 직설적으로 충격을 안기는 대신 인간의 내면을 파고들어 그 안에서 어떤 끔찍한 것을 발견해내는, 은근한 심리적 공포영화들을 만들어왔다. 장르영화를 자기만의 고유한 방식으로 혁신한 현대 일본영화계의 대표적인 감독의 한 사람으로 꼽힌다.

1997년 〈큐어 CURE〉로 평단의 호평을 받았고, 2000년 〈회로 回路〉로 칸영화제 국제비평가연맹상, 2008년 〈도쿄 소나타 トウキョウソナタ〉로 칸영화제 주목할 만한 시선 부문 심사위원상을 수상했다.

〈큐어〉는 연쇄살인을 수사하는 형사가 살인을 사주하는 최면술사를 만나서 자기 내면의 암흑을 발견한다는 이야기를 모호하고 미묘하게 그려낸 공포스릴러다. 그는 롱테이크와 롱쇼트, 빈 화면, 과장된 노이즈로 구현하여 국제적인 명성을 얻게 되었다. 관조적이고 미니멀한 스타일과 함께 일본 공포영화 특유의 직설적인 충격 쇼트 대신 그로테스크한 분위기를 창조하여 거기서 긴장을 끌어내는 그의 호러 스타일을 선보였다. 이 영화가 충격적인 것은 평범한 사람들이 자신의 억압된 분노와 폭력을 최면술을 매개로 폭발시키는 장면들이 그저 지켜보듯 담담하게 묘사되고 있는 방식이다. 누구나 그런 폭력의 가해자가 될 수 있다는 상상과 일상을 영위하듯 행해지는 살인과 폭력의 장면들은 이전까지의 공포영화와는 다른 섬뜩함을 안겨주었다.

구로사와 기요시의 심리적 공포영화는 이후 J호러라는 이름으로 국내외에 널리 알려지고 붐을 일으킨 공포영화의 흐름에서 중요한 역할을 하게 된다. 물론 그는 공포영화만이 아니라 다른 장르의 영화 제작에도 나서고 있다. 그 외 대표작으로 〈밝은 미래 アカルイミライ〉(2003), 〈해안가로의 여행 岸辺の旅〉(2015) 등이 있다.

05 멜로 영화: 너무나도 순수한, 가능할까?

멜로 영화: 너무나도 순수한, 가능할까?

　　멜로 영화의 일반적인 장르적 공식은 일반적으로 남녀가 만나 사랑에 빠지지만 장벽에 부딪혀 좌초하고 만다는 것이다. 관습으로는 비오는 날 헤어지는 연인이나 함께 우산을 쓰고 사랑이 무르익는다든가, 굳은 사랑을 확인하는 키스 장면이라든가 하는 멜로라면 늘 당연한 장면들이나 에피소드를 떠올릴 수 있다. 도상이라면 멜로 영화에 주로 출연하는 배우라든가, 촛불로 장식된 방이나 장미 꽃다발 등 사랑의 감정을 불러일으키는 배경이나 소품, 의상, 배우 등을 얘기할 수 있다.

　　장르를 공식(formula), 관습(convention), 도상(icon) 등으로 정의할 때 멜로 영화는 장르의 변화와 결합이라는 흐름에서도 어느 정도 틀을 유지해 왔다고 보인다. 물론 로맨틱코미디라는 새로운 혼합 장르에 많은 자리를 내어 주었지만 말이다. 그래서 그것을 구분하려고 '정통 멜로'라는 말로 불리기도 한다.

　　어쨌거나 멜로 영화는 우리에게도 1960년대에서 1970년대에 걸쳐 소위 '신파물'이라는 것에 섞여 많은 관객을 불러 모았고, 눈물샘을 자극하는 최루성 장르로 꽤나 친숙한 면이 있다. 최근의 작품으로는 <만추>(2011)나 <파주>(2009), <너는 내 운명>(2005), <내 머리 속의 지우개>(2004) 등이 떠오른다. 어찌 보면 상당히 시간이 지난 영화들인데, 그만큼 소위 정통 멜로가 관객들의 호응을 받기가 쉽지는 않은 것이 현 상황이라고 볼 수도 있다.

그러나 멜로 영화는 단지 욕망과 사랑만을 얘기하는 최루성 장르에 그치지는 않는다. 사랑을 좌절시키는 원인은 그들 내부가 아니라 외부에 있고, 그 외부의 요인은 사회적 관습, 신분, 편견 등이 작용하는 것을 보여주기 때문이다. 따라서 사회적 모순이나 닫혀진 인식에 대한 비판으로도 작용할 수 있다고 볼 수 있다.

일본의 경우 멜로 영화라고 하면 미조구치 겐지(溝口健二) 감독이나 나루세 미키오 감독, 기노시타 게이스케(木下惠介) 감독의 영화가 먼저 떠오른다. 미조구치 감독의 <오하루의 일생 西鶴一代女>(1952)은 시대극이며 신분 차이로 인해 맺어지지 못하고 비극적인 생을 살아가는 여성을 그려 그의 대표작으로 남았다. 나루세 감독은 정통 멜로라기보다는 가정을 배경으로 남녀의 미묘한 갈등이나 애증을 잘 표현했는데, 대표작이라 할 수 있는 <뜬구름 浮雲>(1955)에서는 유부남과 전쟁 동안 사랑에 빠졌다가 전쟁 후에까지도 잊지 못하고 결국 병으로 세상을 뜨는 여자와 남자의 사랑을 그렸다. 기노시타 게이스케 감독은 일본의 태평양 전쟁 시기 중에 데뷔하여 많은 정통 멜로물로 사랑 받았다.

일본에서 한류의 영향도 있었지만 우리나라 로맨틱코미디나 멜로 영화가 흥행에 성공하는 일이 꽤 있었다. <엽기적인 그

녀>(2001)나 <내 머리 속의 지우개>를 예로 들 수가 있다. 그만 큼 멜로 영화가 일본 내에서는 꾸준히 만들어지고 흥행에도 좋은 성적을 내는 장르로 자리잡고 있다. 우리나라에 소개된 일본 멜로 영화들 중에 일본영화치고는 흥행에 성공하고 화제를 낳은 작품들 이 있는데, 국제영화제 수상작이 아닌 일반 영화로 일본문화 개방 의 상징성을 띤 영화인 <러브레터 Love Letter>(1995)를 포함해 <냉정과 열정 사이 冷静と情熱のあいだ>(2001), <세상의 중심 에서 사랑을 외치다 世界の中心で, 愛をさけぶ>(2004), <지금 만나러 갑니다 いま、会いにゆきます>(2004) 등이 대표적이다. 이러한 영화들은 우리나라에 일본 멜로 영화 팬들을 만들 정도로 좋은 이미지를 남긴 반면, 부정적인 시각을 강화시킨 측면도 있다 고 생각된다. 어떤 요인들이 그런 느낌과 이미지를 남기게 했을까?

01

일본의 멜로 영화 - 눈물 과잉, 순수 과잉

멜로 영화가 기본적으로 이별(어떤 형식을 갖든)이라는 상황을 맞이하는 것이 필수적이라고는 해도 일본영화에서는 남녀를 가리 지 않고 눈물이 많다는 것이다. 이것은 일본영화의 전통이나 관습 에 기인하는 바도 있어 보인다. 1950년대에 멜로 영화를 만들면서 일본영화계의 중추가 되었던 기노시타 게이스케의 영화를 분석한

평론가 사토 다다오(佐藤忠男)는 한 평론에서 기노시타 영화에 눈물 흘리는 장면이 많아서 한번은 그 횟수를 세어본 적이 있다고 했다. 즉 연기자의 감정을 최대한 끌어올려 표현하는 것이 연출의 역할이고, 연기자는 최대한 감정을 전달하는 것이 연기의 의무라고 생각한 것이 합쳐져 눈물 과잉의 영화들이 만들어졌다는 것이다. 그리고 전쟁 후라는 시대 배경도 한몫했을 것이다. 기노시타의 대표작인 <스물네 개의 눈동자 二十四の瞳>(1954)의 여주인공은 영화에서 '내가 할 수 있는 일은 너희들과 같이 울어주는 것밖에 없다'고 말한다. 즉 우는 것은 공감이고 위로이며 사랑의 표현이었던 것이다.

물론 그러한 전통이나 관습이 현대에까지 변함없이 이어졌다고 말하는 것은 무리가 있다. 하지만 연기자의 감정을 고려한 연출과 촬영은 여전히 일본영화에서 중시하고 있는 것이어서, 때로 우리 관객에게 지루하고 템포가 느리며 설명이 많다는 느낌을 주는 것은 그러한 배경이 있어서라고도 할 수 있다. 눈물도 그러한 배경에서 이해할 수 있지 않을까?

또 하나를 들자면 인물들, 특히 주인공들이 너무나도 순수하고 지고지순하다는 것이다. 마치 착하고 순수한 결정을 모은 듯 일편단심이며 때묻지 않은 마음으로 사랑을 지킨다는 것이 비현실적으로 다가오는 것이다. 물론 멜로 영화가 제시하는 사랑이라는 감정이 환타지를 동반하는 것은 당연한 것이라고 인정함에도 불구하고, 일본 멜로 영화 속 주인공들은 그것이 과장되거나 과잉되어 오히려 감정이입하기 힘들다는 것이다.

<러브레터>에서 현재 연인이 있으면서도 죽은 옛 연인을 잊지 못하는 여자 주인공과 그녀를 위해 옛 연인의 흔적을 같이 찾는 현재의 연인, <세상의 중심에서 사랑을 외치다>에서 과거 서로 좋아했지만 병으로 죽은 여자친구가 남긴 녹음테이프를 발견하고 추억이 어린 장소로 달려가 눈물을 흘리는 남자와 녹음테이프를 전달하지 않은 죄책감을 가진 현재의 연인인 여자 등, 마치 사랑을 위해서만 살고 있는 듯한 인물들이 지나치게 투명한 것에 실재감을 못 느끼는 사람들도 꽤나 많이 있는 것이다. 우리 영화에서 <너는 내 운명>이나 <파주> 등에서 보이는 실재감이 희석되어 별세계에서 벌어지는 환타지로 받아들여지는 것이다.

여러 원인이나 배경을 지적할 수 있겠지만 일본영화의 한 경향으로 끝까지 밀어붙인다고 하는, 즉 현실이나 개연성, 상식 등의 합리적인 면을 최대한 배제하면서 감정과 분위기를 할 수 있는 데까지 끌어가는 것에 힘을 쏟는 것을 지향한다는 면을 들 수 있다. 그렇기에 일반적으로는 엽기적이고 그로테스크하며 비상식적이고 비윤리적인 면까지도 영화 속에 그려내고자 하는 것을 볼 수 있다. 그것이 바람직하다는 것이 아니라, 그런 경향이 일본영화 속에는 늘 있어왔으며 또한 영화나 일에 대한 자신의 책임감이나 예술에 대한 태도로 생각하는 사람들도 분명 많이 존재한다는 사실을 얘기하고자 하는 것이다. 이것이 멜로 영화에 적용되었을 때, 우리가 느끼기에 비현실적이고 비합리적이며 지나치게 동화 같은 영화로 비

치게 되지는 않았을까 생각되는 것이다.

그렇다면 현대 일본 멜로 영화가 전하고자 하는 메시지와 그
것을 통해 읽을 수 있는 컨텍스트는 어떤 것일지 비교적 최근작 두
편을 중심으로 살펴보자.

02
현대 일본 멜로 영화 - 과거를 현재에 되살리는 멜로

<러브레터>나 <세상의 중심에서 사랑을 외치다>, <지금
만나러 갑니다> 등에서 공통적으로 보이는 스토리 패턴은 무엇일
까? 바로 죽음이다. 죽음은 일시적 이별이 아니라 영원한 이별로 멜
로 영화라면 그것이 스토리의 마지막이 될 가능성이 아주 크다. 그
런데 이들 일본 멜로 영화에서는 그것이 어쩌면 시작이라 할 수 있
다. 주인공은 현재를 살고 있으며 과거 자신이 사랑했던 사람을 잊
지 못하고 있고 우연한 계기로 과거의 사랑을 기억하고 찾으며 그
리워한다. 주인공은 과거의 사랑에 대한 기억과 따뜻함을 되살리고
현재를 살아가고자 한다. 이것이 공통되는 스토리 패턴이라 할 수
있다.

이것은 최근에 개봉된 멜로 영화 속에도 다른 형태를 취하며
반복하여 등장한다. 이후에 언급할 영화는 <나는 내일, 어제의 너
와 만난다 ぼくは明日、昨日のきみとデートする>(2016)와 <너

의 췌장을 먹고 싶어 君の膵臓
をたべたい＞(2017)이다.

_나는 내일, 어제의 너와 만난다

<나는 내일, 어제의 너와
만난다>는 소설이 원작으로 이
후 만화 연재, 영화화되었다. 흥
행 수익은 18억 엔 정도로 꽤나
성공한 작품이라 할 수 있다. 제
목에서 알 수 있듯 시간이 중요
한 요소가 되는 스토리이다. 우
연히 전철에서 만난 여자 에미
에게 한 눈에 반해 고백을 하는
미대생 다카토시에게 그녀는 내
일 보자는 말을 남기고 떠나는
데, 다음 날 스케치를 하고 있는
그의 앞에 나타난다. 그 날 이후 매일 같이 만나면서 사랑의 감정
을 쌓아가는데, 이상한 것은 문득문득 그녀가 눈물을 흘리는 것이
다. 다카토시가 이사한 날 도와주러갔던 에미가 잊고 간 다이어리
에는 다카토시와의 만남과 같이 한 일이 일기처럼 적혀 있다. 그것
도 미래의 날짜로. 그녀에 의해 밝혀진 비밀은 그녀가 이 세계와
다른 세계에서 왔으며, 이 세계의 시간 흐름과는 반대로 시간이 흐
른다는 것이다. 5년에 한 번 이 세계로 올 수 있으며 그것도 30일
간. 다카토시가 다섯 살 때 물에 빠진 것을 구해준 여자가 바로 35

_나는 내일, 어제의 너와 만난다

살의 그녀였다는 것을 알게 된다. 그리고 다카토시가 35살이 되었을 때 5살인 그녀의 목숨을 구해주게 된다는 것도. 괴로워하던 다카토시는 그녀에게 있어 하루하루는 매일이 마지막이라는 것을 깨닫고 그녀를 안아주며 애틋하게 그녀를 떠나보낸다.

흔히 영화 속에서 접하는 시간여행과는 다른 느낌이면서, 뭔지 시간 개념이 잘 잡히지 않는 영화이다. 남자에게는 모르는 미래가 있지만, 그녀에게는 그의 과거만 있다는 어긋남의 안타까움이 멜로적 감성을 자극하는 영화이다. 이 영화에서 두 사람이 헤어질 때 하는 인사말은 'また明日'이다. 일본어 발음으로는 '마타 아시타'인데 우리말로는 '내일 또(보자, 만나자)'라고 하겠다. 일본인에게 이 인사말은 친한 사이나 매일 같이 만나는 학교 친구 사이에서 헤어질 때 친근하게 건네는 말이다. 영화 초반에 의례적인 인사말로 들렸던 이 말이 깊은 의미를 담고 있다는 것을 후반에 접어들어 그녀의 비밀이 밝혀지면서 알게 된다. 그녀에게 내일은 이미 지나왔던 과거이고, 돌이킬 수 없고 선택의 여지가 없는 내일인 것이다. 다카토시가 그것을 깨달았을 때, 그녀의 괴로움을 이해하게 되는 것이다.

멜로 영화에서 헤어짐은 과거에는 신분, 편견 등 외부적 요인이었던 것에 비해, 여기서는 마치 오작교에서 일년에 한 번만 만날 수밖에 없는 운명에 얽힌 견우와 직녀, 혹은 아버지를 죽이고 어머니와 결혼하는 운명의 굴레에 갇혀 비극을 맞이하는 오이디푸스처럼, 인간으로서 헤어날 수 없는 운명이 작용하고 있다.

그러면 이 영화에서 전달하는 메시지는 어디에 있을까? 그것은 여자주인공이 아니라 남자주인공에게서 찾을 수 있다. 에미와의 만남을 통해 다카토시는 사랑만이 아니라 시간에 대해서도 깨달음을 얻고 살아가게 되기 때문이다. 그것은 '현재'의 소중함이다. 내일 혹은 미래에 대해 오늘의 연장일 것이라는 막연한 기대감과 오늘의 나태함에 대한 스스로의 위안이나 합리화, 변명이 누군가에게는 절박하며 되돌릴 수 없는 마지막이 될 수 있다는 깨달음이다. 이것은 다음 절에서 현대 일본사회의 청년층에 보내는 메시지 분석에서 좀 더 구체적으로 언급할 것이다.

<러브레터>나 <세상의 중심에서 사랑을 외치다>, <지금 만나러 갑니다> 등에서 공통적으로 보이는 스토리 패턴을 언급하면서 '죽음'이 개입되어 과거가 소환되고 현재를 사랑하게 되는 것에 대해 이야기했다. 이 영화에는 어떻게 작용하고 있을까?

죽음은 생물학적인 죽음도 있지만 시간의 멈춤도 작용한다고 생각한다. 그것은 이 영화에서 사랑이 무르익어 간다고 생각하는 다카토시에 반해 에미는 사랑의 초기 혹은 서로 모르는 단계로 나아가는 것이다. 그녀에게는 미래보다는 과거가 더 행복했을 수 있는 것이다. 즉 그녀에게 미래는 시간의 멈춤보다 더한 죽음과 마찬

가지인 암울함으로 다가올 수 있다. 따라서 두 사람 모두에게 현재는 과거나 미래보다 더욱 절실하게 소중한 시간이 되는 것이다.

_너의 췌장을 먹고 싶어

다음 영화는 제목에서부터 관객의 관심을 모았던 <너의 췌장을 먹고 싶어>이다. 호러 영화를 떠올릴 수도 있는 제목이지만 청춘 러브스토리에 가깝다. 원작은 소설인데, 특이하게도 만화 연재를 거쳐 영화화된 후 애니메이션이 개봉되었다. 대개는 애니메이션이 발표에서 앞서는 것이 일본에서 일반적인 것을 생각할 때, 그만큼 영화화하는 것에 적합하다는 생각을 많이 했다고 할 수 있다. 영화는 흥행에 성공하여 35억 엔 이상을 벌어들였다. 10억 엔 이상의 흥행 수익이 기준임을 생각하고 장르를 고려할 때 아주 큰 대박은 아닐지라도 그에 버금가는 것으로 판단할 수 있겠다.

원작과 애니메이션이 비슷한 플롯을 가지고 있는 데 반해 영화에서는 설정과 플롯의 변화가 있다. 원작과 애니메이션이 시간의 흐름대로 진행되어 고등학교 학생으로 끝나지만, 영화는 성인이 되어 같은 학교 교사가 된 남자 주인공의 회상으로 이야기가 진행된다. 이 차이에 대해서는 차후 언급하도록 하겠다.

스토리를 간략하게 얘기하면, 고등학교 시절 남자 주인공 하루키가 병원에서 우연히 바닥에 떨어진 '공병문고(共病文庫)'라는 제목이 붙은 다이어리를 줍는 것에서 시작한다. 이어 그것이 자신의 것이라고 하며 다

_너의 췌장을 먹고 싶어

가온 것은 같은 반 여학생인 사쿠라였다. 공병문고의 앞부분에 췌장암으로 곧 죽을 것이라는 내용이 쓰여 있었고, 그것을 아무렇지 않게 얘기하는 사쿠라와 또한 그 얘기를 무덤덤하게 받아들이는 하루키. 그 후로 학교 도서위원으로 도서관에서 일하는 하루키에게 사쿠라가 공병문고를 읽었다는 구실로 반강제로 자신과 만날 것을 강요한다. 그것은 일견 데이트로 보이는 둘만의 시간들이었다. 부모와 친구에게 몰래 거짓말을 하고 하루키와 1박 2일 여행을 가기도 하고 책을 빌려 준다며 자신의 집으로 초대하기도 한다. 마음을 닫고 있던 하루키도 서서히 사쿠라에게 마음을 열어가던 때에 입원해 있던 병원에서 나오면서 만날 약속을 했던 사쿠라는 거리에서 묻지마 살인을 당하고 만다. 집에 틀어박혀 마음을 간신히 추스린 하루키는 장례식 후에 사쿠라의 집을 찾아가 어머니에게서 공병문고를 건네받아 읽게 된다. 거기에는 하루키에게 전하지 않았던 사쿠라의 마음이 적혀 있었고, 하루키는 오열한다.

중심되는 내용은 이상과 같다. 다만 영화에서는 교사로 도서관

정리를 하면서 자신과 마찬가지로 마음을 닫고 사는 듯한 학생에게 사쿠라와의 일을 얘기해주는 형식을 취하고, 사쿠라의 친구였던 교코의 결혼식에 가서 사쿠라의 메시지를 전하게 된다는 것이 첨가되어 있다.

'너의 췌장을 먹고 싶어'라는 말은 사쿠라가 하루키에게 농담처럼 건넨 말로 옛 사람들이 신체의 일부가 손상되면 같은 부위를 먹음으로써 재생과 회복을 꾀했다는 것에서 유래한다. 이 말을 나중에 하루키는 병원에서 나오는 사쿠라의 휴대폰에 메시지로 전하기도 한다. 물론 의미는 옛사람들의 관념과는 다르다. 사쿠라가 그랬듯이 하루키도 사쿠라의 삶의 태도, 인간관계 등을 닮고 싶다는 마음이 들어 있는 말인 것이다. 사쿠라는 평소에도 교우관계가 넓고 원만하며 따돌림을 당하던 교코까지도 친구의 일원으로 들이는 등 사교적이며 밝은 성격을 가지고 있었다. 그에 반해 하루키는 따돌림까지는 아니어도 누구도 가까이하지 않고 스스로도 벽을 쌓아 교우관계나 인간관계에서 동떨어져 있는 존재였다. 하루키는 시한부 인생을 살고 있음에도 사람과의 관계를 소중히 여기며 밝게 이겨나가는 사쿠라의 그러한 강인함과 용기를, 사쿠라는 수단적 인간관계에 의존하지 않고 스스로 이겨내려고 하는 하루키의 강인함을 닮고 싶었던 것이다. 영화에서 하루키는 자신에게 늘 껌을 권하는 같은 반 남학생을 항상 거부하다가 사쿠라와의 관계가 깊어지면서 껌을 받는 장면이 있다. 그것은 사쿠라의 삶의 태도를 어느 정도 자신의 것으로 받아들일 준비가 되었다는 의미일 것이다.

영화에서 하루키는 성인이 되었어도 과거 자신의 틀에서 벗어나지 못한 모습을 보인다. 마치 사쿠라와의 일을 잊은 듯한 초반부 모습은 이후 사쿠라와의 과거를 되새기면서 변화를 보이게 된다. 원작이나 애니메이션과 달리 성인이 된 하루키의 회상으로 스토리를 풀어가는 이유가 거기에 있다. 앞서 언급한 다른 멜로영화와 마찬가지로 '죽음'을 소환해 현재를 재고하는 형식을 되풀이하는 것이다. 그것은 단절이 주는 슬픔과 비애감과 더불어 현재에 접근하는 다른 길이다.

<나는 내일, 어제의 너와 만난다>와 <너의 췌장을 먹고 싶어> 두 영화가 '죽음'을 통해, 즉 과거를 현재에 되살리는 형식을 취하고 있다면, 그러한 현재는 무엇을 담은 현재일까?

03
멜로 영화와 컨텍스트 - 현재와 소통

현대 일본 청년 세대를 일컫는 용어들이 우리나라 현실과 비교되면서 매스컴을 통해 화제가 되곤 했다. 사토리세대, 히키코모리, 니트족, 프리타, 초식계 외에도 다수가 있다. 물론 언론에서 만들어낸 신조어라고 할 수 있는데, 여기에는 현대를 살아가는 청년층들이 겪는 어려움과 함께 그들의 현실관이나 가치관도 함께 엿볼 수 있다. 사토리세대의 '사토리'란 깨달음이란 뜻으로 마치 득도한 것처럼 모든 것에 욕망이나 욕구를 드러내지 않는다는 의미로 사회적 성공은 물론 연애에도 흥미가 없고 여행도 하지 않으며 맞지 않는 사람과의 교류를 거부하고 휴일에는 집에 틀어박혀 쓸데없는 소비를 하지 않는 풍조의 젊은 세대를 지칭한다. 히키코모리는 틀어박힌다는 뜻으로 학교나 직장에 가지 않고 집에서 지내는 사람들을 일컫는다. 2018년 후생노동성 조사에서는 15~39세 사이에 54만 여 명, 40~64세 사이에 61만여 명이 6개월 이상 집에서 나가지 않는다는 것이 밝혀졌다. 어쩌면 이것은 세대를 초월한 일본사회의 문제라고도 할 수 있겠다. 니트족은 Not in Education, Employment or Training의 줄임말로 영국에서 유래했는데, 일본에서는 15세에서 34세까지의 비노동력인구 중 통학이나 가사일을 하지 않는 사람을 일컫는 용어가 되었다. 프리타란 일본식 외래어 신조어로 free arbeiter의 약자이다. 정규직이 아니라 아르바이트로 생계를 잇는 15세에서 34세 사이의 사람을 말하며, 학생이나 주부 등은 제외된다. 초식계란 사람의 성향을 초식동물에 비유한 것으로 말하는 사람에 따라 약간 차이는 있으나 주로 남성 중에서 이성과의 연애에 적극적이지 않고 상처를 주고받는 것을 극구 피하는 타입을 말한다.

히키코모리에서 파생된 개념으로 소토코모리가 있다. '소토(外)'란 바깥이란 뜻으로 소토코모리는 일본 국내가 아니라 국외를 떠도는 젊은이를 지칭한다. 권숙인은 소토코모리에 대해 쓴 논문에서 "반복적인 일상과 규범화된 삶의 패턴에서 이탈해 보고 싶은 욕구에 휩싸이는" 것이 소토코모리를 낳는 배경이며, 근저에는 "일본이라는 사회시스템을 향한 적대감, 시대의 폐색에서 이들이 느끼는 위기와 고독감이 자리한다"라고 분석한다(「소토코모리, 일본 밖을 떠도는 젊은이들」, 『일본비평』 5호, 서울대학교 일본연구소, 2011).

신조어에 대한 얘기가 길어진 감이 있으나 이러한 신조어 탄생은 사회적 환경과 밀접한 관계가 있다. 주로 버블 붕괴 이후에 태어난 세대들이 불경기와 침체, 우울한 사회 분위기를 겪으며 자신들의 생활 태도나 형태를 갖춘 것이 그러한 조어로 나타났다고 할 수 있다. 버블 붕괴란 1990년대 초반부터 본격화된 장기 경기 침체의 원인이자 그 과정을 일컫는 말로, 1980년대까지 고도성장에 이은 안정기를 구가하던 일본 사회가 급변하는 계기가 되어 대량 실업과 경제 불안정으로 이어졌다. 1980년대까지 높아지는 땅값과 과열 소비, 재테크 붐 등으로 넘쳐나는 돈을 향유하였으나, 이는 신용과 금융의 위기를 불러왔고 그것이 1991년 버블붕괴의 시작이 되었던 것이다. 이후 대량해고와 빙하기로 불리는 고용위기는 청년 세대에게 심각한 정신적, 현실적 타격을 주었다. 사토리세대는 바로 1991년 전후로 태어난 세대이다.

멜로 영화를 얘기하면서 왜 이런 사회 현상을 얘기하는가? 우리가 사랑이라는 감정을 얘기하면 마치 동화 속에서 아무런 제약 없는 순수한 감정만으로 인간관계와 행복이 스토리가 되는 환타지를 상상하게 되는데, 실제로는 현실을 살아가고 생존과 욕망이라는 그물 사이를 헤엄쳐 나가야 한다. 순간과 지속의 풀리지 않는 딜레마를 경험하게 되는 것이다. 우리나라 청년들에게도 일본 청년들에게 적용되던 많은 신조어가 적용되지 않았던가? 3포세대에 이어 5포세대 7포세대까지 언급이 되는데, 그 포기에는 연애, 결혼, 출산 등이 포함된다. 청춘의 전유물로 여기던 사랑의 스토리를 스스로 포기하는 상황이 벌어지는 것이다.

일본은 현재 오랜 불경기를 벗어나 일자리가 넘쳐난다고 한다. 그러나 세계 경제에 영향을 받지 않는 나라가 없는 현대에 지속 가능성에 대해 희망적인 사람들은 많지 않다. 따라서 바로 사토리세대가 아니라 다음 세대라도 그런 불안하고 불안정한 그림자를 의식하지 않을 수 없다. 그 영향하에 히키코모리나 니트족, 프리타 현상 같은 일들이 현재진행형으로 계속되는 것이다.

이러한 현상들에 공통적으로 보이는 것은 현재의 무의미함과 대인관계 기피이다. 현재는 내일의 생존을 위한 시간일 뿐이고, 그러한 현재를 위해 필요한 사람 이외에는 관계를 맺을 이유도 필요도 없다. 그리고 최소한의 인간관계나 커뮤니케이션을 제거해도 살 수 있다면 그것을 택하겠다는 것이다. 상처를 주기도 상처를 받기도 싫다는 초식계의 성향은 다른 현상에도 그대로 적용되는 것이다.

<나는 내일, 어제의 너와 만난다>와 <너의 췌장을 먹고 싶어>의 주인공들 자체는 그런 극단적 특성을 보이지 않는다. 하지만 두 영화의 메시지를 사랑이라는 틀을 감싼 컨텍스트에서 보면 현재가 얼마나 소중한 것이며 누군가와 소통하며 살아가는 것이 얼마나 아름답고 행복을 느낄 수 있는가를 얘기하고 있다. 그것은 일본 청년 세대에게 전하는 메시지라고 할 수 있다. <너의 췌장을

먹고 싶어>에서는 보다 직접적으로 타인에 대한 관심과 존중, 배려를 이야기하기도 한다. 사쿠라가 지닌 사랑스러움과 아름다움은 하루키에게 없는 그러한 가치에 있다. 또한 하루키가 가진 강인함은 두려움으로 그런 가치에 무게를 두고 있는 사쿠라에게는 없는 의존하지 않는 용기에 있다. 이러한 두 사람의 가치와 아름다움을 영화는 일본 청년세대에게 보이지 않는 메시지로 전하고 싶었던 것은 아닐까?

첨부로 영화 <세상의 중심에서 사랑을 외치다>의 원작이 된 소설을 쓴 가타야마 교이치(片山恭一)의 인터뷰 내용을 인용해 본다. "죽음은 정말로 모든 것의 끝일까? 죽으면 그뿐일까 하고 줄곧 생각해 왔다. 개인이건 국가건 생활상의 안전을 최대의 과제로 생각하고 있다. 연애도 결혼도, 그리고 아이를 낳는 것도 위험 부담률이 높으니 차라리 하지 않거나 낳지 않는 것이 낫다고들 한다. 극단적으로 말해 죽은 듯이 살아가는 것이 가장 안전하다고 믿는 세상이 된 것 같다. 이런 게 싫었다. 그래서 좀 더 가슴 설레는, 비록 상처받는 일이 있더라도, 언제나 사랑을 추구하는 삶을 제시해 보고 싶었다."(『슈칸포스토 週刊ポスト』2003년 7월 11일자 인터뷰 기사, 『일본 영화 일본 문화』(김영심, 보고사, 2006) p.199에서 재인용)

사랑은 죽음 이후에도 지속하고 그 아름다움을 남긴다. 이것이 멜로 영화 장르에서 되풀이되는 스토리 패턴과 플롯 속에서 일깨워진다. 그리고 늘 청춘들의 사랑 이야기의 컨텍스트에는 그 시대를 사는 청년 세대에게 전하는 조용하지만 강렬한 메시지가 있다. 벚

꽃과 불꽃놀이가 화려하고 아름다운 한순간을 전하고 사라지지만 그것은 죽음이 아니라 현재를 되새기고 돌아보기 위한 소통을 원하는 하나의 이미지가 아닐까 싶다.

기노시타 게이스케(木下惠介, 1912~1998)

영화감독. 풍자 코미디와 휴먼 멜로드라마에 발군의 재능을 발휘하였으며, 인간에 대한 믿음과 낙관을 잃지 않는 인본주의적 관점과 여성적이고 일상적이며 자연스러운 스타일로 당대 일본인들에게 폭넓게 사랑받았다. 대표작으로는 〈카르멘 고향에 오다〉(カルメン故郷に帰る, 1951), 〈스물네 개의 눈동자〉(二十四の瞳, 1954), 〈나라야마 부시코〉(楢山節考, 1958)가 있다. 기노시타는 데뷔와 동시에 주목받았다. 시골사람들을 꼬여내려는 두 사기꾼을 다룬 휴먼 코미디 〈꽃피는 항구〉는 같은 해 데뷔한 구로사와 아키라(黑澤明)를 제치고 기노시타에게 신인감독상을 안겨주었다. 데뷔작으로 순조로운 출발을 예고했던 그는 다음해 '대동아전쟁 3주년 기념영화'로 제작된 〈육군 陸軍〉(1944)으로 군부의 반감을 샀다. 참전하는 아들을 배웅하는 어머니의 비감이 강조된 마지막 장면이 군인정신을 훼손했다는 이유에서였다. 1940년대에 그의 대표작은 〈오소네가의 아침 大曾根家の朝〉(1946)이다. 전시 군인들의 비열함을 폭로한 정치적인 드라마로 상업적인 성공과 더불어 『키네마준포』(キネマ旬報) 베스트 1위에 오르는 성과를 거두었다. 그 밖에 청춘멜로 〈내가 사랑한 소녀 わが恋せし乙女〉(1946), 풍자코미디 〈숙녀에게 건배를 お嬢さん乾杯〉(1949), 공포 시대극 〈요츠야 괴담 四谷怪談〉(1949), 전후 일본의 가부장제를 희화화한 사회풍자물 〈찢어진 북 破れ

太鼓〉(1949), 남편의 주치의와 사랑에 빠진 여성을 다룬 멜로드라마 〈약혼반지 婚約指環〉(1950) 등으로 다양한 장르를 두루 섭렵하였다.

기노시타 게이스케의 전성기는 1950년대였다. 스트리퍼의 화려한 귀향이 소박한 시골 사람들에게 문화 충격을 안겨준 풍자극 〈카르멘 고향에 오다 カルメン故郷に帰る〉(1951)와 속편 〈카르멘의 순정 カルメン純情す〉(1952), 자식 양육에 모든 것을 바친 호스티스 어머니의 헌신을 헌신짝처럼 취급하는 아들을 통해 전후 가족의 균열을 다룬 멜로드라마 〈일본의 비극 日本の悲劇〉(1953), 노부모를 산에 버리는 고대 설화를 바탕으로 한 〈나라야마 부시코 楢山節考〉(1958), 어느 농부의 굴복적인 가족사를 다룬 시대극 〈후에후키 강 笛吹川〉(1960) 등 일본영화사의 굵직한 걸작들이 이 시기에 나왔다. 그는 기술적인 측면에도 관심이 많아 대담한 실험도 곧잘 시도했다. 〈카르멘 고향에 오다〉로 일본 최초의 컬러영화를 찍었으며, 〈일본의 비극〉에서는 교차편집과 플래쉬백을 섞고 뉴스릴을 삽입하여 1960년대 모더니즘 영화를 예고하였으며, 〈나라야마 부시코〉에서는 가부키형식을 차용하여 100% 세트촬영의 컬러시네마스코프영화를 만들어냈고, 〈후에후키 강〉에서는 흑백 필름에 부분적으로 색을 칠하거나 전체를 원색으로 바꾸는 파격적인 실험을 시도했다.

무엇보다 기노시타는 어두운 이야기를 다루더라도 기본적으로 인간에 대한 믿음과 낙관을 잃지 않았다. "나는 사람들 간의 아름답고, 단순하고 순수한 관계를 존중한다"는 그의 말에 기노시타 영화의 테마가 압축되어 있다. 그 점에서 일본인들에게 가장 사랑받고 오래 기억되는 영화는 단연 〈스물네 개의 눈동자 二十四の瞳〉(1954)일 것이다. 섬마을 여교사와 아이들의 20여 년에 걸친 끈끈한 관계를 다룬 센티멘털 휴먼드라마로, 일본의 영화평론가 사토 다다오(佐藤忠男)가 "전후 일본영화 가운데 관객의 눈물을 가장 많이 짜낸

영화"라고 공언한 작품이다. 이에 덧붙여 서구의 영화학자 오디 벅(Audie Bock)은 이 영화의 생명력을 "단순히 최루 효과만이 아니라 아이와 자연과 평화를 사랑하고 인간 존엄과 정직함을 체현한 등장인물들에 있다"고 논평한 바 있다. 이 영화는 그해 블루리본상과 골든글러브 외국어영화상을 수상하고 『키네마준포』 베스트 1위에 선정되었다. 그해 2위에 오른 영화도 그의 영화 〈여성의 동산 女の園〉(1954)이었다. 기노시타는 2년 뒤 〈태양과 장미 太陽とバラ〉(1956)로 골든글러브 외국어영화상을 다시 한 번 수상하게 된다.

기노시타 게이스케는 1943년부터 1988년까지 49편의 영화를 연출하였고 그 대부분은 1960년대 이전에 나왔다. "1950년대를 통틀어 가장 신뢰받았던 감독"(일본영화평론가 요모타 이누히코 四方田犬彦)이자 "전후 쇼치쿠의 섬세한 센티멘탈파의 달콤씁쓸한 영화적 경향을 대표했던 감독"(일본영화전문가 알렉산더 자코비 Alexander Jacoby)으로 평가받고 있지만 당대 동료 거장들에 비해 서구에는 덜 알려진 편이다. "서구의 시선에 그의 영화는 다소 감상적이고 정치적으로 순진한 것으로 보이는 경향"(미국 영화학자 데이비드 톰슨 David Thomson) 때문이었을 것이다. 같은 해 데뷔한 구로사와 아키라(黑澤明)와 일본영화 황금기의 양대 기둥을 이루며 경쟁구도를 이어갔으며 때로 일본 내 평가에서 구로사와를 넘어설 때도 많았다. 하지만 화려한 스타일에 남성적이고 장중한 구로사와의 영화에 비해 여성적이고 일상적이며 자연스러운 스타일을 지향했던 기노시타의 영화는 얼핏 범상한 것으로 받아들여지곤 했다. 전후 일본사회의 문제를 다양한 장르로 탐문하며 휴머니즘을 추구해갔던 리얼리스트 기노시타는 또한 성적 소수자이기도 했다. 공공연한 비밀이었던 동성애자로서의 그의 성정체성은 작품 속에 하층계급과 사회적 소수자들에 대한 동정심과 애정을 표한 것으로 함축되어 나타났다.

(근현대 영화인 사전에서 발췌, 정리)

06 미스터리 영화: 사연이 너무 많아

　　미스터리란 사전적 정의로 '수수께끼와 비밀에 싸여 있어서 설명하기 힘든 이상한 사물이나 사건'으로 되어 있고, '미스터리물'이란 '영화나 문학에서 괴기스럽고 비밀스러운 사건을 추리해 나가는 과정을 중심으로 구성한 작품'을 뜻한다. 영화에서라면 탐정물이나 추리물이 이에 해당되고, 간혹 스릴러나 공포영화와 섞이기도 할 것이다. 소설이건 영화건 혹은 드라마건 공통적인 것은 어떤 수수께끼가 제시되고 그것을 밝혀나가는 것이라 하겠다.

　　미스터리물의 성립에는 에드거 앨런 포(Edgar Allan Poe)가 지대한 공헌을 했다고 할 수 있다. 특히 그의 『모르그가의 살인』(1841)에서는 탐정과 추리라는 형식적인 기초를 발견할 수 있다. 물론 그가 추리소설이라는 장르의 확립에 기여는 했지만, 전적으로 그것만을 전문으로 하지는 않았다. 오히려 괴기스럽고 음산한 분위기와 인간 심리 묘사를 특징으로 하는 환상문학 분야로 알려져 있다. 추리소설의 황금기를 맞이한 것은 영국에서였다. 특히 아서 코난 도일(Arthur Conan Doyle)과 아가사 크리스티(Agatha Christie)는 형식에서만이 아니라 흥미와 치밀함을 갖추어 세계적으로 열광적인 독자 팬층을 확보한 작가들이다. 코난 도일이 창조해 낸 셜록 홈즈와 크리스티가 창조해 낸 포와로, 미스 마플 등은 그들의 페르소나처럼 생각되며 아직까지도 사랑받는 추리소설의 명 캐릭터들이다.

코난 도일의 추리소설은 단순히 추리하는 데 그치지 않고 액션을 겸비하여 역동성과 긴장감을 주었고, 이와 달리 크리스티의 소설에서는 연속적인 살인사건이 벌어지고, 용의자들이 피해자 주변에 있는 다수의 사람들로 구성되며 그들 사이의 얽히고설킨 사연들이 차차 드러나며 마지막에 범인을 지목하고 트릭이나 사건의 배경을 주인공이 밝히는 형식을 취한다. 같은 장르에 속하지만 성격은 아주 다르다.

일본에서 현대적인 추리소설 혹은 탐정소설의 창시자라고 하면 에도가와 란포(江戸川乱歩)를 들 수 있다. 이름이 왠지 익숙하지 않은가? 그렇다. 에드거 앨런 포의 이름을 일본식 이름으로 차용하여 쓴 그의 필명이다. 그는 실제로 탐정사무소에서 일하기도 했다고 한다. 이름에서도 알 수 있듯이 일본의 근현대 추리소설은 서양 작가들의 영향이 컸다고 할 수 있다. 그의 소설은 본격적인 추리보다는 괴기스럽고 기이한 사건이나 그로테스크한 이미지를 그리고 있다. 에드거 앨런 포의 실질적인 영향이라고 할 수 있겠다. 그 이전의 일본 추리소설은 범인을 검거하는 시대극의 형식을 가지고 있었다. 이른 바 '捕物帖'(토리모노초)라고 하는 형식으로, 에도시대 범인 검거에 관해 관청에서 쓰던 기록물을 뜻한다. 그와 더불어 '奉行

もの(부교모노)'라는 것도 일본의 미스터리물의 대표적인 한 흐름이었는데, '부교'란 봉건시대에 무가에 근속하던 관직의 이름이다. 지금으로 얘기하자면 법정물에 가까운 것이라고 할 수 있겠다.

에도가와 란포 이후 본격적인 추리소설이 등장한 것은 태평양전쟁 이후이며 대표적인 작가로는 요코미조 세이시(橫溝正史)와 마츠모토 세이초(松本淸張) 등을 들 수 있다. 요코미조의 경우는 우리에게도 귀에 익숙한 '김전일 金田一(긴다이치)' 소년을 주인공으로 한 일련의 작품을 남겼고, 마츠모토 세이초는 『모래 그릇 砂の器』(1962) 등 이른바 사회파 추리소설로 유명했다.

근래에는 추리소설과 더불어 만화와 애니메이션으로 미스터리물은 남녀노소 모두 즐기는 장르로 정착했다. 우리나라에서도 방영되는 <명탐정 코난>이나 <소년탐정 김전일> 등이 대표적인 예라고 하겠다. 어린이나 청소년 대상이라고는 해도, 트릭이나 추리형식 등은 성인 대상 추리물과 비교해도 그리 떨어지지 않는 완성도를 가지고 있어 꾸준히 사랑받는 시리즈가 되고 있다.

여기서 한 가지 사족을 붙이자면, <명탐정 코난>에서는 여러 가지 인용 혹은 패러디를 하고 있는 것을 알 수 있는데, 예를 들어 '에도가와 코난'이라는 이름은 에드거 앨런 포와 코난 도일에게서 따온 것이고, 모리탐정사무소 밑에 있는 커피숍 이름은 '포와로'로 아가사 크리스티 소설 속 탐정의 이름이다. 더불어 <명탐정 코난>은 액션과 더불어 사건과는 별개로 코난의 지속되는 개인적인 사연이 얽혀 있어 코난 도일의 추리소설과 비슷한 형식과 패턴을 보이며, <소년탐정 김전일>은 주변 사람들에서 용의자가 발견되고 연속되는 사건을 배경으로 하며 마지막에 반전을 포함하여 사연을 밝히는 아가사 크리스티의 패턴을 많이 차용하고 있다고 보인다.

그렇다면 일본 관객이나 시청자들에게 지속적으로 사랑받는 미스터리가 우리에게는 어떤 식으로 받아들여지고 있을까? 물론 미스터리는 관객의 성향에 따라 호감도가 크게 달라질 수 있겠지만, 일반적으로 일본 미스터리 영화에 대해 어떤 부정적인 생각을 가지고 있을지 하는 것은 생각해 볼 수 있을 것이다. 그리고 현재 일본에서 주목받는 작가 히가시노 게이고(東野圭吾)의 소설을 원작으로 하는 영화를 다른 각도에서 해석해 보고자 한다.

01
일본의 미스터리 영화 - 사건과 사연

우리나라에서 미스터리 영화는 한때 비인기 장르로 감독이나 제작자는 물론 관객에게서도 외면 받았었다. 구성의 허술함과 반전의 어설픔이나 반전이 없는 등의 문제점은 관객에게 실망감을 안겨 주었던 것이다. 그러나 단순히 범인을 잡는 것에 그치는 것이 아니라 다른 것을 결합하여 보여줄 수 있다는 것이 증명된 것이 <살인의 추억>이나 <추적자> 같은 영화였고, 이는 그 후 <조선명탐정> 시리즈나 <곡성>, <마녀> 등 다양한 스펙트럼을 가진 작품들이 흥행에 성공하게 되었다.

일본은 우리나라와 달리 추리소설의 역사도 길고 드라마나 영화에서도 꾸준하게 팬층을 확보해 왔다. 애니메이션의 영향도 있겠지만, 드라마나 영화에서 좋은 성적을 올려왔다는 것은 그만큼 구성과 스토리의 탄탄함이 받쳐주었다는 반증이라고도 생각된다. 그런데 왜 우리나라 관객은 일본 관객만큼 호응하지 않는 것일까? 단적인 예로 일본 작품인 <용의자 X의 헌신>(2008)은 관객수가 9만여 명에 그친 반면, 우리나라에서 리메이크한 <용의자 X>(2012)는 155만여 명이 관람했다. 물론 많은 다른 이유들이 영향을 미쳤다고 추론할 수 있으나, 일반적으로 듣는 이야기는 '사연이 너무 많고 길다'이다.

여기서 사연이란 추리소설에서 사건의 원인이나 배경을 의미하며 영화가 던지는 메시지가 담겨 있는 것이라 할 수 있다. 우리나라 관객에게는 사건의 트릭과 그것을 풀어내는 과정과 결과의 명쾌함과 통쾌함이 반전과 더불어 주어지는 것을 좋아한다. 즉 사건에 중점이 있다. 사실 사건에는 대부분 사연이 있게 마련이지만, 뉴스에서 나오는 범죄 관련 소식의 뒷이야기나 수많은 미드 수사물에서 나오는 사연들에 너무나 익숙해져버려 오히려 공감도가 떨어지지는 않았을까 생각된다. 돈, 애정, 권력, 원한, 질투, 분노 등이 그 사연의 대부분을 차지하는 것을 보면서 미리 예상하고 반전의 기대를 하지 않게 되는 순환이 생기는 것이다.

그런 의미에서 일본 미스터리 영화에서는 사건보다는 사연에 더 많은 비율을 할애하는 형식을 취하기 때문에 우리 관객에게는 식상함과 지루함이 동반되어 나타나는 것이라 생각된다. 다음에 살펴볼 히가시노 게이고 원작의 영화에서도 그것은 마찬가지다. 사연에 집중하며 사건이 해결된 뒤에도 여운을 남기는 구조를 가진다. 사건 중심의 미스터리물이 가지는 깔끔함과 닫힌 구조는 찾기 힘들다. 그럼에도 불구하고 일본은 물론 우리나라에서도 독자층을 확고하게 가지고 있는 그의 이야기에서는 어떤 컨텍스트를 찾을 수 있을까?

02
현대 일본 미스터리 영화 - 히가시노 게이고 원작의 영화

히가시노 게이고는 1985년 『방과후』가 에도가와 란포상을 수상하면서 본격적인 작가의 길로 들어선다. 이후 50여 편에 이르는 장단편 소설을 발표하였고, 지금은 일본은 물론 우리나라에서도 열렬한 독자층을 가진 유명 소설가가 되었다. 그의 글은 건조하다고 알려졌으며, 이것은 그 이전 하드보일드라고 불리던 과격하고 격정적인 문체의 유행과 다른 면을 보여 일본 내에서 이채를 발했다. 치밀한 구성과 군더더기 없는 문체로 추리소설계의 거목으로 자리한 그의 작품을 원작으로 하는 영화 두 편을 살펴보기로 한다. <용의자 X의 헌신>과 <한여름의 방정식>(2013)이다. 이들 작품은 히가시노 게이고의 연작 추리 소설 『갈릴레오 시리즈』를 원작으로 하고 있다. 이 시리즈는 후지테레비에서 드라마화했으며 그 중 영화화된 작품들이다. 주연은 TV드라마에서와 마찬가지로 배우 후쿠야마 마사하루(福山雅治)가 연기하는 천재 물리학자 유카와 마나부(湯川学)로 경시청에 근무하는 대학 동기의 의뢰로 사건을 해결해 나간다.

_용의자 X의 헌신

먼저 <용의자 X의 헌신>. 이 영화는 우리나라에서 리메이크해 <용의자 X>라는 제목으로 2012년 개봉했다. 흥행 성적은 영화진흥위원회의 영화관입장권 전산망 통계에 따르면 9만 명 대 155만 명. 물론 시기적 거리가 있고, 히가시노 게이고가 충분히 알려져 있지 않았던 사정도 있으며, 우리나라 배우들이 가지는 인지도도 크게 작용했을 것이다.

이야기는 삶의 의미를 잃고 자살을 생각하던 수학 교사 이시가미가 옆집에 이사 온 하나오카 야스코를 흠모하게 되면서 살아갈 이유를 찾는 데서 시작한다. 어느 날 야스코의 전 남편이 돈을 갈취할 목적으로 그녀를 찾아오고, 폭력을 휘두르던 그를 야스코와

_용의자 X의 헌신

야스코의 딸 미사토가 우발적으로 목을 졸라 살해한다. 이 사실을 알게 된 이시가미가 모녀를 돕겠다며 나서고, 그는 그녀들을 위해 완벽한 알리바이를 구상하며 완전 범죄를 꾀한다. 한편 신원을 알아보기 힘들게 훼손된 시신과 용의선상에 오른 하나오카를 수사하던 경찰은 알리바이 앞에서 좌절하고 결국 유카와 교수를 찾아 도움을 요청한다. 공교롭게도 유카와와 이시가미는 대학 동기이면서, 유카와가 유일하게 천재라고 인정한 사람이었다. 결국 유카와는 이시가미가 만든 수수께끼를 풀어내지만, 이시가미가 스스로를 희생해 하나오카 모녀를 지켜주려는 마음을 수용하게 된다.

이 영화는 사실 진범을 밝힌다거나 트릭을 알아낸다거나 하는 수사물이나 형사물과는 다르다. 범인은 영화 초반부에 이미 밝혀져 있고 이시가미가 사건 수사에 혼선을 주려는 의도도 알 수 있다. 사실 반전이라고 해도 사건을 구성하고 이해하는 데 큰 충격이나 데미지를 입힐 정도의 것은 아니다. 긴장감은 유카와와 이시가미의 머리싸움에 있고, 그것은 밝히려는 자와 숨기려는 자 사이의 자존심 싸움이 아니라 사랑하는 사람을 지키려는 처절함에 가깝다. 유카와는 그 마음을 이해하기 어려웠지만 이시가미의 의사를 존중한다.

이 영화에서 메인플롯에서는 약간 벗어나 있는 것처럼 보이지만 주목한 것이 한 가지 있다. 그것은 이시가미가 늘 지나다니는 길 옆에 천막을 치고 생활하는 노숙자들이다. 영화 초반부에 노숙자들이 모여 생활하는 그 장소를 카메라는 이시가미를 쫓아가며 길게 보여준다. 그 사람들 중 유달리 눈에 띄던 허름한 양복 차림의 남자는 나중에 마지막 수수께끼를 푸는 중요한 인물이 된다. 이시가미가 학교로 가는 길에 지나치던 사람들 속에서 그 사람은 늘 혼자 의자에 앉아 있었는데, 유카와와 함께 걸을 때는 그 사람은 없고 빈 의자만을 보여준다. 즉 사건의 수수께끼와의 연관성을 암시해 준 것이다.

관심이 갔던 것은 그 사람이 사건과 관련이 있어서만은 아니었다. 흔히 우리나라에서 노숙자라고 하면 지하철역이나 터미널 등의 장소를 떠올린다. 일본에서는 호무레스(homeless)라고 불리는데, 역주변은 물론 근처 공원에서도 그들의 모습을 찾아볼 수 있다. 호무레스와 관련해서는 다음 절에서 보다 구체적으로 살펴보기로 하고, 여기서는 영화와 관련해 이야기를 진행해 보도록 하겠다.

이시가미는 유카와가 대학 시절 유일하게 천재성을 인정한 사람일 만큼 수학에 뛰어난 재능을 가지고 있었다. 이시가미의 방에서 함께 술을 마시며 유카와가 이시가미에게 연구자가 되지 않은 이유에 대해 묻자, 이시가미는 어머니가 병으로 쓰러져 대학원에 갈 수 없었다며 수학 연구는 어디에서나 할 수 있다고 말한다. 그러나 아무렇지 않게 대답하는 이시가미의 평소 모습은 그렇게 평온하거나 호방하지 않다. 교실에서는 학생들의 무시 속에 혼자 칠판에 문제를 풀고 있다. 집에서는 자존감의 상실과 자괴감에 자살을 시도하려고도 한다. 즉 그는 세상과 사람들에게서 등을 돌린 채 고립되어 있는 것이다. 그런 그에게 말을 건네고 상냥한 미소와 배려를 건네는 이웃이 생겼다. 그것이 하나오카 야스코와 그녀의 딸이었다. 어쩌면 죽음보다 더한 고독과 자괴감에서 구원해 준 것이라 할 수 있다. 그런 그들이 범죄자가 되는 것을 두고 볼 수 없었던 것이다. 또한 그 행위는 또다시 예전의 고독과 자괴감에 빠진 시간으로 돌아가는 것에 대한 무의식적 거부이기도 하다.

노숙자와의 관련성에 대해 이야기해 보자. 노숙자는 자의건 타의건 이전의 관계를 끊고 고립된 사람들이다. 옆에 같이 지내는 노숙자들이 있지만 서로간의 교류라는 것은 극히 제한적이다. 오히려 적대적으로 변하는 경우가 많다. 더구나 일본에서의 노숙자는 꽤 높은 비율로 정리해고를 당했다거나 파산 등으로 길거리에 나선 사람들이 많다. 어떤 의미에서 그들은 관계의 단절 속에 살고 있다. 따라서 폭력의 대상이 되거나 무시의 대상이 된다.

이시가미가 하나오카 모녀의 알리바이를 위해 노숙자를 희생의 대상으로 썼다는 점에 주목하게 된다. 모녀를 만나기 전까지 그는 노숙자는 아니었을지라도 관계의 단절과 자존감을 상실한 채 삶에 대한 열정과 욕망을 모두 잃었던 정신적 노숙자였다. 어쩌면 누구보다도 노숙자들의 정신적 상황에 공감했을 그가 노숙자를 살해하고 수단으로 이용했다는 사실은 이 영화에서 벌어진 살인이라는 사건 자체보다 더 공포스럽다.

모녀를 위해 죄를 뒤집어쓰는 결말이 실은 자신의 노숙자 살해에 대한 벌로 받아들이는 것도 가능해 보인다. 자신을 죽인 벌로서 말이다. 유카와가 진정 추궁해야 했던 것은 수수께끼의 전모보다는 그 점이 되었어야 하지 않았을까?

다음 작품은 <한여름의 방정식>이다. 시원한 바다 풍경을 배경으로 한 이 영화는 해저 광물 개발을 추진하기 위한 설명회에 참석하러 유카와 교수가 하리가우라에 찾아오면서 전개된다. 물론 영화 처음은 사건의 발단이 되는 16년 전 살인사건으로 시작된다. 그 사건이 현재의 살인사건을 부르게 되는 것은 이후에 밝혀지는 내용이다. 과거의 사건은 부부의 딸이 실은 다른 남자의 자식이라는 사실을 폭로하겠다며 행패를 부리던 여자를 딸이

_한여름의 방정식

살해한 것이다. 그것을 친아빠가 대신 자백하여 복역하는데, 시간이 흘러 부부는 딸과 함께 하리가우라에서 여관을 경영하며 살고 있다. 여기에 사건을 담당했던 형사가 찾아오게 되고 과거의 사실

_한여름의 방정식

이 밝혀지는 것을 두려워한 남편이 그를 살해한다. 사고처럼 위장했지만 유카와에 의해 사건의 전모가 밝혀진다.

과거 살인사건의 진범은 여관집 부부의 딸인 나루미였고, 평생 비밀로 하자던 엄마와의 약속을 지키며 지금은 하리가우라의 자연을 지키려고 활동하고 있다. 이 영화도 사실 범인이 누구인지 몰라 긴장감을 가지는 형식은 아니다. 이미 과거 사건의 범인은 관객에게 드러나 있고, 형사를 죽인 사람도 부부 중 누군가라는 사실은 처음부터 확연하다. 역시나 이 영화에서도 반전이나 사건 중심이 아니라 사연이 중심이 된다. 남편이 오래전부터 나루미가 자신의 친딸이 아니라는 사실을 알았음에도 불구하고, 과거 사건을 감추기 위해 살인을 저지르는 데에 초점이 맞춰진다.

이 영화에서 사건의 해결 과정과 관련해서 주목한 것이 두 가지가 있다. 하나는 초반부의 설명회 장면이다. 설명회에 늦게 참석한 유카와는 패널 한 명에게 사실을 제대로 알려줘야 한다며 다음과 같은 말을 한다. '지하자원을 캐면 생물에 반드시 피해가 있고, 인간은 그런 것을 반복하며 문명을 발달시켰으며 많은 사람들이 그 혜택을 받았을 것이다. 남는 건 선택의 문제다.' 설명회 장면을 굳이 길게 플롯에 넣은 것은 영화 전체의 메시지와도 관련이 있다는 것이다. 그것은 나루미가 자연보호 활동을 해서만이 아니다. 영화 중간에 자연에 영향을 주지 않고 탐사할 수 있는 장치가 나온다. 유카와와 나루미가 대화하는 장면인데, 그것도 마찬가지로 메시지와 연관된다. 유카와가 설명회에서 한 말에서 지하자원을 '비밀' 혹은 '드러내서는 안 될 일'로 바꾸고, 문명을 가족이나 꿈으로 바꾸면 바로 이 사건의 핵심에 도달한다. 즉 나루미와 관련된 과거의 사건이 드러나지 않으면 나루미와 나루미 가족과 하리가우라가 꿈꾸는 가능성이 열릴 것을 알기 때문에 사건을 '캐지' 않게끔 살인사건이 벌어지는 것이다. 그것을 떠맡은 것이, 즉 선택을 한 것이 나루미의 아버지인 여관 주인인 것이다. 탐사 장치의 비유도 맞아떨어진다. 해양에 나쁜 영향을 주지 않는 탐사선, 그것은 이후 유카와가 사건 배후에 있는 진상과 사연을 알았음에도 나루미가 징벌을 받지 않는 것은 그러한 탐사선의 역할을 여관 주인에 이어서 하는 것이라 볼 수 있다.

또 한 가지는 하리가우라로 가는 기차에서 만났던 소년 교헤이이다. 여관 주인의 조카에 해당하는 아이로, 그에게는 가혹한 비밀이 발생한다. 여관 주인이 형사를 살해하는 데 이용한 것은 일산화탄소 중독인데, 그것을 위해 교헤이에게 굴뚝을 덮는 일을 시킨 것이다. 교헤이는 영화 마지막에 아빠와 함께 돌아갈 때가 돼서야 사건과의 연관성을 깨닫는다. 또 한 명의 나루미가 생긴 것이다. 그래서 유카와는 나루미와 헤어지기 전 함께 바닷속 잠수를 하고 나서 교헤이를 부탁한다. 나중에 그에게 모든 진실을 말해 주라고.

교헤이는 나루미와 함께 부모 세대의 당당하지 못함, 은폐의 희생자들이다. 동시에 그들로부터 보호받는 존재이다. 이러한 아이러니는 논리적이고 냉정한 성격의 유카와마저도 모든 것을 밝혀냈음에도 공적으로 드러내지 않는 결과를 이끈다. 개발과 피해, 그리고 혜택과 발달이라는 초반부 영화 속에서 유카와가 던진 말은 그러한 결말을 암시하고 있었던 것이다. 남는 것은 선택의 문제. 그 선택의 주체는 나루미와 교헤이이다.

히가시노 게이고가 미스터리, 추리 소설이라는 형식을 통해 전달하려는 핵심은 무엇이었을까? 많은 사람들이 놀라고 빠져들 만한 반전과 사건이 돌출하는 그런 것은 아닌 것이 분명하다. 앞서 두 작품 외에도 <백야행>(2010)도 마찬가지인데, 두 남녀의 긴 세월에 걸친 은원과 관계가 중심에 서 있고, 사실 사건의 진상은 일정 부분 누구나 알 수 있는 맥락에 있다. 즉 그의 미스터리는 사건이 아니라 사연에 중점이 있고, 그것을 수수께끼 혹은 사건의 진상 뒤에 얽히게 하여 궁금증을 자아내며, 결국 사람들 사이의 '관계'와 그것을 이끄는 '관심'을 꾸준히 이야기해 온 것이라고 생각된다.

미스터리 영화와 컨텍스트 - 관계와 관심

흔히 일본 사회와 일본인을 언급할 때 하는 말이 집단주의와 개인주의이다. 언뜻 서로 상충하는 이 두 가지를 주저 없이 병행해서 일본을 이야기하곤 했다. 사실 일본 현대사회를 생각할 때 이러한 서로 모순되는 것이 공존한다는 것 자체가 특성의 하나라고 할수 있을 것이다. 상하 수직적인 조직 문화가 가장 기초적이고 1차적인 가족 내에서 보이고, 이것은 나아가 마을, 기업, 국가에 이르기까지 강고하게 자리잡았으며, 조직 문화의 변화 과정에서도 형식이 아닌 내적인 부분에서는 아직까지도 모습을 감추지 않고 있음을 볼 수 있다. 한 가지 예로 일본 초등학교에서 고등학교에 이르기까지 자발적으로 가입하고 활동하는 방과후 활동(부카츠 部活)에서 그런 흔적을 찾을 수 있지 않을까 생각한다. 자발적인 참여와 탈퇴가 가능한 취미활동으로 생각하기 쉽다. 물론 가입과 탈퇴가 자유인 것은 맞다. 그러나 부활동은 하나의 조직으로서 캡틴을 중심으로 하는 역할 분담과 책임, 권한, 임무 등이 자연스럽게 주어지고 평가되는 하나의 사회이다. 결정권과 책임은 캡틴에게 있으며, 지도교사는 조언과 큰 틀을 부여할 뿐 직접적인 간섭은 배제된다. 물론 큰 대회에 나가는 운동부 같은 경우는 조금 다르지만 말이다.

한편 개인주의는 어디에 적용될까? 흔히 일본의 개인주의라고 하면 떠오르는 것이 혼자 밥먹고, 혼자 술마시고, 혼자 가라오케에

가는 모습과 그것을 위한 서비스들이 발달해 있다는 것일 것이다. 현재 우리나라에도 이른바 '혼밥', '혼술'이라는 말이 유행될 정도로 많은 부분 일본인의 행태와 닮아가는 경향이 보이고 있다. 그렇다면 그것을 개인주의라는 말로 설명하는 것이 옳을까? 반반이다. 남들과 엮이거나 관계하는 것이 서투르거나 신경이 쓰여 혼자 행동하고 혼자 지내는 것을 선호하는 경향은 분명 존재한다. 그러나 다른 한편 혼네(本音)는 어떨지 모르지만, 일단 조직의 일에 관여하는 순간 조직과 일이 우선하며 그것을 위해 자신의 역할을 완수하고자 하는 모습을 일관되게 보인다. 따라서 모든 것에서 개인주의적 성향을 가지지는 않는다. 오히려 집단주의적인 성향에 가까운 모습을 조직 내에서는 분명하게 보이는 것이다. 그렇다면 개인주의적 성향은 어디에서 가장 발현되는 것일까? 그것은 조직과 일에서 떠나 있을 때이다. 하루로 따지면 업무시간 이외, 장소로 따지면 직장 이외의 장소, 사람으로 따지자면 직장 상사나 동료 이외의 사람들이라 하겠다.

그런데 그렇게 무 자르듯이 완벽하게 갈라서 대응하기 힘든 것이 현실이다. 따라서 그것에서 오는 스트레스와 갈등이 가끔 무의식적으로 혹은 격정적으로 표출되곤 한다. 일본인의 순응적인 태도를 선입견으로 가지고 있던 사람들은 일본 현지에서 술에 취해 고함을 치거나 다툼을 하고 시비를 거는 일본인들의 모습을 발견하면 무척이나 당황스러울 것이다. 그러나 그것이 현실이다.

조금 서론이 길었다. 히가시노 게이고 원작의 영화 두 편을 살펴보면서 말미에 '관계'와 '관심'에 대해 얘기했다. 그것은 단순히 스토리를 만들고 사연을 꾸미려고 집어넣은 것이 아니라, 현대 일본인들이 가지고 있는 고민을 무의식적으로 혹은 의도적으로 씨실과 날실이 엮이듯이 짜 넣은 것으로 생각한다.

멜로 영화에서도 잠시 언급한 '소통'과도 연관성이 있다. 인간관계의 어려움이 비단 일본인만의 문제는 아닐 것이다. 심리학자 알프레드 아들러(Alfred Adler)는 모든 고민은 인간관계에서 비롯된다고 했다. 그가 저명한 심리학자여서 수긍하는 것이 아니라 누구나 공감할 수 있는 말이다. 그렇지만 그가 얘기한 것처럼 나의 과제와 남의 과제를 산뜻하게 잘라서 생각하기 힘든 것이 실제 생활이다. 더구나 유교적 관습과 가치관이 오래 자리잡았던 동아시아에서는 더더욱 그렇다. 일본인들이 사람 사귀는 것에 서툴고 두려움을 가지고 있다고 하지만, 그것은 일반적이 아니라 일부를 본 것에 지나지 않고 마찬가지로 다른 어떤 나라 사람이건 그러한 성향을 가진 사람들은 존재하여, 일반화시키기에는 무리가 있다.

그런 보편적인 문제를 히가시노 게이고 원작의 영화는 제시한다. 일본이라는 사회, 컨텍스트가 특수성을 띠는 것은 그러한 보편적인 문제가 특정 시기나 이슈에 의해 주목받고 사람들의 관심을 끌게 될 때 발생한다. 그것이 <용의자 X의 헌신>에서의 노숙자들이고 이시가미이며, <한여름의 방정식>의 나루미이다. 개인주의적 성향이 본래 그런 것이 아니라 사회관계망의 변화와 경제적 시스템의 변화에서 오는 결과물이라면, 영화 속 노숙자들은 관심의 영역 밖에서 관계 맺기에 실패한 존재라 할 수 있다. 이시가미는 관계에서 스스로 물러나 자괴감과 열등감이 지배하는 세계에서 소통을 거부한 채 살았다. 하나오카 야스코와의 관계맺기도 수평적이 아닌 자신의 방식을 고집했고, 자신과 마찬가지로 관계맺기와 소통을 거부하는 노숙자를 희생자로 삼았다. 나루미는 관계맺기의 기본인 소통이 부족하거나 혹은 관습적인 가족 체계에서 소외되는 것을 두려워한 결과물이다. 나루미의 엄마는 자신의 행위나 남편과의 관계에 있어 과거에도 그렇고 사건이 발생한 현재도 전혀 주체적이지 못하다. 가부장적 수직 질서가 온존하는 영향도 있겠지만, 역시 관계맺기에 대한 변화를 이끌지 못했다. 또한 나루미의 아빠인 여관 주인도 소통에 의해 관계를 재정립하려 하지 않고 현상태의 유지만을 생각하고 있다. 관심은 있으나 그것을 받쳐줄 관계에 대해서 한 발 앞으로 나갈 용기나 방법을 찾지 못한 것이다.

이 영화들에서 '관계'와 '관심'을 키워드로 이끌어 낸 것은 버블 붕괴라는 초유의 사태와 그 이후 계속된 경기침체 속에서 그물망 같은 네트워크 안에 들어가는 것을 꺼리고 '나'와 '내 집'이라는 한정된 울타리 안에 벽을 친 사람들과 그로 인해 발생한 '관심'의 약화를 찾을 수 있었기 때문이다. 물론 이것은 이제 일본만의 문제나 문제의식은 아니게 되었다. 우리 사회에 '관계'와 '관심'이 어느새 낯선 단어들이 되는 것은 아닐까, 혹은 관심의 왜곡된 형태인 '악플'과 '가짜 뉴스'가 횡행하는 것은 아닐까 하는 데 관심을 가져야 하지 않을까 생각한다.

📽 에도가와 란포(江戶川亂步, 1894~1965)

본명은 히라이 다로(平井太郎). 1916년 와세다대학 졸업 후 여러 가지 직업을 전전하면서 추리소설『동전2전 二錢銅貨』을 발표하여 근대 일본 추리소설의 선구자가 되었다. 필명인 에도가와 란포는 에드거 앨런 포(Edgar Allan Poe)를 본뜬 것이다.

완전범죄 계획을 정신분석적 방법으로 꿰뚫은『심리시험 心理試驗』(1925) 등을 통해 트릭의 묘를 발휘한 본격적 단편 수법을 확립했다. 그 후 장편『파노라마 섬의 기담 パノラマ島奇譚』(1926~27)을 비롯해 기괴한 분위기가 감도는『음수 陰獸』(1928), 『오시에와 여행하는 사나이 押繪と旅する男』(1929), 스릴과 서스펜스가 넘치는『거미사나이 蜘蛛男』(1929~30) 등 추리소설의 다양한 형식을 개척했으며 아동물을 써서 갈채를 받았다.

제2차 세계대전 후에는 탐정작가 클럽(뒤에 일본추리작가협회)을 설립하고 (1947) 추리소설 잡지『호세키 寶石』(1946~64)를 편집(1957)하는 등 추리소설 육성에 힘썼다. 1954년 추리소설 작가 등용문인 에도가와 란포 상이 제정되었다.

(다음백과에서 발췌, 정리)

07 스포츠 영화: 노력하면 된다?

현대인들에게는 일과 더불어 여가 또한 그에 못지않은 중요한 일상으로 자리잡았다. 여가의 형태도 다양해서 여행이나 레저, 요식업 관련한 정보는 인터넷에 차고 넘칠 정도로 많다. 그 중에서도 단순히 즐기는 대상으로서만이 아니라 산업적으로도 중요도가 커지고 있는 스포츠는 수명이 늘어나고 건강에 대한 관심이 높아지면서 더욱 주목받게 되었다. 때로는 직접 건강 증진과 회복에 도움을 주는 기능으로, 때로는 팬들 사이의 교류와 친목으로 유대감을 강화하는 기능으로, 때로는 국가적 위상의 제고와 단합의 기능으로 우리에게 다가온다. 4년마다 한 번씩 전세계의 이목을 집중시키는 올림픽과 월드컵만이 아니라 다양한 종목들에서 자신이 응원하는 선수나 팀을 위해 새벽잠을 설쳐가며 경기를 지켜보는 것은 이제는 너무나 익숙한 풍경이 되었다. 그리고 그러한 인기와 팬층은 스포츠산업의 팽창과 다양한 서비스를 이끌어내는 원동력으로 작용한다.

이렇게 이제는 없어서는 안 될 일상생활의 활력소가 된 스포츠를 스토리와 결합하여 감동과 공감을 전하려는 시도 또한 꾸준히 지속되어 왔다. 우리나라의 경우 <우리 생애 최고의 순간>(2007),

<국가대표>(2009) 그리고 <코리아>(2012) 등 실화를 바탕으로 한 감동의 순간들을 영화화해 큰 화제를 불러 모았다. 물론 그보다 전에 <이장호의 외인구단>(1986)이나 애니메이션 <떠돌이 까치>(1987) 등 만화를 원작으로 하는 야구 영화들이 선을 보여 청소년은 물론 성인들까지 열광시킨 적도 있었다.

일본의 경우는 영화보다는 애니메이션에서 스포츠를 소재로 다루는 것이 많았고 지금도 여전히 그렇다. 가장 획기적인 전환점을 이루었던 작품은 <거인의 별 巨人の星>(1968~1971)이다. 어려서부터 야구 영재 교육을 받은 호시 히유마가 고교야구를 거쳐 프로야구에 진출해 영광을 거머쥐는 일대기를 그린 애니메이션으로, 스토리는 물론 작화에 있어서도 이후에 만들어지는 많은 스포츠 애니메이션의 롤모델이 되었다. 그 후에도 권투를 소재로 한 <허리케인 죠 あしたのジョー>(1970~1971), 축구를 소재로 한 <캡틴 츠바사 キャプテン翼>(1983~1986) 등이 선풍적인 인기를 끌었다. 이후에 <터치 タッチ>(1985~1987)나 <슬램덩크 SLAM DUNK>(1993~1996), 최근에는 <테니스의 왕자 テニスの王子様>(2001~2005), <하이큐 ハイキュー!!>(2014~2016) 등이 주목을 받았다.

애니메이션에 비해 영화에서는 작품의 양이나 질 모두 관객들의 기대를 충족시키지는 못한 면이 많다. 큰 화제를 불러일으키거나 흥행에 돌풍을 일으킨 스포츠영화가 잘 기억나지 않는다. 그것은 매체의 특성에도 있다고 보여진다. 스포츠는 순간의 변화나 움직임, 우연 등이 복합적으로 작용하여 긴장과 안타까움, 환희 등을 전달하는

데, 애니메이션은 특성상 환타지의 성격이 짙고 얼마든지 틈을 주어 심리묘사나 혼잣말을 집어넣을 수 있고 과장된 장면 묘사도 암묵적 동의하에 가능하다. 반면 영화에서는 관객들이 실제로 일어나는 경기 장면을 보는 듯한 박진감을 기대하기 때문에, 즉 핍진성이나 리얼리티를 요구하기 때문에 애니메이션이나 만화에서의 표현을 도입하기 어렵다. 따라서 스포츠 영화는 구기 가운데 그래도 야구나 권투 등 중간에 휴지기가 있는 종목의 비율이 높다. 변화나 심리 묘사, 기대와 반전 등을 자연스럽게 표현하기 비교적 쉽기 때문이다. 그렇다고 스포츠 영화가 아주 적지는 않다. 다만 구기에 관해서는 제한적이며 구기가 아닌 다른 스포츠를 소재로 한 것은 의외로 많다. 스모를 소재로 한 <으랏차차 스모부 シコふんじゃった>(1992), 싱크로나이즈드 스위밍을 소재로 한 <워터 보이즈 ウォーターボーイズ>(2001), 다이빙을 소재로 한 <DIVE!!>(2008), 권투 소재의 <내일의 죠 あしたのジョー>(2011) 등이 있다.

이하에서는 스포츠 영화(애니메이션)의 일반적인 패턴과 일본 스포츠 영화의 특성을 살펴보고, 그 변화와 변화의 컨텍스트에 대해 생각해 보기로 한다.

일본의 스포츠 영화 - 눈물과 땀과 근성

스포츠 영화하면 어떤 장면들이 떠오를까? 아마도 힘겨운 승부 끝에 승리를 거두는 환희의 순간이 아닐까? 거기까지 이르는 고난의 과정, 도와준 사람들, 인내와 노력 등의 결실이기 때문이다.

일반적으로 스포츠를 소재로 하는 스토리는 그러한 성공을 이루는 success story가 많다. 그리고 그 과정도 어느 정도 공통되는 것들이 있다. 이것을 스포츠 영화의 공식으로 이야기해 보자면 크게 두 가지 종류가 있다.

첫째는 초심자 혹은 마이너라고 할 수 있는 문외한이 우연한 기회에 스포츠에 입문하고 좌절을 겪는다. 거기에 정신적인 스승(스포츠 지도자인 경우가 많지만 때로는 연인이나 친구, 가족, 라이벌인 경우도 있다)을 만나 정진하고, 결국 승리나 우승을 하게 된다. 두 번째는 이미 그 스포츠에서는 이름을 날리던 선수가 어떤 계기(대개는 부상이나 심각한 좌절 혹은 가족이나 연인의 불행 등)로 나락으로 떨어지게 된다. 그러다가 역시 정신적인 스승을 만나 재기를 위해 노력하고 결국 이전의 영광을 되찾는다.

나라를 불문하고 스포츠 소재의 이야기의 일반적인 스토리 패턴은 이상의 두 가지에 어느 정도 해당된다. 즉 성공 이야기이다. 단 조건이 있다. 비약이나 전환점이 있다는 것이고, 인물들은 이전과는 다른 자신을 발견하고 강화한다는 것이다. 그것을 위해 노력하고 인내하고 진지해진다는 것도 첨가할 수 있다. 즉 성공에 이르는 길에는 새로운 자신을 찾는 성장 혹은 변화의 모습 또한 필수적이라는 것이다.

일본 스포츠 영화나 애니메이션은 이런 전형적인 스토리 패턴을 변주하면서 지속해 왔다고 보인다. 주목하고자 하는 것은 변주의 양상이다. 애니메이션 작품을 예로 들면서 그 부분에 대해 간략하게 정리해 본다.

일본에서는 스포츠를 소재로 한 영상 작품에 '스포콘 スポ根'을 붙여 '스포콘 아니메'나 '스포콘 영화'라고 부르곤 했다. 스포콘이란 영어 스포츠에 근성을 뜻하는 일본어 '곤조 根性'를 붙여 줄임말로 부른 것이다. 즉 근성이 성공에 이르는 중요한 덕목이라는 것을 스포츠 영화에서 강조하는 것이 패턴화 되었다는 것이다. 그것은 앞서 스포츠 소재 애니메이션의 전환점이 되었던 <거인의 별>에서도 드러난다.

실제 도쿄를 연고지로 하는 프로야구 구단인 요미우리 자이언츠를 등장시킨 애니메이션으로, 3루수를 지냈던 아버지로부터 어려서부터 야구를 익힌 호시가 라이벌들과의 경쟁을 통해 큰 선수로 발돋움하는 성장을 그렸다. 그런데 훈련은 그야말로 지옥훈련으로 이른바 토끼뜀이나 오리걸음, 매달린 타이어 치기 등의 혹독함을 보여준다. 그런 고된 훈련을 이겨내고 '메이저리그 볼'이라 불리는 마구를 개발해 경쟁자들을 이겨내는 것이다. 목표에 대한 어떠한 회의도 없이 끈기와 인내로 근성을 발휘해 전진하는 호시에 대해 당시에는 그야말로 열광적인 호응이 있었다. 애니메이션이 방영되던 시기는 ON시대 혹은 V9시대로 불리던 때였다. ON이란 오 사다 하루(王貞治)와 나가시마 시게오(長嶋茂雄)의 이니셜을 딴 명칭으로, 두 사람은 요미우리에 있으면서 9년 연속으로 요미우리 자이언츠를 우승시켜 V9시대로 불린다. 따라서 고교야구에 밀려 있던 프로야구에 팬들이 열광하는 계기가 된 시기에 때마침 관객들의 주목을 받게 된 것이다. 야구에 뜻을 가지는 청소년들이 많아진 것도 그러한 시대 배경과 애니메이션의 영향이라고 봐도 좋다. 그런데 그러한 막대한 영향력을 가진 애니메이션에서의 혹독한 훈련은 실제로 야구 교육에서 시행되곤 했다고 한다. 물론 체력을 단련시키려는 의도는 분명하지만, 그것보다도 그것을 용인 혹은 수긍했던 것은 일본에서 스포츠에 늘 개입시키는 개념, 즉 근성을 기르기 위한 것이었다는 사실이다. 정도의 차이는 있지만 우리나라 스포츠 영화에서도 많이 발견할 수 있었던 장면이기도 하다. <이장호의 외인구단>이나 <돌려차기>(2004) 등에서 마치 군인들의 훈련이나 특수부대원 훈련 같은 장면들이 발견되곤 했다.

그러나 이런 경향은 시대가 변하면서 서서히 바뀌어 가게 되는데, 이에 대해 애니메이션 연구자 쓰가타 노부유키(津堅信之)는 그의 저서 『일본 아니메 무엇이 대단한가』에서 다음과 같이 쓰고 있다.

스포츠를 테마로 하는 아니메는 지금도 결코 적지 않지만, 예전처럼 주인공 소년소녀가 흙투성이나 상처투성이가 되어 감독이나 코치에게 인격을 무시한 스파르타식 훈련을 받아 유일무이의 영광을 쟁취하는 그런 분위기가 아니라, 한마디로 말하자면 '예쁘게' 변했다. 등장하는 캐릭터도 미남, 미녀가 많고 또 그런 캐릭터를 애호하는 팬 층에게 소중하게 여겨지고 있다.

(『일본 아니메 무엇이 대단한가』, p.39)

물론 애니메이션에 국한된 얘기이기는 하지만, 이것은 영화에도 어느 정도 그대로 적용된다. 캐릭터의 외형만 변한 것은 아니다. 쓰가타도 지적하듯이 연애 이야기나 성장이나 인간관계에 대한 것으로 이동했다는 것이 그것이다.

02
현대 일본 스포츠 영화 - 다른 곳을 바라보는 스포츠 영화

그렇다면 그러한 변화의 양상은 어떤 것일까? 구체적인 작품을 예로 들어 살펴보기로 하겠다. 두 작품은 모두 탁구를 소재로 한 영화들이다. 앞서 구기 종목 가운데는 야구가 그나마 영화화하기 용이하다는 얘기를 했는데, 탁구 소재 영화가 두 편 씩이나 있다는 것도 흥미롭기는 하다. 물론 우리나라에도 <코리아>라는 탁

_핑퐁

구 소재 영화가 있지만 말이다.

먼저 2002년에 제작된 <핑퐁 ピンポン>이다. 이 작품의 원작은 연재만화이다. 어려서부터 같이 탁구를 해 온 호시노(星野)와 츠키모토(月本)는 같은 고등학교 탁구부에 속해 있다. 호시노는 자신의 실력에 자신만만해 있고, 츠키모토는 그다지 탁구에 열정이 없다. 호시노는 중국인 유학생에게 연습 게임에서 참패를 당하고 급기야 정식 시합에서는 예선에서 어릴 적 적수가 되지 않았던 친구 아쿠마에게 패하고 만다. 츠키모토가 늘 자신에게 일부러 져주는 것을 알았음에도 모른 척하던 그는 타학교 탁구부 주장이 츠키모토를 높이 평가하자 탁구를 그만두고 방황한다. 한편 호시노가 사라지자 의욕을 잃은 츠키모토는 지도 교사에게 반항하고, 중국인 유학생에게 지고 만다. 호시노는 자신을 찾아온 아쿠마의 말에 자극받아 탁구장 여주인의 지도 아래 다시 연습을 시작하고, 츠키모토는 지도교사와 소통하며 마음을 다잡고 연습에 임한다. 시합 날 두 사람은 승리를 이어가고 결국 결승에서 맞붙게 된다.

이러한 줄거리를 보자면 앞서 스포츠 영화의 스토리 패턴, 공식이라 얘기했던 것 중에서 첫 번째에 해당하는 것이라 생각할 수 있다. 그렇지만 영화는 그렇게 가지는 않는다. 우선 두 사람은 모두 초심자나 문외한이 아니고 재능이 있는 사람들이다. 또한 연습하는 계기나 시합에 임하는 것은 승리나 우승이 목적이 아니다. 그럼 무엇일까?

츠키모토는 늘 어린 시절을 떠올리며 애니메이션에 등장하는 '히어로'를 기다린다. 그것은 자신을 괴롭힘으로부터 지켜주었던 호시노다. 위기에 빠지고 절망에 빠진 사람을 구해주러 나타나는 히어로. 즉 그가 탁구를 하는 이유는 호시노의 실력 향상과 그의 승리와 기쁨을 기다리며 지켜보기 위해서이다. 탁구장 벽에 걸려 있는 초등학교 시절 사진에는 우승 트로피를 들고 기뻐하는 호시노 옆에 2등이면서도 웃음을 짓고 있는 츠키모토가 있다. 그 후로 웃는 얼굴을 보이지 않아 츠키모토의 별명은 '스마일'이다. 그런 마음을 알지만 충족시켜주지 못하는 것이 두려웠던 호시노는 연습도 하지 않고 건성으로 시합에 임했었다. 그러다가 그것이 어찌할 수 없는 사실로 드러나자 도망쳤다가 결국 맘을 고쳐먹고 도전하게 된 것이다. 아쿠마가 한 얘기는 '너는 재능이 있다'는 것이다. 그것은 아쿠마가 츠키모토에게 도전했다가 참패하고 츠키모토에게 들은 이야기를 돌려주는 것이었다. 실은 아쿠마는 주장인 카자마에게 인정받고 싶은 마음에 누구보다도 열심히 연습하고 따랐었던 것이다. 그런 그가 자신이 아니라 다른 학교 학생인 츠키모토를 더 평가하자 그것에 자극되어 도전을 하게 된 것이다. 아쿠마가 너보다 몇

_핑퐁

십배 몇 백배는 더 노력하고 라켓을 휘둘렀는데 왜 내가 아니고 너인가 라며 울부짖자 츠키모토는 이렇게 얘기한다. "아쿠마에게는 탁구의 재능이 없기 때문이야. 그것뿐이야."

츠키모토가 다시 연습을 시작한 것은 지도교사의 과거 일을 알고 나서이다. 부상당한 친구의 상처를 악화시키는 기술을 넣을 수 없어서 결국 시합에 진 후 탁구선수를 그만두게 된 이야기는 다시금 호시노를 생각하여 탁구에 매진하게 하였다. 즉 두 사람은 서로를 위해 탁구를 하고 있는 것이다. 츠키모토는 오래전부터 그래 왔고, 호시노는 이제야 깨닫고 탁구를 처음부터 다시 시작하게 된 것이다. 아쿠마가 규정을 어겨 탁구를 그만두게 되면서까지 찾으려고 했던 탁구를 하는 이유는 바로 누군가를 위해 라켓을 휘두르는 것이었다. 시합 전 카자마를 찾아간 아쿠마는 그것을 확인하려고 하나 돌아온 대답은 나 자신을 위해서라는 말로 아쿠마에게 실망을 안긴다.

어찌 보면 사랑 이야기와도 유사한 이러한 동기는 따라서 이 영화를 다른 스포츠 영화와는 다른 궤도에 올려 놓는다. 승리나 우승, 영광을 위해 근성을 키우고 피나는 노력을 해 목적을 달성하는 것과는 다른 지점에서 출발한다. 탁구는 시간 때우기이니 재미있게 즐기면 된다는 츠키모토의 말 속에는 탁구 자체가 아니라 그것을 하는 이유가 더 중요하다는 의미가 들어 있다. 히어로를 기다리기 위해서 그것은 반드시 탁구가 아니어도 상관없다는 의미이다. 결국 호시노는 '히어로 등장!'을 외치며 그 기다림에 응답하게 된다.

아쿠마와 만난 뒤 호시노는 다리 위에서 강으로 뛰어내리는데, 그 전에 난간에 서 있을 때 순찰을 돌던 경관이 그를 말리려 한다.

"학생, 무슨 일인지는 몰라도 인생이 그렇게 쓸데없는 것은 아니야. 아저씨는 경마에서 져서 지금 60엔밖에 가지고 있지 않지만 힘내서 살고 있어. 자네가 죽으면 아버지, 어머니 어떻게 생각할까?"

"죽어?"

"그래 죽을 각오로 하면 뭐든 할 수 있지."

"죽지 않아요. 하늘을 날거야."

"그거 다행이네."

"달에 닿을 수는 없어."

"그래 그런 마음으로!"

"I can fly!"

"Yes, you can fly!"

길게 대화 내용을 썼는데, 영화 시작 장면으로 이후 다시 한 번 영화에 등장한다. 순서로는 중간에 해당하지만 플롯상 제일 앞부분에서 코믹한 연출과 더불어 이 영화가 가지는 메시지를 함축하고 있다. 앞선 서술에서 두 주인공의 이름을 일본어(한자)로 표기했는데 거기에 의미가 들어 있다. 호시노의 호시는 별(星)이고, 츠키모토의 츠키는 달(月)이다. 달에 닿을 수가 없다는 호시노의 말은 재능에 있어 츠키모토를 따라갈 수는 없다는 것이고, 그럼에도 불구하고 날아보겠다는 것은 그가 기다리는 곳으로 가겠다는 의지의 표현이다. 또 다른 의미 해석으로는 별과 달은 하늘에 공존한다. 서로의 위치를 지키며 밝게 비춘다. 츠키모토와의 관계도 그와 같다는 것이다. 서로를 지켜보며 함께 밝게 빛나는 관계.

이전까지의 스포츠 영화에서, 특히 스포콘 영화에서 강조해 온 '근성과 노력으로 목적을 달성한다'는 패턴에서 목적이 바뀌었다. 승리나 우승이나 성공이나 또는 명예가 아니라 나를 지켜봐주는 혹은 기다리는 누군가를 위해 노력하고 승리한다는 것이다. 아쿠마와 카자마는 그것이 어긋났고, 호시노와 츠키모토는 결국 그것을 깨닫는다.

또한 경관의 말대로 노력하면 무엇이든지 이룰 수 있다는 것이 어떤 경우에는 아니라는 현실을 그대로 수용하는 것도 이 영화를 색다른 스포츠 영화로 만들고 있다. 츠키모토가 아쿠마에게 했던 '넌 탁구에 재능이 없어'라는 말은 얼핏 자존심을 무너뜨리는 비하의 말로 들리지만, '다른 재능은 모르지만'이라는 전제가 깔려 있는 말이다. "그것뿐이야"라는 말이 그것을 뒷받침한다. 기성세대가 교육이나 훈계나 조언에서 늘 해오던 말이라는 것이 의미심장하다. '노력하면 된다', '하면 된다'라는 말은 청소년들 혹은 청년 세대에게 되풀이하여 주어지던 말인데, 그것은 '무엇이든지'를 포함하는, 어찌보면 환상이나 헛된 꿈을 아무런 책임감 없이 던지는 것과 다름없다. 그것이 가능했던 사람들이 있다면 그에 해당하는 재능이 있었다는 방증일 수도 있다. 츠키모토의 말은 이전 스포콘 영화에서는 절대 나오지 않았던 것이다. 왜냐하면 스포츠 영화의 성공 신화는 그대로 인생에서 사회에서 통용된다는 것을 마치 충고나 조언처럼 던져주기 위해서이다. 너무 비판적으로 보일지도 모르지만, 사회의 구조기능적 관점에서는 통합이 중요하며 그것을 위해서는 이러한 신화나 꿈은 필수적으로 주어질 필요가 있다는 것을 스포츠 이외의 분야에서도 흔히 볼 수 있기 때문이다. 이것을 이데올로기의 일종이라고 볼 수 있는 시선은 그런 비판적인 사고에서 출발한다. 이에 대해서는 다음 절에서 더 생각해 보기로 한다.

두 번째 영화는 <믹스 ミックス>(2017)이다. 이 작품은 흥행수익 약 15억 엔의 영화이다. <핑퐁>의 14억 엔에 비해 다소 많은 흥행 기록을 거두었다. 물론 개봉 연도의 차이나 다른 영화와의 상관성, 출연 배우 등을 고려할 때 단순 비교는 별로 의미가 없을 수 있다. 그럼에도 불구하고 15억 엔이면 스포츠 영화, 그것도 다소 비인기종목에 속하는 탁구를 소재로 한 영화로는 흥행에 성공한 영화로 볼 수 있다.

이야기는 어려서부터 엄마에게 받는 혹독한 탁구 연습에 질려있다가 엄마가 돌아가신 후 탁구를 그만 두고 평범하게 살던 타마

_믹스

코가 직장 생활을 하던 중 직장이 스카웃한 유명 탁구선수와 교제를 하다 참혹한 실연을 당하고 나서 본격적으로 시작된다. 실연의 상처로 직장을 그만 두고 고향집에서 할 일 없이 지내던 중 엄마가 경영하던 탁구장(탁구클럽)을 해보지 않겠냐는 친구의 제안에 마음이 동하고, 이어 전철에서 우연히 만났던 일용직 건설 근로자 히사시가 클럽에 들어오자 옛 연인에게 복수하고자 시합에 출전하기로 한다. 종목은 혼합복식(믹스)이다.

연습을 거쳐 시합에 출전하지만 결과는 참패로 끝난다. 그 과정에서 타마코와 히사시는 서로의 아픈 상처를 알게 되는데, 히사시는 전직 프로복서로 부상으로 은퇴한 후 부인과도 이혼하여 삶의 의욕 없이 하루하루 살아가는 상황이었다. 두 사람은 서로의 아픔을 이해하고 공감하며 다시 연습에 임하고 시합에서 옛 연인과 대결하게 된다.

이 영화는 로맨틱 코미디로 분류할 수 있는 분위기와 패턴을 지니고 있다. 주연 배우인 아라가키 유이(新垣結衣)와 에이타(瑛太)

의 조합도 그렇고, 성격이나 배
경이 맞지 않으며 상처를 가진
두 사람이 사사건건 충돌하다
서로를 이해하고 사랑의 감정을
느끼게 되고 함께 아픔을 치유
해 사랑을 확인한다는 스토리
패턴이 그렇다.

_믹스

　　그럼에도 불구하고 스포츠 영화로 파악하고 언급하는 것은 단
순히 두 사람의 사랑을 위한 도구나 매개로 쓰인 것이 아니라　탁
구라는 스포츠에 대한 새로운 해석이 들어 있기 때문이다. 앞서 분
석한 <핑퐁>이 그렇다. 탁구만이 아니라 스포츠 전반으로 확대해
도 무방한 내용이 있다. <믹스>는 혼합복식을 소재로 한다. 그냥
복식이 아니라 혼합복식은 남녀가 짝을 이루어 겨루는 경기인데,
여기에 로맨틱 코미디로서의 장치가 있음은 분명하다.

　　이런 장면이 있다. 탁구에 문외한인 히사시가 처음 혼합복식을
연습하는 장면인데, 서로 번갈아 쳐야 하는 규칙을 몰라 타마코가
핀잔을 준다. 테니스라면 반드시 번갈아 치지 않아도 된다. 누가 치
건 네트를 넘기면 된다. 배구도 그렇다. 네트는 그 경계선이다. 넘
기는 것. 그런데 탁구는 번갈아 쳐야 한다. 짝을 이룬 두 사람은 서
로 경쟁하는 것이 아니라 화합해야 한다. 내가 치는 방향이나 구질
을 상대편이 아닌 파트너가 알아야 그 다음에 대처할 수 있다. 물
론 경쟁을 위한 화합이라고 볼 수 있다. 하지만 중요한 것은 파트

너와의 화합을 위한 소통이다. 초반에 두 사람은 전철에서의 악연 (타마코가 숙취 때문에 히사시 옷에 구토를 한다)도 있고 직선적이고 터프한 성격의 히사시에 대한 거부감도 타마코에게는 있어 쉽게 소통하지 못한다. 문제는 탁구에서의 소통이 아니라 인간관계에서의 소통이다. 영화는 그것을 로맨틱 코미디라는 장르적 특성에 섞어 스포츠 영화 소재로서의 탁구를 보여준다. 서로 번갈아 친다는 것에는 커뮤니케이션의 의미가 함축되어 있다. 나의 행위나 말에 상대가 어떻게 대응할지 상상하고 그것을 이해해 가는 과정, 그것이 커뮤니케이션이다. 탁구는 번갈아 치는 행위를 통해 소통을 하는 스포츠이다.

타마코가 실연을 당했다고 했으나, 실은 연인인 줄 알았던 탁구선수가 새로 들어온 여자 탁구선수와 사귀는 것을 목격하고 나서 어떤 의미로는 고향집으로 도망친 것이다. 그녀는 소통이 아니라 내 상상으로 모든 것을 이해했다고 생각해 왔다. 어린 시절 엄마의 혹독한 훈련도 그녀만의 상상 속에서 거부의 대상으로 삼아버렸다. 모든 관계를 그렇게 일방적으로 상상하고 판단해 왔던 것이다. 따라서 혼합복식은 상대편 선수처럼 경쟁의 대상으로 간파하고 허를 찌르거나 때로는 힘으로 제압하는 것이 아니라, 나와 파트너를 이룬 사람과 소통하는 것을 가르쳐 주는 것이다. 한 번씩 번갈아 치는 반복된 행위를 통해서 말이다.

이것은 이른바 스포콘 영화에서 승리라는 목표만을 위해 무한 경쟁을 벌이고 나만의 혹은 우리만의 근성과 일치단결을 강조하는 것과는 결이 다르다. <믹스>에서 결말은 누구나 예상하듯이 두 남녀 주인공이 사랑을 확인하는 해피엔딩이지만, 시합에서는 옛 연인 페어에게 지고 만다. 그것은 두 사람의 목표가 승리가 아니라는 것을 말해 준다. 소통과 이해를 통한 화합의 확인, 그것이 목표인 것이다.

스포츠를 사회의 축소판이라고 말하는 사람들의 인식에는 경쟁과 승리, 쟁취라는 스포콘 영화에서 보이는 뚜렷하고 확실한 목표가 전제되어 있다. 이 영화는 그것을 벗어나려고 한다고 생각한다. 가벼운 웃음 코드와 실제로는 있을 수 없는 성과 등이 발견되는 영화이지만, 그 기저에는 소통의 메시지가 담겨있는 것이다.

일본 사회에서의 인간관계를 얘기할 때, 다테마에(建前)와 혼네(本音)를 흔히 언급한다. 다테마에란 표면상의 방침으로 사람 사이에서는 의례적으로 하는 말을 의미할 때가 많다. 혼네란 속마음, 본심이다. 대비적으로 보자면 다테마에는 허위, 가짜, 가식 등의 이미지이고, 혼네는 진실, 진심, 진정 등의 이미지이다. 그래서 이것이 일본인들의 속마음을 잘 모르겠다거나 이중성을 비판하는 관점에서 쓰이기도 한다. 하지만 누구나 하루에 수십번씩 거짓말을 한다는 주장도 있듯이 그러한 것이 일본인만의 특성이라고는 할 수 없다고 생각된다. 본래 모순되는 것들을 공존시키고 양립시키는 것을 일본인의 특성이라고 주장한 것이 루스 베네딕트(Ruth Benedict)의 『국화와 칼』이었다. 그러한 주장과 논리를 적용시켜 바라본 관점이 아닐까도 생각해 본다.

다테마에와 혼네는 일본인에게 있어 원활하게 소통하고 폐를 끼치고 싶지 않은 배려의 문화 속에서 나온 결과물이라고도 생각할 수 있다. <믹스>에서 두 주인공의 소통은 서로간에 혼네를 드러내는 것이 아니라, 서로의 다테마에와 혼네를 표현하는 방식 자체를 이해하는 것이라고 보인다. 두 캐릭터의 성격상 직설적인 표현이 많다. 일반적으로 일본인들은 상대의 기분이 상하지 않도록 돌려 말하는 것이 보통인 데 반해, 영화에서의 두 사람은 상당히 이질적이다. 그런데 두 사람의 후반부의 대화에서는 직설적인 표현들이 많이 사라진다. 그것은 혼네를 숨기고 다테마에를 앞세우는 것일까? 그렇지 않다. 상대의 소통의 형식을 이해했기에 어떤 형태로 말해도 이해할 수 있다는 것이다. 거짓말과 다테마에는 다르기 때문이다.

<믹스>를 일본인들이 커뮤니케이션을 하고 그것을 통해 상대를 이해하는 것의 어려움을 극복하는 과정으로 해석해 보았다. 개인주의와 소통 부재라는 사회적 경향을 떠올리게 하는 일본사회를 생각할 때, 로맨틱 코미디라는 외양과 스포츠 소재 영화라는 볼거리 내부에 현대 일본사회의 인간관계에 대한 고민을 엿볼 수 있는 작품으로의 해석도 나름 의미가 있을 것이다.

03

스포츠 영화와 컨텍스트 - 이데올로기론과 경쟁

현대사회를 일컫는 많은 말들 중에 '경쟁사회'라는 것이 있다. 전근대사회처럼 신분이 출생부터 죽음까지 모든 부분에 결정적인 영향을 끼쳤던 시대를 지나 개인의 자유가 중요시되는 사회가 되었다는 데는 이견이 없을 것이다. 물론 모든 사회가 그렇지는 않겠지만 방향은 분명 그렇게 가고 있다. 경쟁은 그런 자유로운 개인들 사이에서 벌어진다. 그 사람의 신분, 신분 내 서열이 무의미해지면 결국 그 사람이 한정된 사회 내 위치를 차지하는 데는 자격이 필요하며 그것을 위해 많은 자유로운 개인들이 위치를 놓고 경쟁하게 된다.

그렇게 경쟁이 과열되고 한정된 자리나 자원이 늘어나지 않으면 갈등과 분열로 사회 전체의 기능이 마비될 것이다. 따라서 룰에 의한 공정한 경쟁과 승복이 필요하다. 이러한 생각은 합리적인 시스템을 보여주는 것 같지만, 사실 사회는 그렇게 모든 사람들에게 공평하고 공정하고 자유롭게 기능하지는 않는다. 그 과정에서 발생하는 모순과 갈등, 분열과 싸움 등에 대해 많은 사유와 이론이 있어 왔다.

알튀세르(Louis Pierre Althusser)는 맑스주의 철학자이며 구조주의 철학자로도 알려져 있다. 그의 이론의 중심에는 이데올로기론이 있다. 이데올로기(ideologie)는 사전적 의미로는 개인이나 사회 집단의 사상, 행동 따위를 이끄는 관념이나 신념의 체계를 뜻하며 흔히 이념이라는 말과 동일시된다. 그렇지만 이런 일반적인 의미가 맑스주의에서는 다르게 해석되는데, 주로 자기 자신을 속이는 허위의식으로 본다. 알튀세르는 이것을 더 구체화시키는데, 이데올로기는 개인이 사회적 규범 내에서 표출할 수 없는 욕망이 실현되고 있다는 착각을 가능하게 만든다는 것이다. 이러한 허위의식을 가능하게 하는 것이 이데올로기적 국가장치(기구)라고 불리는 것으로 여기에는 교육, 종교, 가족이 포함된다. 즉 앞서 경쟁사회를 파탄으로 몰지 않는 공정한 룰과 승복이 이루어지고 유지되고 있다는 허위의식을 만들어 내는 장치들이 있다는 것이다. 그리고 이것을 가능하게 하는 것이 호명(呼名)이라는 기제로 누군가가 어떤 위치나 역할을 부여받는 것을 당연시 여기게 하며 그러한 시스템을 유지시켜가게 한다는 것이다.

이러한 논의는 많은 분야에서 응용하여 비판적으로 활용되어 왔다. 앞서 언급한 이데올로기적 국가장치에는 교육과 종교, 가족 외에도 문화, 예술, 미디어도 포함된다. 이것을 그대로 적용할 생각은 없지만, 이데올로기론이 지적한 비판적인 관점은 참고하고자 한다.

앞서 스포콘 영화에 대해 언급했다. 근성을 가지고 목표를 향해 정진하라는 메시지를 꾸준하게 발산해 왔다. 어쩌면 경쟁이라는 피할 수 없는 상황에서 격려가 될 수도 있고 충고가 될 수도 있는 순기능적 역할을 하기도 할 것이다. 단지 스포츠에 국한된 것이 아니라 세상을 살아가는 데 있어서도 좋은 롤모델을 제시하기도 할 것이다. 그러나 다른 한편으로는 알튀세르가 이데올로기론에서 지적한 바와 같이 현상을 유지시키는, 즉 전체적인 변화를 불가능하게 하는 방향으로 작용할 우려도 같이 존재한다.

모든 스포츠에는 규칙(룰)과 심판이 있다. 경쟁하는 선수들에게 그것은 벗어날 수 없는, 스포츠에 입문하는 순간 저항할 수 없는 틀이다. 그것을 거부한다면 스포츠는 성립하지 않는다. 스포츠에 입문하기 전부터, 이미 스포츠가 생긴 오래전에 마치 주어진 신의 영역인 듯 존재해 왔다. 그 틀 안에서 이른바 공정한 경쟁이 펼쳐지는 것이다. 이것을 스포콘에서는 정정당당한 싸움이라고 하고, 이데올로기론에서는 허위의식을 재생산하기 위한 제도이자 기구로 보는 것이다. 스포콘 영화 내에서만이 아니라 실제 스포츠계에서 노력과 근성으로 성공한 스타들은 이것을 강화한다. '노력하면 된다'와 '스포츠는 스포츠. 실제 사회가 그럴 것이라고 상상하고 인정하게 무의식적으로 부여하는 허상이다'라는 관점이 모두 있을 수 있다.

스포츠를 인생에 비유하는 많은 얘기가 있어 왔다. 스포츠에서 위기가 있고 평탄한 과정도 있고 극복과 환희도 있으며 좌절과 절망도 있는 것이 인생에서의 부침을 얘기하는 비유로 쓰이는 것이다. 용기를 잃지 말고 힘을 내자는 의도도 분명 보인다. 그런데 스포콘 영화에 대한 비판적 관점을 도입하면, 결국 실패와 좌절은 근성과 노력을 기울이지 않은 개인에게 돌아가게 된다. 시스템은 공정하게 운용된다는 전제하에서 말이다. 결국 스포츠에서의 성공은 시스템의 공정함을 인정하게 하는 허위의식으로 기능하게 되는 것이다.

지금까지 스포츠 혹은 스포콘 영화에 대한 대립되는 두 관점에 대해 다소 장황하게 얘기했다. 이렇듯 카타르시스와 감동, 롤모델 등 순기능적인 시각만 있는 것이 아니라 보다 확장된 차원에서 비판적으로 접근하려는 시각도 존재한다.

그렇다면 앞서 소개한 탁구 소재 두 영화는 어떻게 해석하는 것이 좋을까? 두 관점에 대입시켜 보는 것도 흥미롭겠지만, 기존 스포콘 영화들이 보여주었던 상투적이고 경직된 틀에서 벗어나려는 시도로 보는 것이 어려운 사회과학 서적 읽듯이 영화를 보는 무거운 중압감에서 해방되는 방법이 아닐까 한다. 그렇다고 가볍게 넘기자는 말은 아니다. 누군가를 위해 하는 스포츠, 누군가의 성장을 기다려주는 배려의 스포츠, 화합하고 서로의 상처를 치유해 주는 소통으로서의 스포츠가 가능할 수 있다는 메시지를 파악하고 가치 판단하는 것이 이들 영화에서 가능하다면 단순한 스포츠 영화가 아닌 사람 사이에 벌어지는 인간 관계의 드라마로 해석할 수 있을 것이다.

🎬 <으랏차차 스모부 シコふんじゃった>(1992)

스오 마사유키(周防正行)가 감독과 각본, 모토키 마사히로(本木雅弘)가 주연을 맡은 영화. 졸업을 위한 조건으로, 폐부 직전에 놓인 약체 스모부에 들어가게 된 대학생의 분투를 그린 코미디 영화이다. 특이하게 스모를 소재로 한 영화로 웃음과 더불어 스포츠 영화가 가지는 전형성을 잘 보여준 영화이다. 유급을 당할 위기에 몰린 대학 졸업반 학생 야마모토 슈헤이는 졸업 논문의 통과를 위해 지도 교수의 제안으로 스모부에 들어가기로 한다. 부원이 부족하여 해산 직전인 스모부에 들어간 야마모토는 유일하게 남아있는 스모부원인 아오키와 함께 부원들을 모집하여 시합에 나간다. 그러나 시합에 완패하고 선배들에게도 모욕을 받아 자존심이 상한 야마모토는 욱하는 기분에 다음번에는 반드시 이기겠다고 호언을 한다. 결국 한 번만 대회에 나가려고 했던 그는 학생스모 챔피언이었던 지도교수의 훈련에 다른 부원들과 함께 참가하게 된다. 초등학생 스모부에게도 져 오기가 생긴 부원은 각자의 장기를 살려주는 지도교수의 조언에 따라 성장한다. 이윽고 대회에 나가게 되고 우여곡절 끝에 우승을 하게 되고, 야마모토는 졸업을 하게 된 아오키의 뒤를 이어 스모부에 남게 된다.

스포츠 영화의 공식에서 오합지졸들(마이너, 문외한)이 우연히 입문하게 되고 정신적 스승을 만나 시련과 난관을 극복하고 이루려던 바를 성취한다는 것과 들어맞는 스토리 패턴이다. 더불어 개인 스포츠가 아니라 단체전으로 상정함으로써 거기에는 단합과 화합이라는 요소가 추가된다. 즉 여자들에게 인기를 얻으려는 야마모토의 동생, 소심함에 한 번도 이겨보지 못한 아오키, 대인기피증과 소심함이 몸에 밴 안경, 스모의 관습을 야만적이라고 보는 외국인, 야마모토의 동생을 짝사랑해 입부한 여성 등등이 처음에는 각자 자신의 생각과 이익만을 바라다가 한 팀으로서의 일체감을 발견하고 서로 희생하고 배려하는 장면들이 나온다. 부상당한 야마모토의 동생 대신에 출전했던 여성, 속옷을 벗을 수 없다며 기권만 하던 외국인이 시합에 나선 것 등등 공동체, 원팀으로서의 면모를 갖추게 되는 것이다.

또한 각자가 안고 있던 트라우마를 극복하고 한 단계 상승 혹은 변화하는 계기를 만들어내는 결말도 보여준다. 그것은 승부 자체가 중요시되던 과거의 스포콘 영화와의 차이점이라 할 수 있다. 승리를 얻는 것만이 아니라 자신의 약점이나 트라우마를 함께 극복함으로써 스포츠 외적으로 인간적인 면모에서도 성숙해지는 캐릭터를 보여주는 것이다. 그것이 오히려 현대에 스포츠영화를 보는 관객에게는 더욱 공감가는 점이 될 것이다.

이렇게 〈으랏차차 스모부〉는 스포츠 영화의 공식을 웃음과 함께 전달하는 코믹 스포츠 영화라고 할 수 있다. 스모(相撲)는 일본 고유의 전통적인 격투기 스포츠 중 하나로, 땅바닥에 그어진 구획(도효) 위에서 두 명의 선수가 도구 없이 육체만으로 맞붙어 싸우는 형태의 경기이다. 일본에서는 예전부터의 신도(神道)의 의식 중 하나로 치러 왔으며, 일본 국내에서 개최되는 스모의 프로 경기로 오즈모(大相撲)가 있다. 스포츠 영화의 효용 중 하나는 해당 스포츠에 대한 정보(룰과 기술)를 전달하고 관심과 흥미를 유발하는 것이다. 스모가 전통 스포츠이기는 하지만 젊은 층의 호응을 받고 있다고 할 수는 없다. 영화에서 스모 선수들이 매는 일종의 샅바를 부르는 명칭과 관련된 에피소드가 있다. 문외한인 야마모토는 훈도시(옛날 남성들의 속옷 대용으로 썼던 긴 헝겊 천)라고 부르지만, 아오키는 마와시(廻し)라고 정정해 준다. 안경이 와서 같은 말을 반복하며 짜증을 내는 아오키에게 이번에는 어여쁜 지도교수의 조교가 와서 훈도시라고 하자 할 말을 잃는다. 경기의 규칙이나 명칭 등을 알려주고 어떤 것이 재미의 포인트인지를 알려주는 역할이 스포츠 영화에는 있는 것이다.

스모, 특히 프로 스모인 오즈모는 신도에서 치르던 의식(마츠리의 의식과도 관련되어 있다)의 전통을 이어받아 시합 전과 후에 신에게 드리는 일종의 의식을 치른다. 또한 선수들이 시합 전에 소금을 만지고 뿌리는 행위, 도효(모래판) 안에 여성을 들이지 않는 규칙, 몸풀기 동작으로 다리를 교차로 들어올렸다 내렸다 하는 행위 등등은 그러한 전통을 이어받고 있다. 신들에게 즐거움을 선사하고 인간에게 복을 불러오려는 의도와 부정한 것을 정화시키는 관념이 내재된 규칙인 것이다.

또한 스모는 계급을 철저히 한다. 가장 높게는 요코즈나(橫綱)에서부터 오제키(大関), 세키와케(関脇), 일반 리키시(力士)에 이르기까지 시합 결과에 따라 계급이 조정된다. 물론 요코즈나는 조정 대상에서 제외된다. 이러한 계급 사회로서의 스모는 경쟁과 더불어 이긴 자에 대한 존중, 패자에 대한 배려 등이 중시되는 이상적인 조직사회를 모래판 위에 재현하고자 하는 것으로 보인다. 하지만 스모가 인기 있을 때(지금도 중년 이상의 남성들은 스모 팬들이 상당히 있고, NHK에서는 1년에 여섯 번 홀수 달에 열리는 경기를 매일 생중계한다), 그것을 추락시킨 것도 승부조작과 선수들의 적절치 않은 행태 등이어서, 이상과 현실은 많이 다르다는 것을 새삼 실감케 한 일이었다.

한편 프로 스모 선수에 입문한 사람은 어떤 팀에 들어가게 되는데 그 팀의 리더가 새로운 이름을 붙여주고 사회에서의 이름은 버리게 된다. 마치 불교에 귀의하여 속세를 버리고 이름을 새로 얻는 것과 유사하다. 즉 새로운 가족, 공동체의 일원이 되는 것이다. 이것은 일본에서 무슨 무슨 가문이라고 했을 때, 우리가 생각하는 혈연 중심의 가문과는 다른 일면을 보여준다.

이처럼 〈으랏차차 스모부〉는 스모를 소재로 한 코믹 스포츠 영화이지만, 다른 문화권에서 보기에 생소하면서 생경한 많은 요소들이 포함되어 있다. 이런 요소들을 찾아가며 알아가며 영화를 즐기는 것도 또 다른 재미가 될 수 있을 것이다.

_으랏차차 스모부

08 액션 영화: 진지한 거짓말

액션 영화는 상당히 보편적이다. 어떤 나라에서건 액션 영화는 꾸준히 제작되고 즐기는 장르의 하나라고 할 수 있다. 총과 칼, 주먹 싸움에 무술 등이 곁들여지는 액션 장면들은 예전에는 남성들의 전유물이라고 치부되었으나, 요즘은 여성 관객들도 열광하는 일이 많아졌다. 액션의 주연도 남성 위주였으나 여성이 액션의 히어로를 맡는 일도 드물지 않게 되었다. 알기 쉬운 예로 마블 코믹을 원작으로 하는 <어벤져스> 시리즈의 블랙 위도우, 스칼렛 위치 등의 캐릭터는 남성 못지 않은 액션 장면을 연출한다. 좀 더 멀리 가면 <에일리언>시리즈의 주연 캐릭터인 리플리, <툼레이더>시리즈의 라라 크로프트 그리고 한때 우리나라 관객들을 열광시켰던 홍콩 무협영화의 많은 히로인들을 떠올릴 수 있다.

이렇게 어느 나라에서건 만들어지고 관객들의 사랑을 꾸준히 받아온 액션 영화란 어떤 장르적 특색을 가지고 있을까? 사실 어떤 장르이건 액션이 들어갈 여지는 있다. 따라서 코미디에서도, 멜로에서도, 미스터리나 공포영화에서도 액션의 요소는 추가될 수 있고 또 그래왔다. 사실 서부극 장르는 액션 영화의 일종이라고도 할 수 있는 것이다. 그렇다면 액션 영화라고 따로 장르로 부를 수 있는 특징이나 패턴, 공식은 무엇일까?

액션 영화의 공식은 일반적으로 악당의 음모나 계략에 맞서 이를 저지하고 평화와 인명을 지키는 것이라 할 수 있다. 이것은 단순히 싸움 장면이나 격투 장면이 들어간 다른 장르와 차별되는 지점이다. <다이하드> 시리즈(1988~2013)나 <트랜스포터> 시리즈(2002~2008), <미션 임파서블> 시리즈(1996~2018) 등이 그것을 보여주는 좋은 예라고 하겠다.

그렇다면 일본영화에서는 액션 영화 장르가 어떻게 형성되어 진행되어 왔을까? 그것을 간략하게나마 살펴보기 위해서는 많이 거슬러 올라가야 한다. 역사를 일일이 살펴볼 여유는 없어서, 중요 맥락만 짚어 보도록 하자.

01
일본의 액션 영화 - 한칼에 쓰러지는 악당들

일본영화의 초창기에는 일본의 민담이나 가부키에서 힌트를 얻은 이야기들이 영화로 만들어졌다. 시대극 관련한 부분에서 언급한 대로 일본인 최초의 영화감독으로 알려진 마키노 쇼조(牧野省三)는 가부키(歌舞伎)의 배우와 스토리, 플롯을 옮긴 영화를 만들었고, 그러한 시대극은 일본영화 자체로 인식되었다. 이런 가부키 활극

(活劇)은 말 그대로 액션 영화였다. 가부키는 스토리의 다양성이 있어 일률적으로 말하기는 힘들지만 시대물과 서민물이 연이어 공연되는데, 그 중 시대물에서는 역사와 관련된 인물들이 캐릭터로 등장하고 주로 사무라이들이 많은데 따라서 전투 장면이나 액션 장면이 들어가게 된다. '다치마와리(立ち回り)'란 용어도 가부키에서 온 것으로 한 명이 자신을 둘러싼 패거리들과 대결하는 장면을 뜻하는 말이다.

　이렇게 가부키의 액션 장면이 영화 그 자체로 인식되던 시기를 거쳐 검객이나 의협인을 주인공으로 하는 액션 영화가 양산되는데 그 중심 인물은 마키노 쇼조의 아들인 마키노 마사히로(マキノ雅弘)였다. 그가 만든 <낭인가 浪人街>시리즈(1928~1929), <지로초 삼국지 次郎長三国志> 시리즈(1952~1954)는 시대극 배경의 액션 영화의 기초를 다졌다고 할 수 있다. 흔히 일본 시대극을 '찬바라(チャンバラ)' 영화라고도 했는데, 이 말은 칼이 부딪힐 때 나는 의성어인 '찬찬'과 '바라바라'를 따서 붙인 말이라고 한다. 마키노 마사히로 영화가 모두 그런 것은 아니었지만, 검객(사무라이)이 등장하여 다수의 칼싸움 장면을 연출하여 흥행에 성공한 덕에 시대극 하면 찬바라라고 하는 등식이 성립할 정도였다. 태평양전쟁이 끝나고 미군정에 의한 통치가 시작된 일본에서는 시대극을 금지시켰다. 시대극의 내용이 복수나 충성, 의리에 대한 것이 많아 일본인을 자극할 우려가 있다고 판단한 것이다. 시대극이 금지되자 영화계에서는 닛카츠(日活) 영화사를 중심으로 1950년대에 다른 형태의 액션 영화를 다수 만들어 내게 되는데, 이를 '닛카츠 액션'이라고 불렀다. 그 중 유명한 것은 <철새 渡り鳥> 시리즈(1959~1962)였다. 현대를 배경으로 기타를 맨 떠돌이 방랑자가 악당들로부터 여성이나 약한 자들을 구해내고 떠난다는 일반적으로 서부극과 유사한 스토리 패턴의 영화였는데, 그 이전까지 영화에서는 볼 수 없었던 권총이 등장한다. 닛카츠 액션은 주로 청춘 스타를 기용하여 주제가를 직접 부르게 하고 페어라고 할 수 있는 여자 배우를 상대역으로 기용하는 방식을 썼다.

1960년대는 일본영화의 황금기와 더불어 쇠퇴기를 맞이하는 시기였다. 최다 관객과 최다 극장수를 1950년대 말에서 1960년대 초에 달성했는데, 그 후로는 TV의 영향 등으로 하향곡선을 그리게 된다. 이에 대응하고자 남성관객을 겨냥한 영화가 기획되었는데 그것이 도에이(東映)영화사의 야쿠자 영화와 닛카츠의 로망 포르노였다. 이들 장르는 1960년대에서 1970년대에 걸쳐 양산되었다. 야쿠자 영화의 구도는 역시 서부극과 유사하다. 전통 vs 현대, 의리 vs 돈, 진실 vs 거짓, 선 vs 악의 이분법적 구도를 가져오면서 일본영화 특유의 감성적, 폭발적 분노를 담았다. 물론 여기서 무기는 칼인데, 사무라이들이 쓰던 긴 칼이 아니라 짧은 단도를 사용하였다. 이 장르의 대스타로는 다카쿠라 켄(高倉健)과 츠루타 코지(鶴田浩二)를 들 수 있다. 이 야쿠자 영화는 총을 쓰는 야쿠자 영화와 구분해 임협영화(任俠映画)라고 부르기도 한다. 주로 야쿠자 조직을 배경으로 하며 조직 내의 배신이나 알력 등으로 억울한 누명을 쓰거나 주변

사람이 피해를 입자 인내하던 주인공이 상대 거점에 단신 혹은 소수가 쳐들어가 일대 혈전을 벌이는 내용이었다. 1970년대에 이르러 임협영화의 수요가 줄자 실제 있었던 야쿠자 조직간의 싸움을 그린 영화가 줄지어 제작되는데, 선구가 되었던 것이 <인의없는 전쟁 仁義なき戦い>(1973)이었다. 이 영화의 시리즈는 실명(實名)을 사용하고 총싸움이나 암살, 패싸움 등을 액션으로 사용하였는데, 실화와 실명이라는 데서 '실록물(実録物)'이라고 불리기도 한다. 임협 영화에서 바탕에 둔 의리나 인정과는 거리가 먼 실리와 배신, 물질지향, 권력지향 등 현대사회의 속성과 이면을 거칠게 묘사하였다.

1980년대 이후에는 액션 영화의 커다란 장르적 형체는 사라지고 변형되거나 다른 장르의 요소로 등장하게 된다. 물론 이러한 특징은 어느 나라에서나 벌어진 장르의 융합이라는 현상과도 궤를 같이 하는 것이며, 액션 영화가 꾸준히 제작되고 있다는 사실에는 변함이 없다.

그러면 이러한 일본 액션 영화를 우리나라 관객은 어떻게 생각할까? 좋아하는 감독이나 배우에 따라 생각의 차이는 있겠지만, 일반적으로는 과장이 많고 선악의 구도가 너무 분명하며 묘사가 잔인하다는 것이 아마도 공통된 생각일 것이다. 찬바라 영화까지 거슬러 올라가지 않더라도 초능력적인 주인공의 신기에 가까운 검술과 타격에 한꺼번에 나뒹구는 악당들의 모습, 누구나 보면 악당이라고 생각될 분장과 얼굴의 캐릭터, 잘려진 신체와 낭자한 피 등이 일본 액션 영화를 생각할 때 떠오르는 이미지이다. 그리고 이런 요소들은 일부 마니아를 제외하면 현실감도 떨어지고 반전도 없으며 단지 잔인하다는 느낌에 그다지 선호하거나 다시 볼 생각은 하지 않을 것이다. 그러면 이렇게 굳어진 것 같은 일본 액션 영화의 이미지와는 별개로 다른 관점에서 해석해 볼 여지가 있을까? 그것에 대해 살펴보도록 하겠다.

02
현대 일본 액션 영화 - 왜 싸우나

　　묘사의 과장과 잔인함, 뻔한 구도와 전개, 캐릭터의 전형성 등이 일본 액션 영화의 특성이자 우리나라 관객에게 호응을 불러일으키지 못하는 요인으로 지적했다. 그런데 이런 어쩌면 전형적이고 고루한 스타일의 액션 영화를 다른 각도에서 해석해 보면 의외의 흥미가 생길 수도 있다는 생각이 들었다. 이하에서는 두 영화 작품을 예로 들어 그러한 다르게 보기를 시도해 보고자 한다.

　　먼저 예로 들 영화는 <바람의 검심 るろうに剣心>(2012)이다. 만화가 원작으로 애니메이션화 된 이후 영화화되었다. 이 영화는 30억 엔이 넘는 흥행 성적을 남겼다. 이 영화 이후에 후속작이라고 할 두 편이 잇달아 개봉하게 되는데 그 작품들은 50억 엔과 40억 엔이 넘는 큰 성공을 거두었다. 원작에서는 어린 아이였던 주인공 켄신이 검술을 연마하고 막부 요인을 암살하던 과거가 자세히

묘사되지만, 영화에서는 메이지유 신(明治維新)을 맞이하기 전의 큰 싸움인 보신전쟁(戊辰戰争) 장면으로 시작된다.

1868년 일본은 메이지유신으로 커다란 변화를 맞이하게 되는데, 2백여 년에 걸친 막부(幕府)체제를 끝내고 천황을 전면에 내세우는 절대주의 체제로 진입한다. 물론 실제는 서양의 그것과 다른 양상을 보이지만, 표면상으로는 절대주의 정치체제의 입헌군주국으로서의 면모를 갖추고 신분제도

_바람의 검심

철폐와 교육의 확충 등을 이룬다. 메이지 천황 시기에는 서양의 문물을 받아들여 부국강병의 기치를 내걸고 봉건시대의 구습을 변화시키려고 하였다.

메이지유신을 길게 서술할 여유는 없으나, 켄신은 막부체제하에서 자신은 물론 많은 일반인들이 고통받았던 것에서 반막부파에 들어가 요인 암살을 했던 인물이다. 영화 스토리를 간략하게 정리해 보자. 켄신은 메이지유신 이후 정체를 숨기고 방랑하며 지내다가 우연히 아버지를 이어 검술도장을 운영하는 가오루를 도와준 것이 인연이 되어 함께 생활하게 된다. 한편 가오루를 해치려던 자는

_바람의 검심

켄신을 사칭하며 살육을 저지르는 자였는데, 그의 배후에는 재력가인 간류가 있었다. 그는 아편 제조를 통해 번 돈으로 낭인들과 무기를 사모아 권력을 잡으려는 야망에 차 있다. 아편 제조를 담당하던 메구미가 도망쳐 나와 가오루의 집에 머물게 되고, 간류는 마을 우물에 독을 풀어 사람들을 내쫓으려는 음모를 꾸민다. 메구미가 간류를 죽이러 갔다 실패하고 붙잡히자 켄신과 동료들이 함께 간류의 본거지를 찾아가 간류의 음모를 막아낸다.

앞서 액션 영화의 공식이라고 할 선악의 대결을 얘기했는데, 이 영화에서도 그것은 들어맞는다. 선의 편과 악의 편이 나뉘어 있는데, 그 둘이 접점을 가지고 대결을 벌이게 되는 계기가 되는 것이 악의 편에 있다가 거기서 벗어나려는 인물이다. 영화에서는 메구미가 그 역할을 한다. 액션 영화의 공식이 말해주듯이 결과는 예상한 것과 다르지 않다. 액션 장면들은 악을 징벌하고 평화와 정의를 구현하고 약자들을 구하는 지난한 과정을 보여주는 장치로 쓰인다. 역시 과장된 액션 묘사와 전형적인 캐릭터가 등장한다. 그럼 이 영화에서 무엇을 볼 것인가?

　우선 주목하고자 하는 것은 악의 양상과 상징이다. 수많은 액션 영화에 등장하는 악당 혹은 악의 무리. <다크 나이트>(2008)에 나오는 조커처럼 특별한 원한이나 동기, 목적 없이 파괴하고 고통을 즐기는 악당도 있지만, 대개는 권력이나 돈을 위해 부정한 수단을 쓰거나 무고한 사람들을 희생시키는 인물들이다. 언론이나 정부 기관, 기업이 악으로 나올 경우는 사람들의 목숨을 담보로 거짓을 퍼뜨리거나 은폐하고 무모한 실험을 하는 등의 양상을 보인다.

　<바람의 검심>에서 악당은 간류와 그의 수하들이다. 보기에도 음험하고 냉혹하며 살벌한 외모를 지니고 있다. 게다가 한 인물은 일본 전통 연극인 노(能)에서 사용하는 가면인 노멘(能面) 중 오니(鬼)와 흡사한 가면을 쓰고 있기까지 하다. 이런 외모에서 오는 전형성과 더불어 악당의 우두머리인 간류의 악행의 목적 또한 돈과 권력임을 볼 때, 이 영화의 악에 대해 더 얘기할 것이 있을까 하는 의문마저 드는 것이 사실이다.

　그런데 이 영화에서 시대적 배경과 간류의 밑에 모여드는 사람들 및 그 관계에 좀 더 주의를 기울여 볼 필요가 있다. 앞서 언급한 대로 영화 속 시대적 배경은 메이지유신 초기이다. 영화에서 경찰청장에 해당하는 인물이 부하들 앞에서 연설하는 장면이 나온다. 거기서 그는 새로운 시대를 재차 강조하며, 폭력과 공포가 지배하던 시대는 끝났다고 외친다. 이것을 그대로 적용하면 막부체제의 부조리와 억압의 시대가 끝나고, 모두가 평등하고 자유로우며 꿈을

펼칠 수 있는 시대가 되었다는 의미로 받아들일 수 있다. 하지만 좀 더 생각해보자. 원작이 어떻든 영화는 과거를 소환해 현재를 이야기하는 매체로 기능해 왔다. 우리가 시대극에서 보는 것은 과거의 역사적 사실과 삶이 어떠했는지를 보여주는 것을 넘어 현재 시점에서 해석하고 현재를 사는 사람들에 대해 메시지를 전하려고 하는 것이다. 시대극만이 아니라 공포나 멜로 영화 등도 마찬가지며, SF나 코미디 또한 그러하다. 제작 의도와 상관없이 그렇게 해석하면서 보는 것이 관객이기 때문이다.

그러면 이 시대적 배경을 좀 더 바꾸어 생각해 보자. 태평양전쟁 패전 후 일본은 피폐해질 대로 피폐해진 현실에 맞닥뜨렸다. 서양식 민주주의를 수용하면서 한편으로는 정치체제의 변화를, 다른 한편으로는 경제적 부흥에 매진했다. 과거 제국주의와 전체주의식 사고방식을 탈피하고 민권과 자유, 평등 등을 지향하며 경제적 안정과 부흥에 힘을 모으고자 했다. 그것은 메이지유신 이후 부국강병을 외쳤던 것과 비교해 강병이 빠졌을 뿐 달라진 것은 크게 없다. 물론 사람들의 의식이나 태도는 변화를 피할 수 없었지만, 강병이 빠진 자리를 메운 것은 경제였다. 그 후 한국전쟁의 특수도 있어 일본은 고도경제성장을 이루었고, 어찌 보면 패전 후의 목표가 달성된 것처럼 보였다.

그런데 그 이면에는 경기 호황의 그늘에 가려진 부동산 시장의 거품과 금융의 불안, 전근대식 기업 문화와 물질만능주의 등이 자리하고 있었다. 이는 1980년대 말 버블붕괴라는 사태를 불러온다. 이 영화에서 새로운 시대를 맞이하려는 기치와 슬로건은 곧바로 공공연히 살육을 자행하는 인물의 현상수배 전단과 간류의 음험한 얘기, 잔혹한 살해 등으로 이어진다. 간류는 이렇게 얘기한다. "인간은 약한 존재야. 입으로는 이상을 얘기하려고 하지만, 세 가지 앞에서는 짐승과 같아. 자신을 위해서, 돈을 위해서, 쾌락을 위해서." 그는 이른바 사업가라는 외양을 걸치고 있다. 다만 그가 많은 돈을 거머쥐는 실제 사업은 아편 제조와 판매이다. 그는 위에서 얘기한 세 가지를 그의 사업에 활용하고 있다. 즉 자신의 욕망을 위해 인간을 짐승과 마찬가지 존재로 취급하고 어떠한 수단도 마다하지 않는 천민자본주의의 속성을 고스란히 드러낸다. 이는 마치 고도경제성장기를 거쳐 버블에 취해 있던 일본의 기업과 경영자를 속물화해 보여주고 있는 것처럼 느껴진다.

영화에서 메구미가 간류로부터 벗어나려고 탈출하게 된 계기를 만든 에피소드가 있다. 함께 아편 제조를 담당했던 사람들을 모두 불러 모은 자리에서 간류는 아편 제조 기술을 가진 사람은 한 명으로 족하다며 나머지 사람들을 모두 죽이려 한다. 메구미는 목숨을 구했지만 이것은 그동안 간류가 자신을 보살펴 주었다고 생각한 것이 착각이었고, 자신의 의료 지식을 활용해 아편 제조에 이용하려 했다는 사실을 깨닫게 되는 것이다. 버블이 붕괴되고 난 후 기업은 일제히 구조조정에 들어가고 해고당한 사람들이 실직자로 노숙인이 되는 상황이 벌어진 것을 연상케 한다. 또한 간류 밑에서 일하는 사람들은 이른바 지식인 부류의 비서들과 한때는 사무라이로 계급의 정점에 있던 사람들이다. 경시청에 근무하는 사이토(신센구미에서 활약하던 인물을 모델로 삼았으며 그는 실제로 메이지유신 이후 경찰로 근무했다)가 찾아왔을 때, 간류는 식사 시간을 알리는 종을 울리자 몰려가는 전직 사무라이들을 가리키며 과거 귀족이었던 사무라이들이 배가 고프면 무슨 일이 벌어질지 몰라 자신이 거두어 경호를 맡기고 있다고 얘기한다.

일본에서 문제가 되고 우리나라에서도 비판의 대상이 되고 있는 것이 있다. 이른바 '블랙 기업'이다. 일본에서 영화 <블랙 회사에 다니고 있지만, 이제 난 한계인지도 몰라>(2009)가 개봉해서 큰 화제를 불러 모았다. 블랙기업이란 불법 혹은 편법적인 수단을 이용해서 노동자에게 비상식적인 가혹한 노동을 강요하거나 심하면 고객에게까지 그 피해를 전가하는 악덕 기업을 뜻한다. 1980년대 말 버블경제가 붕괴된 후 비정규직이 양산되면서 노동자의 힘이 급속히 약화되었고 기업 또한 과거와 같이 종신고용을 보장할 여유가 없어졌으며, 비정규직을 대량 채용해서 인건비 부담을 낮추려고 했던 것이다. 그러나 과거 종신고용 제도의 기업문화 중 하나인 기업의 강력한 명령권은 종신고용이 보장되지 않는 환경이 도래했음에도 그대로 남아 있는 것이다. 영화에서는 회사 내에서의 부당 노동 강요나 회사간의 갑을 관계 등이 코믹한 연출로 그려져 있다. 고도 경제성장이나 버블 경제를 받쳐온 것이 그러한 전근대식 기업 문화이자 물질만능주의를 용인해 온 모든 사람들의 근시안적 욕망에 있었다는 것을 보여주는 예라고 하겠다.

의술을 익힌 메구미, 지식인 출신의 비서들, 경호를 맡고 있는 사무라이들. 이들은 돈이 전부인 세상에서 그 돈을 가진 사람의 쓰임대로 자각 없이 일하고 있는 존재이다. 그들도 언제 아편 제조 기술자들처럼 해고(살해)당할지 모르기 때문에 돈 앞에서 자존심과 자긍심을 모두 버리고 있다. 간류는 켄신도 돈으로 고용할 수 있다고 생각하는 것이다.

영화는 자본가, 기업가, 경영자만을 악으로 묘사하지는 않는다. 돈에 의해 의식까지도 조종당하고 판단력을 마비시킨 상태로 추종하는 사람들 또한 시야에 넣고 있다. 시대에 대입하자면 말 그대로 모두 취해 있었던 것이다. 돈이 넘쳐나던 시대를 경험하며 모든 것이 그대로 유지되면서 행복이 떠나지 않을 것이라 굳게 믿었던 것이다. 그것은 일종의 신화였다. 그러한 신화의 붕괴를 통해 기업과 노동자, 혹은 조직과 개인 간의 새로운 관계 설정이 요구된다는 함의를 도출할 수 있다.

<바람의 검심>을 신기한 검술과 권선징악의 액션 영화로 즐겨도 무방하다. 그렇지만 악의 상징성과 시대 배경에 대한 재해석을 통해 메시지를 추출해 보는 것은 못지않은 즐거움을 스스로 만들어 내는 방법이지 않을까?

다음 영화는 <은혼 銀魂>(2017)이다. 이 영화도 역시 만화가 원작이며 애니메이션이 TV에 방영되면서 큰 인기를 끌었다. 흥행 수익은 38억여 엔으로 상당히 높다. 아마도 만화나 애니메이션의

_은혼

인지도가 이어진 것이 아닐까 생각된다. 영화는 원작에 있는 캐릭터와 관계 등을 큰 변화 없이 그대로 차용하여 쓰고 있다. 짧은 단막극의 연재 형식을 가지고 있기 때문에 영화화하는 데는 인물들 사이의 연관 관계가 비교적 연속되는 것을 선택하고 있다. 참고로 얘기할 것은 이 영화(만화, 애니메이션)의 배경과 인물들은 과거와 미래가 마구 섞여 있어 일률적으로 배경이나 현실과의 관계를 이야기하기가 매우 곤란하다는 것이다. 예를 들어 등장인물들 중 경찰에 해당되는 신센구미(新選組)는 앞서 <바람의 검심>에서 언급한 막부와 반막부파(유신파) 사이의 암투에서 막부파에 속해 교토의 치안을 담당했던 조직의 이름을 그대로 따왔고, 거기에 속한 인물도 실제 신센구미에서 큰 역할을 하여 지금도 많이 작품화되는 역사적 인물들의 이름으로 등장시키고 있다. 많은 부분 패러디나 인용, 실제 인물이나 사건을 거명하는 방식을 쓰고 있고, 비속어나 속어, 현대 일본 엔터테인먼트나 방송 프로그램 등도 삽입하는 등 혼종성과 키치(kitch)적 양식을 보인다.

영화의 줄거리는 대략 다음
과 같다. 신파치, 가구라와 함께
손님이 거의 찾지 않는 해결사
일을 하던 긴토키는 밤에 사람
들을 죽이고 다닌다는 수수께끼
의 칼잡이에게 친구 가츠라가
당한 뒤 사라졌다는 것을 알고
이를 쫓다가 칼잡이의 배후에

_은혼

어릴 적 친구이자 양이전쟁 당시 동료였던 다카스기가 있다는 것을
알게 된다. 신파치와 가구라도 위기에 처하지만 본거지에 들어가
칼잡이가 쓰는 '베니자쿠라(紅桜)'라는 기계장치 칼을 물리치고 다
카스기와 대결을 펼친다.

줄거리만 보면 설정이 실제 역사와 환타지의 결합이란 것을 제
외하면 극히 일반적이라고 할 수 있다. 세상을 파괴하려는 자와 막
는 자. 악과 선. 동료 사이에서 적으로 맞선 두 사람 등등. 그렇다면
이 영화는 어떤 방법으로 달리 볼 수 있을까? <바람의 검심>에서
악의 상징성과 현대적 컨텍스트를 통한 해석을 생각해 보았다면,
이 작품은 선의 양상에 대해 생각해 보도록 하자.

서부극은 장르의 변천 과정이 뚜렷하여 장르의 특성을 알아보
는 데 편리하다. 존 웨인(John Wayne)이 등장하던 초창기 서부극은
그야말로 서부 개척 당시에 있을법한 얘기들을 전해준다. 불모의
땅과 전염병, 삭막한 풍토, 원주민과의 갈등 등 어느 정도 현실적인

것을 소재로 하고 있다. 그러다가 서부극이 진행한 길은 액션 장면의 특화였다. 인디언과의 전투나 악당과의 결투를 특화하여 패턴을 만들었다. 특히 악당과의 마지막 결투 장면은 서부극하면 누구나 떠올릴 만한 관습이 되었다. 이러한 서부극 장르의 완성기에는 암묵적인 규칙이 생겼는데, 주인공은 백인 남성이며 어린이와 여성을 보호하고 해치지 않고 미국의 건국이념인 자유와 평등을 존중하며 정정당당한 대결 등의 이미지와 캐릭터이다. <셰인 Shane>(1953)이나 <오케이 목장의 결투 Gunfight at the O.K. Corral>(1957) 등이 그 예라고 할 수 있다. 완성기를 거쳐 변화기에 접어들면 약간의 변화가 생긴다. 주인공이 백인 남성인 것은 같지만 선의 대변자 같은 이미지가 퇴색된다. 범죄자이거나 비윤리적인 면도 있는 인물이 주인공인 경우가 생긴다. <석양의 무법자 The Good, The Bad And The Ugly>(1966)나 <와일드 번치 The Wild Bunch>(1969)가 그렇다. 전자의 주인공은 현상금 사냥꾼인데 범죄자를 넘겨주고는 탈출시켜 다른 곳에 넘기곤 하는 돈을 쫓는 인물이다. 후자는 은행강도 일당이 주인공으로 등장하며 배경도 멕시코 국경이다. 심지어 기관총이 등장하고 여성과 어린 아이도 총을 쏘고 여성을 죽이는 장면도 있다. 가히 전쟁이라고 할 서부극이다. 그 후 쇠퇴기가 되면 그동안 지켜왔던 것 중 하나인 백인 남성이 다른 것으로 변한다. 때론 여자가 주인공이며 흑인도 주인공이 된다. <퀵 앤 데드 The Quick And The Dead>(1995)나 <파시 Posse>(1993)가 그 예로, 서부극에 대한 재해석에 가깝다.

서부극 변천에 대해 간략하게 정리해 보았는데, 선악의 대결 구도를 가진 서부극 장르에서 주인공은 항상 선의 편에 서 있고 그것이 상징하는 것은 일종의 건국이념에 대한 믿음이나 신념이었다고 할 수 있다. 비슷하게 액션 영화에서 선과 정의는 언제나 승리한다는 믿음의 전시장이며, 주인공은 그것을 체현하는 인물이다.

이제 <은혼>의 주인공 긴토키를 살펴보자. 신파치가 그를 처음 보았을 때 느꼈던 것은 정의를 수호하고 약자를 도우며 악을 물리치는 말 그대로 정의의 사도, 서부극의 히어로였다. 그런데 조금 다르다. 그는 단지 자신이 좋아하던 파르페가 쏟아진 것에 대한 분노로 신파치를 위협하던 외계인들을 물리쳤는지도 모른다. 표면적으로 긴토키는 그렇게 얘기한다. 돈이 된다면 거들떠보지도 않던 투구벌레를 잡으러 온 산을 뒤지는 것도 마다 않는다. 그는 어찌 보면 가장 일반적인 일상을 영위하는 사람이고, 그 중에서도 현실적인 인물로 보인다. 겉으로는 사람을 무시하고 윽박지르고 하지만 속정은 깊은 인물 설정이 있어 생활이 어려워도 신파치나 가구라는 그의 곁을 떠나지 않고 지킨다. 그리고 이것이 그가 악과 맞섰을 때 대항하는 선의 양상이다.

정의와 선의 수호자가 비장하고 진지하며 엄숙한, 이른바 엄숙주의의 이미지를 가진 주인공을 연상시킨다면, 이 영화의 긴토키는 그런 선의 양상에 대해 냉소를 보내고 있다. 이념이나 세계 구원 같은 관념적인 선을 위한 엄숙주의는 더 이상 현실에서 통용되지 않고 허상에 불과하다는 메시지다. 가부키 속 주인공의 비장한 얼굴과 몸짓, 찬바라 영화 속 신기한 검술의 영웅, 그들이 표방했던 거대담론은 혼종과 시뮬라크르의 시대에는 땅에 발을 붙이기 힘들다는 것이다.

흔히 선과 악의 경계가 희미해졌다거나 모호해졌다는 말을 한다. 물론 영화 속 캐릭터에 대한 이야기이다. 그런데 그 모호함이 그에게서 발원하는 것이 아니라 그것을 보는 관객의 현실의식의 산물이지 않을까 생각해 볼 필요가 있다. 교과서를 비롯 온갖 스토리나 뉴스를 통해 틀이 갖추어진 선악 개념을 단지 머리로 받아들이다가 현실에서 그 경계가 애매 혹은 모호한 것을 경험한 관객이 그 인물의 성격을 그렇게 판단하고 있는 것은 아닐까? 마찬가지로 긴토키가 개념적인 선의 수호자 캐릭터가 아니라는 것이 주는 모호함이 그렇게 선악의 경계를 생각하게 하는 것이다. 그에게 있어 선은 개념이 아니라 자신의 주변에 있고, 그것에는 변함이 없다. 다카스기는 스승의 불행을 가져온 세상에 대한 원한에 사로잡혀, 복수 이외에 다른 것들을 모두 가치 없는 것이라 생각한다. 그에 반해 긴토키는 "이미 내게는 지켜야 할 것이 너무 많다"고 얘기한다. 이 대사는 애니메이션의 다른 에피소드들에서도 자주 등장한다. '내가 지키고자하는 사람들', 그것이 긴토키의 선이다. 선의 전형성에 대해 재고할 수 있는 여지를 이 영화는 웃음 속에 전달하고 있다고 생각된다. 물론 이 영화는 코믹 액션 영화이다. 웃음 코드와 기발한 액션을 즐기는 것으로 충분하다. 거기에 덧붙여 액션영화의 공식에 들어가는 선과 악의 대결에서 선이란 무엇이고 악이란 어떤 모습을 하고 다가오는가를 잠시 방향을 돌려 생각해 보는 것도 흥미롭지 않을까 생각한다.

03
액션 영화와 컨텍스트 - 악과 선

　　<바람의 검심>과 <은혼>의 두 작품을 살펴보았다. 이 두 영화가 일본의 액션 영화 장르를 대표한다고는 할 수 없지만, 모두 상당한 흥행 성적을 거둔 대중 영화라는 점에서 일단 관객들의 공감과 호응을 읽을 수는 있다고 보여진다. 물론 우리나라 관객에게는 다르게 다가올 것이다. 앞서 언급한 일본 액션 영화에 대한 일반적인 이미지는 이 두 영화에도 마찬가지로 적용시킬 수 있기 때문이다. 그럼에도 불구하고 두 영화 속에서 액션 영화의 공식인 선악의 대결을 재고할 기회를 가진다면 보다 풍성한 관람과 대화가 가능할 것이라 생각한다.

　　악은 대중의 공통적인 개념들에서 출발한다. 그것이 스토리상 악역에게 씌어지고 그가 몰락하거나 패배할 때 함께 환희와 안도감을 느끼는 것이다. 따라서 현상황과 자신의 가치관이 악의 양상을 파악하는 데 영향을 미친다. <바람의 검심>에서 부도덕한 기업과 자본, 그에 추종해 온 일본 사회와 일본인들이라는 상징성을 찾아보았다. 아직도 그것이 현재진행형일 수 있다는 것은 언급했던 블

랙 기업이 여전히 존재하며 그 속에서 많은 사람들이 고통받고 있다는 사실에서 알 수 있다. 일본에서 그러한 과노동을 줄이고자 정책이 발표되고 시행된다는 뉴스가 있었지만 현실적으로 가능할지에 대해서는 많은 의문의 여지가 있다. 이것은 비단 일본만의 문제가 아니라는 것은 두말 할 필요도 없다. 이른바 '갑질'이라는 용어가 일상화되어 버린 상황 속에서 이러한 영화 속 악의 해석은 다른 의미에서 더 와닿는 것이라 하겠다.

선은 상대적일 수 있다. 악을 물리치는 것이 반드시 선이라고만은 할 수 없는 일도 있다. 결과를 놓고 보았을 때는 그렇다. 따라서 선의 상대성과 결과론적 성격은 영화에서 개념적이고 극히 이상화된 형태로 체화되어 주인공에게 덧입혀져 왔다면, 선의 실체를 다르게 접근한 <은혼>의 긴토키는 가장 현실적이고 일상화된 선의 양상이라고 할 수 있겠다. 화려한 액션과 검술, 기계장치의 경이로움 등 영화의 선악대결을 흐리게하는 많은 과장들이 존재하지만, 그럼에도 불구하고 긴토키가 지키려고 하는 '작은' 것들에 더 공감이 가는 것은 땅에 닿아 있는 발을 볼 수 있기 때문이다. 더욱이 동일본대지진을 겪으며 피해자들과 그것을 지켜보던 많은 사람들은 바로 그런 '작은 선'을 보고 싶어 했고 기대했으며 희망했던 것이리라. 지진 당시 SNS 등의 네트워크를 통한 실제적인 구호와 대응이 많은 공감과 호응을 얻을 수 있었던 것도 그런 지키고 싶은 것을 지킨다는 현대 사회에서의 선의 양상을 보여주는 예가 아니었을까 생각한다.

🎬 다카쿠라 켄(高倉健, 1931~2014)

영화배우, 가수. 도에이(東映) 영화사에서 집중적으로 만든 야쿠자물(任侠영화)의 주연으로 대스타가 되었고, 이후 인간미 넘치고 강직하지만 과묵하고 쓸쓸해 보이는 중년 남성을 연기해 국민적인 사랑을 받은 배우이다. 일본인들은 그런 사랑의 표현으로 그를 애칭인 '켄짱 健ちゃん)으로 불렀다. 1963년 〈인생극장 비차각 人生劇場 飛車角〉에서 준 주연으로 발탁된 이래 이른바 임협(任侠)영화로 불리는 야쿠자 영화의 스타로서 성장한다. 1964년 개봉한 〈일본협객전 日本侠客伝〉에서 과묵하고 강한 눈빛으로 위력을 발휘해 그의 명성을 공고히 했고 시리즈로 이어졌으며, 1965년의 〈아바시리 번외지 網走番外地〉가 폭발적인 인기를 끌어 야쿠자 영화의 최고 스타로 자리매김한다. 그는 이러한 일련의 영화에서 참고 참다가 결국에는 혼자 사지에 뛰어드는 야쿠자 역할을 연기해 금욕적이고 정제된 이미지를 확립했다. 그것은 어쩌면 잃어버린 봉건시대의 이상적 남성상과 인간관계를 연상시키는 효과도 있었다.

위의 두 영화 이외에 〈쇼와잔협전 昭和残侠伝〉도 시리즈화되어 다수의 야쿠자영화에서 그는 늘 단골 주연배우였다.

1970년 미일안전보장조약을 둘러싼 일본 내의 혼란이라는 사회적 배경에서, 단련된 몸에 허리를 곧게 펴고 과묵하며 부조리한 처사에 인내하며 변명하지 않고 의지를 관철하여 마침내 복수를 하는 다카쿠라 켄의 캐릭터는 회사원이나 학생운동에 몸을 던진 학생을 포함해 당시의 남성들에게 열광적인 지지를 받았다.

이러한 그의 이미지는 야쿠자영화의 쇠퇴와 더불어 다른 장르의 영화에서도 발휘되었다. 1978년 〈행복의 노란 손수건 幸福の黄色いハンカチ〉, 1982

년 〈역 駅 STATION〉, 1999년 〈철도원 鉄道員ポッポヤ〉, 2001년 〈호타루 ホタル〉 등에서도 과묵하고 성실하며 인간미 넘치는 캐릭터를 연기해 사랑을 받았다. 그의 이런 이미지는 실제 그의 삶과 생활 속에서도 발휘되어 실제의 모습이 영화 속 캐릭터에 투영된 것이라는 믿음이 존재한다.

_다카쿠라 켄

🎬 신센구미(新選組)

에도시대 말기인 1863년에 조직된 무사 조직이다. 원래는 교토로 가는 쇼군의 신변보호를 목적으로 조직되었으나 이후 교토의 치안유지를 목적으로 활동을 하였으며 막부에 반대하는 세력과 싸웠다. 이후 막부 체제가 붕괴하자 막부군의 일원으로 정부군에 저항하는 보신(戊辰) 전쟁에 참전하였다. 원래 에도에서 조직될 당시에는 로시구미(浪士組)라고 칭하였으나 이후 신센구미로 바꾸었다. 한자로는 '新撰組'라고 표기된 자료도 있으나 국장인 곤도 이사미도 '選'과 '撰'을 모두 썼다. 엄한 규율 유지를 위해 도입한 국중법도로 숙청을 하거나, '誠' 한 글자로 만든 깃발, 소매 부분에 톱니모양의 무늬를 넣은 독특한 하오리(羽織, 일본옷 위에 입는 짧은 겉옷) 복장으로 유명하다. 그들이 유명하게 된 계기로는 이케다야 사건(池田屋事件)을 들 수 있다. 막부 말기 일본의 교토(京都)는 정치의 중심지가 되었고 여러 번(藩)으로부터 존왕양이(尊王攘夷), 도막(倒幕) 운동을 위한 지사(志士)를 자처하는 자들이 몰려들어, 기존의 교토 치안 유지를 맡고 있던 교토 쇼시다이(京都所司代)와 교토 마치부교(京都町奉行)만으로는 본연의 임무를 수행해 내기 어려울 것이라 판단한 막부는 로시구미(浪士組)의 결성을 꾀하였다.

같은 임무를 띤 교토 미마와리구미(見廻組)가 정식 막신(幕臣, 하타모토旗本、고케닌御家人 등)으로 구성된 정규 조직이었던 것에 비해 신센구미는 낭사(浪士, 죠닌町人、농민 신분 포함)로 구성되어 있던 「아이즈 번 청부」라는 비정규 조직이었다. 대원의 수는 그 전신이었던 미부로시구미(壬生浪士組) 24명으로 발족하였는데, 신센구미가 한창 번창하였을 때는 2백 명을 넘었다고 한다. 신센구미의 임무는 교토에서 활동하는 불량한 낭사(浪士)들이나 도막 운동을 펼치는 지사들에 대한 수색과 체포, 담당 지역의 순찰과 경비, 반란 진압 등이었다. 그런 한편으로 상인들로부터 반강제로 자금을 제공받으며, 규칙 위반자를 차례로 숙청하는 등 내부 항쟁을 벌이기도 하였다. 게이오(慶応) 3년(1867년) 6월에 막부의 신하로 채용되었다. 이듬해에 보신전쟁(戊辰戦争)이 시작되고, 옛 막부군을 따라 전장을 옮겨다니며 전투를 벌였으나, 전쟁이 끝난 뒤 해산되었다.

신센구미는 막부체제의 온존을 위한 조직이었으나, 아이러니하게도 조직 시스템으로 보면 계급체계의 온존을 지향한 막부와는 달리 여러 계급들이 능력에 따라 채용되어 활약하는 변화를 보이고 있다. 또한 이들은 메이지유신(明治維新)으로 일어난 변화와 근대화의 과정에 역행한 조직이었으나 조직의 멤버들은 이후 신화화되거나 영웅시되어 각종 문화콘텐츠의 캐릭터로서 현재도 많은 사랑을 받고 있다. 특히 국장이었던 곤도 이사미(近藤勇)와 히지카타 도시조(土方歳三), 오키타 소지(沖田総司) 등은 신센구미를 대표하는 인물로서 많은 애니메이션이나 드라마, 영화의 캐릭터로 등장하고 있다.

(위키피디아 참조, 추가 서술)

📋 메이지유신(明治維新, 1868)

19세기 중반 자본주의 열강의 외압은 천황을 정치화시켰고, 힘있는 지방의 번(藩)들이 이와 연결되면서 도쿠가와 막부 체제는 분열되었다. 막부 측도 천황과 손을 잡고 정국 주도권을 장악하려 했다. 그러나 1858년 막부와 조정은 충돌했고, 1867년 12월 9일 왕정복고파가 막부 타도파와 결합해 왕정복고 쿠데타를 단행하여 메이지 신정권을 수립했다. 신정부의 제1목표는 봉건체제 해체였으며, 징병제도, 통일적인 조세·화폐 정책 등을 실시했다. 혁명적 조치들이 1870년대 중반부터 반발에 부딪히자 정부는 1890년까지 헌법을 제정한다는 성명을 발표했다. 1889년 헌법이 공포되었고 제한선거에 의해 양원제 의회가 설립되었다. 메이지 유신의 목표는 20세기 초 대부분 달성되어 일본은 근대 산업국가로 순조롭게 나아갈 수 있었다.

메이지 시대에는 정치적 변혁과 더불어 경제적·사회적 변화도 이루어졌다. 아직 일본 경제는 농업 의존적이었지만 정부는 산업화라는 목표 아래 전략 산업과 교통·통신 산업 등을 발전시켰다. 1872년 최초로 철도가 개설된 이래 1890년까지 2,250㎞의 철도가 부설되었으며 전국 주요 도시에 전신선이 가설되었다. 정부의 재정 지원과 1882년 도입된 유럽식 은행제도에 힘입어 사기업의 활동도 활발하게 이루어지기 시작했다. 한편 이러한 근대화를 이루기 위해서는 서구의 과학기술이 필요했는데, 이에 따라 '문명개화'의 기치 아래 사상에서 의복, 건축에 이르기까지 서구 문화가 널리 장려되었다. 그러나 1880년대에는 일본의 전통적 가치가 재평가되면서 대대적인 서구화 정책은 다소 주춤해졌다. 이러한 양상은 근대적 교육제도의 발전에서 엿볼 수 있으며 서구의 이론과 양식에 영향을 받기는 했지만 무사들의 충성심과 사회적 조화라는 전통적 가치도 중요시되었다. 이와 같은 경향은 예술과 문학에서도 두드러져 초기에는 서구 양식들이 모방되었지만 점차 서구 양식과 일본적 취향을 조화 있게 융합해 나가기 시작했다.

메이지 유신의 목표는 20세기 초가 되면서 대부분 달성되어 일본은 근대 산업국가로 가는 길을 순조롭게 걸어 나갈 수 있었다. 서구 열강에 치외법권을 인정했던 종래의 불평등조약들은 1894년에 개정되었다. 영·일동맹(1902) 및 청일전쟁(1894~1895)과 러일전쟁(1904~1905)을 통해 주요열강으로 세계 무대에 등장했다.

메이지유신은 요약하자면 왕정복고와 계급철폐, 중앙집권제라는 정치체제의 변혁과, 산업화와 근대화라는 경제·문화적 변혁이라 할 수 있다. 외세의 개항 요구가 거세어지는 가운데 더 이상 권위와 권력을 유지하지 못한 막부체제에 대해 지방의 거대 세력이었던 사츠마(薩摩, 지금의 가고시마현)와 초슈(長州, 지금의 야마구치현)가 동맹(삿초동맹, 사츠마와 초슈의 앞글자를 딴 약어)을 맺고 반막부 운동을 벌였고 이때 내세운 기치가 존왕양이이다. 천황을 받들고 서양 오랑캐를 물리치자는 것이다. 이 운동이 성공하여 메이지유신이 단행된다.

이후의 변화는 메이지유신을 통해 집권한 세력이 내세운 부국강병과 탈아입구(脫亞入歐)를 통해 이전의 일본과는 전혀 다른 모습으로 구현된다. 외세의 개항 요구에 속수무책이었던 경험에서 위기를 느꼈고 이를 보완하기 위해 근대식 무기와 군대를 갖추었고, 산업화를 통해 부를 축적했다. 또한 서구열강의 강력한 힘에 자극받아 그들에게서 선진 문명과 기술을 적극적으로 받아들였다.

이러한 메이지유신의 변화를 통해 일본은 근대민족국가로서의 형태를 갖추었고 국력을 신장시켰으나, 이후 군국주의와 제국주의의 길을 걸어가게 된다. 메이지유신이 가져온 변화의 길이 선택의 폭을 넓게 했다고 할 수 있지만, 정치 지도자들은 파멸의 길을 선택했던 것이다.

(다음백과 발췌, 정리, 추가 서술)

09 재난 영화: 뭉치고 희생하라?

　　재난은 막대한 피해만큼이나 당사자는 물론 그것을 지켜볼 수 밖에 없는 많은 사람들에게도 상처와 트라우마를 남긴다. 일본은 옛날부터 자연재해가 많은 나라이다. 특히 지진과 쓰나미, 화산활동은 언제나 일상을 위협하는 자연재해로 알려져 있다. 동일본대지진(3.11 대지진)과 후쿠시마 원전 사고는 근래에 있어 가장 심각한 피해와 후유증을 남긴 재난이었다. 이 재난으로 인해 2018년 12월 기준으로 약 1만 5천여 명이 사망했고 22만여 명이 일시적 혹은 영구적으로 이주했다는 발표가 있었다. 간토(関東) 대지진(1923)으로 인한 사망자는 10만 명 이상으로 추정되는데, 그것에 비하면 인명 피해는 적었다고 볼 수도 있지만, 당시는 지진이나 화재에 취약한 건물 구조의 문제가 있었고 인구밀도가 높았다는 점과 재난 방재나 대응 시스템이 제대로 갖춰지지 않은 때였다는 점을 감안한다면, 2011년에 일어난 동일본대지진은 가히 일본 역사상 초유라고 할 정도로 심각한 것이었다. 더군다나 후쿠시마 원전 사고로 인해 이재민이 발생한 것은 물론이고 복구에 상당한 시간이 걸린다는 것과 방사능 오염 문제는 여전히 진행중에 있고, 경제적·정신적 피해는 회복이 불가능할 것이란 예측이다.

　동일본대지진이 일어나고 나서 많은 다큐멘터리 영화가 공개되었다. 그 중에는 유명 영화감독이 만든 것도 있고, 소설가나 사진작가 등이 참여한 것도 있었다. 워낙 쓰나미가 몰려오는 장면이 인터넷이나 SNS를 통해 많이 노출되었기 때문에 다큐멘터리에서 다루는 것은 그러한 충격적인 장면보다는 그것을 겪은 지역과 사람들에 더 집중했다고 보여진다. 전국 순회상영도 기획되는 등 다큐멘터리는 상황의 알림과 이후의 대처 등에 대해 의견을 제시하고 공론화시키는 역할을 하였다. 그에 반해 극영화에서는 즉각적인 대응을 자제하는 분위기였고, 제작하는 데 걸리는 시간을 감안하면 즉각적으로 영화를 만드는 것 자체가 불가능하기도 하였다. 대응의 자제란 피해자나 일본인들에게 재난을 상업화한다는 비판과 피해자들의 상처를 악화시킬 수 있다는 우려를 고려했다는 것이다. 극영화는 그런 의미에서 상당히 민감한 면을 가지고 있다.

　시간을 두고 극영화에서도 대지진과 후쿠시마 원전 사고를 다룬 영화들이 등장하는데, <두더지 ヒミズ>(2011), <희망의 나라 希望の国>(2012), <온화한 일상 おだやかな日常>(2012), <시신 내일에의 열흘간 遺体　明日への十日間>(2013), <집으로 간다 家路>(2014) 등이다. 그 중 소노 시온(園子温) 감독의 두 작품 <두더지>와 <희망의 나라>는 상당히 이른 시기에 제작, 공개되었는데, <두더지>는 이미 제작 중이던 작품의 시나리오를 급히 수정하면서 제작된 것이고, <희망의 나라>는 후쿠시마 원전 사고를

염두에 두고 급히 제작에 들어간
작품이다.

_두더지

　이러한 작품들은 모두 위로
와 비판, 희망 등을 각각의 스타
일로 전하고 있다. 하지만 이들
영화는 재난 영화라는 장르 영화
라고 보기는 어렵다. 흔히 재난
영화라고 하면 자연재해나 사고
등으로 많은 사람들이 생명을 위
협당하는 설정과 그것을 극복하
고 이겨내는 스토리를 담는다. 인
간의 힘으로 이겨내기 어려운 재
난 속에서 삶을 지켜내는 이야기
가 재난 영화의 일반적인 공식이
라면, 이들 영화는 재난 상황이 아니라 재난 후의 극복과 치유의
이야기라고 하겠다.

　꼭 동일본대지진과 관련한 영화는 아닐지라도 일본에서도 재난
영화는 꾸준히 만들어져 왔다. 특히 <일본침몰 日本沈没>(2006)
은 제목만큼이나 많은 화제를 불러 일으켰고, 우리나라에서도 반향
을 일으킨 영화이다. 완전 허구는 아닌 설정부터가 그렇고, 더 큰
재난을 막기 위한 많은 사람들의 노력과 희생 등이 그러한 호응을
낳았다고 생각된다. 그런데 좀 더 생각해 보면 그러한 위기 극복의

휴머니즘은 <일본침몰>에서만 보이는 것이 아니라 어쩌면 많은 재난 영화에서 사용하고 있는 일종의 관습과 같은 것이 아닐까? 그리고 그것이 재난 영화에서 재난의 묘사, 스펙터클에 더 집중하는 결과를 낳는 것은 아닐까?

01

일본의 재난 영화 - 감정의 과장과 희생, 일치단결의 루틴

그렇다면 일본의 재난 영화는 어떻게 우리나라 관객에게 받아들여지는 것일까? 앞서 얘기한 재난의 위기 상황과 휴머니즘 혹은 사랑을 통한 극복이라는 패턴은 사실 어떤 나라, 어떤 재난 영화에서건 쓰이는 일종의 루틴이다. 문제는 그것을 어떻게 표현하고 묘사하느냐 하는 것에 있는데, 일본 재난 영화의 경우 그것에 접근하는 데 있어 상당히 감정적이다. 불안과 좌절을 표현하는 데 있어서도 눈물이 과용되며, 극복에 있어서도 일치단결의 루틴이 너무나 당연하듯이 쓰인다. 눈물의 과용은 멜로 영화에서도 언급한 바 있지만, 기본적으로 공감을 불러일으키는 연출과 연기자의 연기력을 과시하는 표현이기는 하지만 지나치게 많고 또 과장되어 있다. 또한 일치단결의 루틴이라는 것은 비단 재난 영화에 국한된 것이 아니라, 많은 다른 장르의 일본영화에서 빈번히 나타난다. 앞서의 <바람의 검심>에서도 메구미를 구하러 악당의 본거지에 가려는 켄신에게 가오루와 거한은 물론 어린 아이까지도 같이 가겠다고 나선다. 공감을 하자면 메구미에 대한 연민과 악당에 대한 분노가 가져온 상황이라고 할 수 있지만, 어차피 켄신이 주도적인 역할을 하고 나머지 사람들은 부수적인 역할 밖에 주어지지 않을 것임을 아는 관객 입장에서는 의례적이라는 생각마저 들 수 있다. 잘 살펴보면 강력한 적에 대적하러 가거나 불가능에 가까운 임무를 수행하러 가는 많은 다른 영화들에서도 이런 일치단결의 루틴을 발견할 수 있을 것이다. 초반에는 주인공과 적대하거나 무시했던 인물들까지 함께 나서는 이런 루틴은 일본 영화에서 너무나 많이 등장하여 우리나라 관객에게는 공감도가 떨어진다는 생각이다.

희생은 좀 다른 문제이기는 하다. 일본 재난 영화만의 특색이라고 하기에는 다른 많은 재난 영화에서 보이는 현상이기 때문이다. 어쩌면 재난 영화에서 가장 숭고하고 감정이입하게 만드는 설정이라고 할 수 있다. 나를 희생해서 다른 사람의 생명을 살리려는 행위는, 그것이 전혀 모르는 사람인 경우도 그렇지만 자신의 가족이나 사랑하는 사람인 경우에도 감동을 주고 공감을 불러온다. 그런데 일본 재난 영화에서는 그런 희생에 일종의 패턴이 존재하는 듯이 보인다. 물론 모두 다 그런 것은 아니지만, 희생을 하는 것은 조연인 경우 그는 목숨을 잃는 경우가 많고, 만약 주인공이 희생을 한다면 그는 구사일생 목숨을 구하는 경우가 많다. 설정과 흥행이라는 고려가 작용한 것이라고 할 수도 있다. 그렇지만 그런 패턴이 보이기 시작하면 루틴으로 인식할 우려가 많다.

그리고 또 한 가지 문제는 그런 희생을 당연시하는 듯한 분위기이다. 재난 상황에서 불가피한 선택이라는 설정이겠지만, 희생은 자발적이고 숭고한 자기 판단인데 그것이 언제나 그래왔듯이 관습적으로 희생을 제의 치르듯이 요구한다는 것이다. 강압적이고 억압적인 오랜 사회구조 탓에 굳어진 관습의 흔적을 발견하게 되는 씁쓸함이 보이며, 이것은 더 나아가 태평양전쟁에서의 가미가제(神風) 특공대를 연상시키기도 한다. 식민 지배를 받은 역사적 경험이 작용하여 그런 느낌을 받을 수도 있겠지만, 자살이나 희생이 유독 일본 사회에서 회자되고 작품의 소재로 많이 등장하는 것과도 무관하지만은 않아 보인다.

이러한 요인들로 인해 일본 재난 영화가 일본 국내에서만큼 우리나라에서 호응을 받고 있지는 못하다고 생각된다. 그렇다면 좀 더 다른 컨텍스트에서 재난 영화를 바라볼 수는 없을까? 그래서 루틴에 빠져 있는 일본 재난 영화의 다른 해석을 시도할 가능성을 조금이라도 발견할 수 있을까?

02

현대 일본 재난 영화 - 재난에 대한 일본인들의 감정이입

재난 영화 장르와 관련해서 살펴볼 영화는 <우미자루 海猿>이다. 2004년에 시리즈를 시작해 4번째 작품이 2012년 공개되었다.

재난 영화라고 할 수 있을까 하는 의문이 없지는 않다. 재난을 당한 당사자들이 주인공이라기보다는 그것을 구조하는 구조대원들의 이야기이기 때문이다. 그럼에도 이 영화들을 선택한 것은 재난에 맞서는 사람들의 이야기이며, 그 안에 재난을 극복하려는 사회적 컨텍스트가 함축되어 있다고 판단되기 때문이다. 그것은 앞서 언급한 극영화들이 가지는 스탠스와는 차이가 있다. 재난 영화 장르를 알 수 있는 재난 묘사가 들어가 있고, 재난 관련 기승전결이 비교적 뚜렷하기 때문이다. 또한 1편과 4편은 시기적 차이와 더불어 메시지에도 충분한 컨텍스트적 영향을 발견할 수 있기 때문이기도 하다.

'우미자루'란 바다를 뜻하는 '우미'에 원숭이를 뜻하는 '사루'가 합쳐져 생긴 조어이다. 속어라고 할 수 있는데, 원숭이가 재빠르게 움직인다는 이미지가 있어 잠수사들에게 붙인 말이지만, 영화 속에서는 바다에서 원숭이처럼 까부는 촌놈들이라고 놀리는 뉘앙스가 강하다. 그 말대로 주인공인 센자키는 다른 사람들 눈에는 바다와 구조 밖에 생각이 없는 인물이다. 구조대에 모인 나머지 대원들도 어떤 의미에서는 모두 비슷하다. 그런 인물들이 재난을 만난 사람들을 구해내고 자신들을 희생하는 장면들은, 실제로 자연재해가 많고 피해를 받은 지역이 많은 일본에서는 좀 더 감정이입된 상태로 바라볼 가능성이 크다. 허구의 재난이 아니라 실제 겪었던 재난이나 재난에 대한 간접 경험이 겹쳐지는 것이다.

<우미자루> 1편은 17억 엔의 준수한 흥행 수익을 올렸던 것

_우미자루 1

에 비해 4편은 73억 엔이 넘는 기록을 세워 그 해 흥행수익 Top10에 들었다. 참고로 2편은 71억 엔, 3편은 80억 엔이 넘는 흥행 수익을 올렸다. 그만큼 공감과 호응이 컸다는 것인데, 그런 분위기에 대해서는 뒤에 얘기하도록 하겠다.

간단히 줄거리를 살펴보자. 1편은 해상보안청의 잠수기술 과정 연수에 자원한 센자키가 고된 훈련을 거쳐 자격을 취득하기까지의 이야기이다. 잠수에서는 두 명이 파트너로 같이 일하게 되는데 훈련 과정에서 센자키는 구도와 짝을 이룬다. 센자키가 뛰어난 능력을 발휘하는 데 반해 구도는 많이 뒤처진다. 그렇지만 센자키는 구도를 다독이고 격려하며 함께 훈련 과정을 이수해 나간다. 그러다 구도는 휴가 중 위험에 빠진 사람들을 구하려다 죽게 된다. 상심에 빠졌던 센자키는 다시 과정에 임하고 훈련 도중 파트너가 심해에서 움직이지 못하게 되자 그것을 구하려고 산소를 나누어 쓰며 버티는데, 훈련 하던 대원들이 모두 구조에 참가하고 그들을 구해낸다. 징계위원회에 회부된 훈련소장을 위해 훈련 대원들은 모두 단결한다. 결국 소장은 징계를 면하고 대원들은 모두 과정을 이수하게 된다.

_우미자루 1

<우미자루> 1편은 특별한 재난 상황이라고 할 수 있는 것이 크게 없다. 훈련 도중 벌어진 사고가 유일하다고도 할 수 있다. 구조대원이 재난을 당한 설정이 억지스러울 수도 있으나, 그것을 굳이 따질 필요는 없을 것이다. 문제는 그것을 어떻게 표현하고 던지는 메시지는 무엇인지를 파악하는 것이 중요하다. 줄거리에서는 언급하지 않았지만, 소장은 훈련 대원들에게 교육 시간에 이렇게 질문한다. 파트너가 바다에서 조난을 당했고, 산소는 한 사람 분량 밖에 없다면 어떻게 할 것인가? 누구도 선뜻 대답하지 못했지만, 센자키와 더불어 뛰어난 실력을 가졌던 미시마는 파트너를 버려야 한다는 생각을 서슴없이 발언한다. 센자키는 나중에 자신의 답을 발견하는데 그것은 같이 산다는 것이었다. 그 둘은 마지막 실전훈련에 파트너가 되는데, 해저에서 미시마가 사고를 당해 움직일 수 없는 상태가 되자 이를 구하려던 센자키마저 위험에 빠진다. 그럼에도 센자키는 미시마 옆을 지키는데, 상황을 파악한 훈련소장은 훈련 대원들을 구조에 투입시키게 된다.

이 영화 1편에서 던지는 메시지는 분명하다. 유대감이다. 상황의 합리적 판단이 아니라 유대감이야말로 고난을 극복할 수 있는

최대의 힘이라는 것을 강조하고 있다. 재난을 당한 당사자들을 주인공으로 세운 영화가 아님에도 불구하고 왜 이런 메시지를 전하려고 했을까? 지금까지 여러 장르 영화 분석에서 등장했던 일본의 버블 붕괴는 여전히 유효한 컨텍스트이다. 2004년은 길게 끌어오던 일본의 장기 불황, 경기 침체를 서서히 벗어나던 시기였다. 어려움을 같이 겪었다는 동료의식이나 유대감을 거칠게 얘기하고자 했을까? 그것보다는 어려움을 같이 겪었음에도 불구하고, 경쟁에서 내가 이기고 나만이 안전하고 평안하면 된다는 식의 이기주의가 고개를 들 수 있음에 대한 경고에 가까운 메시지가 아니었을까 생각할 수 있다. 실제로 영화에서는 경쟁하는 장면들이 많이 등장한다. 경쟁에서 늘 뒤처지고 파트너에게 짐이 되던 구도를 떠올리면 얘기의 맥락이 잡힌다. 왜 굳이 그런 캐릭터를 집어넣어 스토리를 만들었을까? 파트너십의 중요성을 강조하려는 극적 장치로 볼 수 있다. 그런데 동등한 위치나 실력의 파트너가 아니라 격차가 있는 파트너라는 설정이 중요하다.

경쟁 사회이고 과거의 어려움을 알기 때문에 이번만큼은 꼭 경쟁에서 이기겠다는 생각은 누구나 할 수 있다. 그럼에도 불구하고 모든 사람을 경쟁상대로 여기는 사회는 이기주의나 집단적 이기주의에 빠진다. 일본을 개인주의 사회라고 얘기하지만, 그것은 어디까지나 집단과 개인이라는 구도와 직업과 사생활이라는 구조 속에서 발생하는 현대적 행태라고 판단된다. 그러나 이기주의는 다르다. 경쟁사회라는 프레임 속에서 무한 경쟁을 되풀이하는 과정에서 발현되는 비생산적이며 비도덕적인 양상이다.

파트너라는 설정 속에서 영화가 주고 싶은 메시지는 바로 그런 경쟁사회 프레임을 강요당하는 결과로 생긴 이기주의에 대한 경고이자, 유대감의 회복이라고 생각된다. 그것은 센자키와 미시마 구조 장면에서 훈련중인 신분임에도 불구하고 모두 함께 그들을 구조하러 가는 대원들의 모습을 통해 환기된다.

<우미자루>는 시리즈를 통해 센자키의 성장은 물론 사랑과 가족의 형성까지 보여준다. 그렇게 결혼하고 자식을 낳고 아이가 성장하는 과정을 보여주면서, 그런 센자키를 롤모델로 삼는 또 다른 인물을 등장시킨다. 그것이 4편인 <Brave Hearts 우미자루>이다.

간단히 줄거리를 소개한다. 센자키는 좀 더 전문적인 구조 활동을 위해 전국적으로 소수만이 소속된 특수구난대에 자원한다. 거기에는 후배인 요시오카도 함께였다. 평소 사적으로 같이 만나기도 하는 친한 사이이며, 사귀고 있던 미카에게 청혼

_우미자루 4

_우미자루 4

할 생각도 가지고 있다. 모든 것의 롤모델은 센자키이다. 청혼을 거절당하고 우울해 있던 요시오카, 남편의 직업이 가지는 위험성에 미래를 걱정하는 아내 칸나 때문에 심란한 센자키. 두 사람은 엔진 고장으로 바다에 불시착한 여객기 승객 구조를 위해 출동하는데, 거기에는 승무원인 미카가 타고 있다. 미카를 구하고 자신은 탈출하지 못한 요시오카를 구하러 위험을 무릅쓰고 들어간 센자키는 무사히 요시오카를 구해 탈출한다.

만약 이 영화를 우리나라 관객이 보았다면 많은 사람들이 곧바로 세월호를 떠올릴 것이라 생각한다. 그 이유는 여러 가지가 있겠지만, 우선 승무원들의 사명감과 책임감이다. 기장은 최대한 충격이 덜 가게 최선을 다하고, 승무원들은 물에 서서히 잠겨가는 여객기에서 모든 승객을 대피시키려는 임무에 충실하다. 가장 기본적이며 상식적인 것이라 할 수 있는 이 상황 묘사가 그렇게 절실하게 다가올 수 없었던 것은 우리가 겪은 재난의 잔영이 남아 있기 때문일 것이다.

또 하나 인상 깊은 것은 구조대원들의 필사적인 구조 태도와 절실함이다. 절정은 물론 가망이 없을 것 같은 요시오카를 그럼에도 불구하고 구조하러 가는 센자키의 행동에 있지만, 오히려 기체에 다리가 끼어 탈출하지 못하는 기장을 구하는 장면이 그러한 감정을 더 확실히 보여주었다고 생각한다. 기체가 침수되어 가는 상황에서의 장시간에 걸친 구조는 하나의 생명이라도 포기하지 않으려는 구조대의 사명감을 넘어 절실함으로 다가왔다. 물론 이것은 일본인들에게는 다른 의미로 절실하게 다가갔을 것이다. 서두에 언급한 동일본대지진의 쓰나미 현장 동영상은 그야말로 거대한 자연의 힘 앞에서 무기력한 인간과 인간의 구조물들이 얼마나 약한가를 보여주었다. 그럼에도 불구하고 생명을 구하려고 소리를 지르고 격려하며 오열하는 동영상 속 음성은 그러한 간절함과 절실함을 담고 있었다.

그렇다면 이렇게 재난을 맞은 피해자들을 구조하는 과정에서 전하려는 메시지는 무엇일까? 앞서 <우미자루> 1편이 이기주의에 대한 경고와 유대감이라고 한다면, 4편은 생명이라고 하겠다.

구조대는 사고를 당한 사람들의 생명을 구하는 것이 목적이자 임무이다. 직업으로 얘기하면 생명을 구하는 일이다. 그것은 너무나 뻔한 것이기에 그것으로 메시지가 생명이라고 한다면, 해석이 아니라 설명에 그치고 말 것이다. 주목할 것은 직업으로서의 일이 아니라 생명 앞에서의 절실함이다. 누구인지는 중요하지 않다. 센자키는 동료와의 언쟁에서 모두를 구하겠다고 주장한다. 동료는 구조대원이 살아야 다른 사람들을 구할 수 있다는 논리를 편다. 무모한 구조 활동은 오히려 모두를 위해 악영향이라는 것이다. 그럼에도 센자키는 자신의 고집을 꺾지 않으며, 구조 현장에서 그것을 실천하고자 한다. 언쟁했던 동료도 그를 돕게 된다. 현장의 위급함 속에서 논리가 아니라 우러나는 절실함과 생명에 대한 간절함을 보여주는 장면이다.

특히 <우미자루> 4편은 개봉 시기와 맞물려 일본인들에게는 특별한 의미 부여가 되었다. 바로 개봉 1년 전에 일어난 동일본대지진과 쓰나미, 후쿠시마 원전 사고가 겹쳐 보이기 때문이다. 따라서 영화 속 구조대원들의 간절함은 동영상과 뉴스로 현장을 지켜볼 수밖에 없었던 많은 사람들에게 함께 감정이입하고 응원하는 것과 동시에, 생명에 대한 소중함과 그것을 지키려는 절실함을 함께 전할 수 있었을 것이다.

다음은 <우미자루>를 포함한 재난 영화의 컨텍스트로 기능하는 일본의 재난과 재해 가운데, 가장 큰 충격을 안긴 동일본대지진과 후쿠시마 원전 사고와 관련해 제기된 일본 내 움직임과 영향에 대해 살펴보도록 하겠다. 이것은 반드시 재난 영화가 아니더라도 많은 영화에서 관객이 대지진과 원전 사고를 소환하는, 소환할 수밖에 없는 컨텍스트로 자리잡았기 때문이다.

03
재난 영화와 컨텍스트 - 동일본대지진과 후쿠시마 원전 사고

동일본대지진과 후쿠시마 원전 사고가 일본 사회 전체에 커다란 충격을 안겼음은 두말 할 필요도 없이 당연하다. 피해의 규모가 커서이기도 하지만, 그와 더불어 모든 사람들이 체감했기 때문이라고 생각한다. 뉴욕 9.11 테러가 더욱더 충격적이었던 것은 그것이 TV를 통해 실시간 라이브로 중계되는 가운데 벌어진 영상과 이미지가 오래도록 사람들의 뇌리에 남았기 때문이기도 한 것이다. 마찬가지로 동일본대지진은 거의 생방송과 마찬가지로 중계되었고, 영화가 아니라 현실이라는 것에 더욱 공포스러운 느낌을 전해 주었다.

그렇다면 이러한 커다란 재난 이후에 일본 사회에는 어떠한 변화의 움직임이 있었을까? 그것이 지속적이건 아니건 재난과 그에 대한 반응은 살펴볼 가치가 있다. 사람들의 의식과 일상생활에 이전과는 다른 모습이 보인다면, 없었던 일처럼 치부되는 일은 없기 때문이다.

우선 동일본대지진 이후 일본 사회의 변화에 대한 다양한 논의 속에서 이른바 '신화'의 붕괴와 세대 변화에 주목하는 관점이 있다. 즉 '戰後'에서 '3.11 재난 이후' 시대로의 패러다임 전환이라는 시각에서 전후 사회를 지탱해온 수많은 신화가 붕괴되기 시작했다는 것이다. 신화에는 고도성장, 은행 불도산(不倒産), 원전 안전, 자가 소유 등등이 있으며, 동일본대지진을 계기로 일본인의 기본적인 생각, 행동양식에 커다란 변화가 발생하게 되었으며 이러한 변화는 장기적으로 일본사회의 변혁의 계기로 작용하게 된다는 생각이다 (고선규, 「동일본대지진 이후 일본사회의 패러다임 전환과 지역사회」, 『동북

아연구』제17집, 경남대학교 극동문제연구소, 2012).

　또 다른 시각으로는 방관자이면서 남을 탓하는 자기합리화에서 벗어나고 있는 주체성과 참여로의 변화의 모습을 탈원전 사회운동에서 찾을 수 있다고 하는 입장도 있다(박지환, 「동일본대지진 이후 일본의 사회운동-'아마추어의 반란'의 탈원전 데모를 중심으로-」, 『일본연구논총』제36호, 현대일본학회, 2012).

　한편 정부와 정책에 대한 비판과 더불어 사람들의 인식 변화를 촉구하는 관점도 있다. 야마와키 나오시(山脇直司)는 그의 저서 『공공철학으로부터의 응답 - 3·11의 충격 후에 公共哲学からの応答-3·11の衝撃の後で』(筑摩書房, 2011)에서 공공철학의 개념을 설명한 후에 동일본대지진, 특히 후쿠시마 원전 사고와 관련된 집단의 문제점을 언급한다. 도쿄전력은 비공공적인 독점 민간 영리기업으로, 원자력 마을이라는 설치와 운영에 대해서는 원전이라는 공공재의 사유화라는 점에서, 정치인들은 상황 판단력과 책임 윤리의 부재라는 점에서 그리고 미디어는 공공적 책임이라는 점에서 각각 비판한다.

　이러한 문제의 근본적인 원인으로 지적하고 있는 것이 바로 일본인들의 의식적인 부분인데, 포스트 3·11 이후에 변화되어야 할 개념으로 멸사봉공(滅私奉公)을 들고 있다. 말 그대로 사적이고 개인적인 것보다는 공적인 부분을 중시한다는 것으로 일본만이 아니라 동아시아 지역에서는 여전히 중요한 가치관으로 인식되고 있는 개념이다. 그는 이것을 활사개공(活私開公)으로 바꾸어야 하며,

멸사봉공의 반대 개념인 멸공봉사(滅公奉私)도 멸사개공(滅私開公)이 되어야 한다고 주장한다. 집단이나 공동체를 무조건 우선하는 멸사봉공이나 이기주의적인 개념인 멸공봉사를, 각각 개인을 살리고 공적인 부분을 오픈한다는 활사개공, 개인의 욕심을 제어하고 공적인 부분의 오픈에 기여한다는 멸사개공으로 바꾸어야 한다는 것이다. 공동체 의식과 휴머니즘은 인간이 살아가는 데 필수적인 것이라고도 할 수 있지만, 그것이 개인 주체가 살지 못하고 집단에 종속되는 형태가 되어서는 안 되고, 공공부문은 개인의 억압이 아니라 개인의 자유와 생존을 보호하는 개방된 역할을 담당해야 한다는 것이며, 개인이 우선이라고 하여 자신의 욕망 실현에만 매달리는 것이 아니라 그것을 제어하며 보다 많은 사람들이 동등하게 존중받을 수 있는 공공부문을 만들어 가야 한다는 취지이다.

공동체의 관점에서 일본 사회의 성향을 파악하고 동일본대지진과 연계해 해석하는 관점도 있다. 일본은 재난이나 재해를 당하면 서로 위로하고 응원하며 단합하여 복구에 매진하자는 메시지를 일제히 보내고 또 응하는데, 거기에는 필요성과는 별개로 하나의 공동체로서의 인식을 공유 내지는 강제하고 있다는 시각이다(서동주, 「동일본대지진과 천황의 현재성」, 『일어일문학연구』 제84집 제1호, 한국일어일문학회, 2013). 이 글에서는 대지진 이후 피해지역을 방문하고 위로의 말을 전하는 등 파격적인 행보를 보인 천황과 황실에 대해 분석하면서 "재해의 책임과 부흥계획을 둘러싼 정치적 공방에서 비껴난 '무해한 군주'로서의 천황은 공동체의 죽음에 대한 권위있는 추모자라는 전통적인 위상과 결합하여 재해에서 추모로 이어지는 일련의 내셔널리즘적 분위기를 규율하는 존재로 기능하고 있는 것이다"라고 지적한다. 즉 일본에서 재해(재난)와 복구라는 순환적 패러다임의 중심에 있는 것은 국가공동체이며 그것을 상징하는 존재는 천황이고 그것은 비정치적인 의미로, 즉 감성과 신화의 영역으로 받아들여지고 있다는 것이며 이것이 내셔널리즘의 기반을 구축하고 있다는 것이다.

이러한 논의들이 동일본대지진과 후쿠시마 원전 사고를 둘러싼 문제점과 비판, 의식적 차원의 변화에 대한 것이라면 시스템과 관련해서는 어떤 시각이 있을까? 이것은 우리나라에도 민감한 정치적인 변화 양상을 담고 있어 상당히 흥미롭고, 다음 장에서 논의할 '힐링 영화'와도 관련이 있어 언급할 필요가 있다고 생각한다.

김준섭은 「동일본대지진 이후 일본에 있어서의 새로운 국가비전에 관한 논의와 일본정치의 변화」(『일본학보』 제92집, 한국일본학회, 2012)라는 글에서 세 가지 시각을 소개하고 있다. 그것은 '제3의 패전', '재해 후', '제3의 사이클' 등이다. 패전으로 보는 시각은 지역주권과 적극적인 개국, 인사제도의 혁신 등을 주장하며 우익 정당인 '오사카 유신의 회' 정책에 반영되어 있다. 재해 후로 보는 시각은 수도 기능의 분산, 선거제도 혁신을 통한 정계재편, 슬로우 라이프(slow life)의 정착과 공공의식 함양 등을 주장한다. 제3의 사이클로 보는 시각은 글로벌화에 적합한 국가와 기업 시스템, 미일동맹하에서 자위 능력의 확대 등을 제시하고 있다.

주목하고 싶은 것은 재해 후라는 인식하에서의 두 번째 시각이다. 슬로우 라이프는 전후 이어진 고도성장과 자본주의의 공고화에 따른 억압적 사회 시스템과 순종적 문화를 개선할 수 있는 또 다른 행복 추구의 스타일로 보이며, 지역의 특성에 맞는 분권 지향은 획일성에서의 탈피를 통해 지역과 개인의 자율성이 보장되는 형태로 나아가는 길이기 때문이다. 앞서 공공철학의 관점을 소개했는데, 문제는 개인의 주체를 확대해 가는 것과 더불어 공동체의 성격 재규정, 그리고 개인 주체의 일상화라는 것에 있다고 보인다.

여러 가지 논의가 봇물처럼 쏟아져 나올 만큼 동일본대지진과 후쿠시마 원전 사고의 영향은 지대하며, 이를 토대로 새로운 인식과 공동체, 일상생활을 지향하는 움직임이 감지된다. 영화는 이러한 공적이고 논리적인 논의를 일상화하고 이미지화하고 스토리화해서 보여준다. 직접적인 웅변이나 제안, 대안은 아닐지라도 가장 보편적이고 일반화된 사람들 사이의 관계와 감정을 바탕으로 관객에게 쉽게 말을 건다. 재난은 직간접 피해자에게 실질적인 피해와 더불어 트라우마를 남긴다. 따라서 재난 영화가 기대는 휴머니즘이나 사랑이나 유대 혹은 생명의 소중함 등의 가치는 상투적인 루틴이 아니라 희망과 기대라고 할 수 있다.

우리나라에서도 크고 작은 재난이 끊임없이 피해를 가져오며, 피해 당사자만이 아니라 그 외 많은 사람들에게도 트라우마를 남기고 있다. 이미지를 통해 각인된 트라우마를 이미지를 통해 치유, 극복한다는 것이 간단하지만은 않다. 그럼에도 불구하고 <우미자루>의 구조대원들처럼 간절함을 전할 수 있다면 조금의 위로는 가능하지 않을까 생각한다.

🎬 소노 시온(園子温, 1961~)

영화감독, 각본가. 1980년대 중반 개인 제작 저예산영화로 경력을 시작하여 2000년대에 강렬하고 충격적인 작품들로 국제적인 인지도를 얻었다. 근친상간, 성폭력, 극단적인 신체 훼손 등으로 가족의 해체를 그린 논쟁적인 영화와 코미디, 공포, SF, 뮤지컬까지 장르를 횡단하는 B급 오락영화를 오가며 악명과 명성을 동시에 쌓았다.

연출, 각본, 작곡, 촬영을 혼자 도맡은 〈기묘한 서커스 奇妙なサーカス〉(2005)는 어느 가족의 초상을 근친상간, 성폭력, 신체 훼손 등으로 그려낸 문제작이다. 이 영화로 캐나다 판타지아영화제 작품상과 베를린영화제 관객상을 수상한 그는 다음 해 〈노리코의 식탁 紀子の食卓〉(2006)으로 카를로비바리영화제 특별상과 돈키호테상, 부천국제판타스틱영화제 관객상과 여우주연상을 잇달아 수상하였다. 〈자살클럽〉의 연작 형식을 취하고 있는 〈노리코의 식탁〉 역시 행복한 가정이 파괴되는 과정을 묘사한 작품이다. 가족의 해체라는 소노 시온의 중심 테마는 다음 시기 '증오 3부작'을 통해 더욱 심화된다.

소노 시온의 '증오 3부작'은 2008년 〈러브 익스포져 愛のむきだし〉로 시작하여 2011년 〈차가운 열대어 冷たい熱帯魚〉를 거쳐 같은 해 〈길티 오브 로맨스: 욕정의 미스터리 恋の罪〉로 완결된다. 그 중에서 가족의 붕괴와 사

이비 종교 간의 연관성을 4시간의 긴 러닝타임에 담아낸 〈러브 익스포져〉가 희망의 가능성을 제시한 엔딩으로 그나마 낙관적인 비전을 제시하였다면, 실제로 일어난 엽기적인 살인사건을 모티프로 한 이어지는 두 편의 영화는 이보다 더 비관적이다. 이 세 편의 서스펜스 드라마는 모두 큰 틀에서 가족의 붕괴를 다루고 있는데, 〈차가운 열대어〉에서는 연쇄살인범 남자에게 엮여 파멸에 이르는 한 남자의 이야기가, 〈길티 오브 로맨스〉에서는 러브호텔에서 발생한 토막살인 사건을 중심으로 파멸하게 되는 여성들의 이야기가 펼쳐진다.

2012년에 그는 3.11 동일본대지진을 직간접적으로 다룬 두 편의 영화를 내놓았다. 대지진으로 완전히 붕괴된 사회 안에서 희망을 찾으려는 한 소년의 이야기인 〈두더지 ヒミズ〉가 '포스트 3·11' 영화라면, 〈희망의 나라 希望の国〉는 원자력 발전소 부근에 사는 두 가족의 모습을 통해 3·11을 좀더 직접적으로 다루고 있다. 현실을 기이하게 비틀린 왜곡상으로 포착한 전작들에 비해 3·11을 다룬 이 영화들은 좀더 온건하고 현실적이라는 점에서 소노 시온의 변화를 엿볼 수 있다. 하지만 그는 다음 해 〈지옥이 뭐가 나빠? 地獄でなぜ悪い〉(2013)로 다시 소노 시온 식의 장르영화로 돌아왔다. 열혈 아마추어 영화광들이 야쿠자 집단과 손잡고 한 편의 영화를 만드는 과정을 코미디와 공포, 액션 영화의 문법을 뒤섞어 거의 시각적 난장으로 구현한 이 영화를 소노 시온은 "팝콘 먹고 콜라 마시면서 볼 수 있는 영화"라고 소개하였다.

소노 시온의 영화들에서 느껴지는 것은 극단적인 묘사와 현실에 대한 차가운 응시라고 할 수 있다. 엽기적이고 혹은 혐오를 유발할 수 있는 잔혹한 장면 연출은 과거 오시마 나기사가 추구하던 타협 없이 끝까지 간다는 식의 영화에 대한 관점을 견지하는 듯이 보인다. 그것을 통해 자신의 메시지를 보다 더 확실하고 분명하게 하려는 의도로 보인다. 차가운 응시는 과거부터 무의식적으로 당연시하거나 이상적인 환영으로 받아들여지던 것들, 특히 가족에 대해 그것이 현대 사회에서 변형되고 혹은 파괴되고 있는 현실을 직시하고 그것을 차갑게 응시함으로써 관객들의 반추를 기대하고 있다고 생각된다. 또한 그는 장르영화가 가지는 전형성과 함의를 뒤집거나 왜곡시켜 보여주기를 좋아하는 장르파괴자의 모습도 보인다. 마치 코엔형제의 작품들이나 타란티노 감독의 영화들에서 보이는 장르의 변주를 보여주고 있는 듯하다. 하지만 다른 점은 그것의 방식인데 단순한 왜곡이나 변주가 아니라 파괴에 이르는 철저함과 묘사의 극단성에 있다.

동일본대지진과 관련한 영화 두 편은 본문에 언급했으므로 따로 덧붙일 것은 없지만, 그의 작품을 관통하는 하나의 특질로서 얘기하자면 흔히 주변에서 보는 일본인들의 피상적인 겉모습과는 전혀 다른, 상반되는 이미지의 캐릭터들이 나온다는 것이다. 그것은 동일본대지진을 다룬 두 영화에서도 마찬가지이다. 그것은 세켄(世間)이라 불리는 일본인들의 행위를 제어하는 보이지 않는 틀, 혹은 메이와쿠(迷惑)라고 불리는 상대에 대한 배려 의식 등이 철저하게 배제된 캐릭터들이라 할 수 있다. 그것을 실제 본마음이라 생각하건 욕망의 표상이라고 보건 그의 영화를 일본영화 속에서 독특하게 보이게 하는 하나의 요인임에는 틀림없다.

대표작으로는 〈기묘한 서커스 奇妙なサーカス〉(2005), 〈러브 익스포저 愛のむきだし〉(2008), 〈길티 오브 로맨스: 욕정의 미스터리 恋の罪〉(2011), 〈두더지 ヒミズ〉(2012), 〈희망의 나라 希望の国〉(2014), 〈신주쿠 스완 新宿スワン〉(2015) 등이 있다.

(근현대 영화인사전에서 발췌, 정리, 추가 서술)

1990년대에 일본에서 지가와 주가가 급격히 붕괴하며 경기가 후퇴했던 일을 이르는 말. 1980년대 후반에 급등했던 지가와 주가가 하락하고 금융 기관의 불량 채권 문제가 발생하면서 경제 전반에 악영향을 미쳐 일본 경제가 장기 침체의 늪으로 빠지는 계기가 되었다.

1970년대 일본의 JVC, 소니, 파나소닉, 도요타, 혼다, 캐논과 같은 전자기업들은 우수한 기술력으로 미국과 유럽의 경쟁사들을 고사시키며 세계시장을 장악했다. 이 과정에서 일본은 세계 1위의 무역흑자를 기록하며 막대한 자본을 비축해 놓지만 동시에 타국 간의 무역마찰도 심해진다. 1980년대에 오일 쇼크의 여파가 잦아들었고, 오일쇼크 이래 인위적인 엔저로 일본의 수출이 매년 급속하게 불어나면서 기업들의 매출이 크게 상승하자 1983년을 기점으로 자산시장이 급속하게 활성화되었다. 그러던 1985년에 플라자 합의로 엔화 가치가 올라 일본제품의 가격경쟁력이 떨어져 수출이 감소하며 성장률이 떨어졌다. 그 결과 1986년에 −0.5%(달러 기준. 엔화 기준은 +2.8%). 오일쇼크 이후 최악의 성장률이었으며 달러 기준 마이너스 성장이 기록되는 상황이 벌어진다.

이런 갑작스러운 무역 악화로 인한 경기 둔화에 일본 정부는 경기 부양을 위해 금리 인하와 부동산 대출 규제 완화라는 정책을 폈다. 당시 일본은 70년대 호경기 이후로 부동산 가격과 주식가격은 이때를 기점으로 나날이 올랐으며, 특히 부동산 시장은 기존의 부동산 불패 신화도 있었기에 더욱 상승했고 이에 따라 기업과 개미들이 재테크로 거금을 벌었다는 소식이 잇따라 전해졌다. 투기 열풍이 불기 시작하면서, 여기에 혹한 기업과 중장년층이 대박을 꿈꾸며 자산시장에 대거 진입했다. 여기에 정부가 나서서 부동산 거품을 조장하고 나서니 투자자들은 이에 호응하여 광적으로 부동산에 투자하기 시작했고, 경제성장률은 다시 1987년 달러기준 +1.6%(엔화기준 4.1%), 1988년 엔화기준 7.1%, 1989년 엔화기준 5.4%, 1990년 엔화기준 5.6%, 1991년 3.3%(엔화기준)까지 성장하기는 했다. 문제는 내수경기 부양책이 부동산과 주식시장으로 쏠린 결과물이었다는 것이다. 저금리로 시장에 풀린 자금은 부동산과 주식 투기에 쏟아졌고, 안 그래도 올랐던 주가와 부동산 가격이 더 오르는 악순환이 반복된다. 다시 수많은 기업과 개미들이 주식과 부동산 시장으로 점점 더 몰려들었다. 집값이 너무 비싸진 나머지 주요 대도시 실수요자들은 집을 구하지 못하고 근교 지역으로 계속 밀려 나갔다. 결과적으로 집을 소유하지 못하고 밀려난 이 사람들은 버블 당시의 낙천적인 국가 분위기만 즐긴 의문의 승리자들이 된다.

결국 일본 정부는 1989년에 소비세 신설과 금리 인상이라는 악수를 두게 된다. 물론 금리 인하가 자산 시장 버블의 요인이 되었던 만큼 이러한 상황을 개선하려 한 것이겠지만, 천천히 올려야 할 금리를 너무 급격히 올려버린 나머지 이전까지 크게 올랐던 주가와 부동산 가격이 폭락했고 이는 소비 심리를 위축시켜서 경제의 경착륙을 불러왔다.

일본은행은 1988년 9월에 2.50%이던 기준금리를 1990년 12월 6.00%까지 올렸다. 즉 2년 3개월 만에 3.50%p나 금리가 폭등한 것이다. 이로 인해 주식시장이 먼저 무너지고, 부동산 시장에도 영향을 주기 시작한다. 1991년에는 부동산 대출 총량규제, 즉 신규대출 전면금지, 기존대출도 LTV (Loan-to-value, 부동산 감정가 대비 대출액) 200%→70%로 제한이라는 자폭을 하고 만다. 부동산은 거래액수가 매우 큰 만큼 LTV의 변동은 구매자 성향에 큰 영향을 줄 수 있는데, 담보가치를 130%p나 변동시키는 조치를 너무 쉽게 꺼냈다. 당연히 담보가치 폭락으로 부동산 시장에는 매수세가 뚝

끊겼고, 일본의 부동산 시장은 한 순간에 몰락해버리고 만다.

이후로도 일본 정부는 불량 채권 회수에 미비하게 대처하면서 경기 침체를 악화시켰다. 그리고 결정적으로 생산과 소비의 중심인 생산 가능 인구가 1992년 정점에 도달한 이후 감소하기 시작해 자산 거품 붕괴로 인한 단발적이며 일시적 경기 침체가 장기화되었다. 게다가 1997년 아시아 외환위기가 닥쳐오자, 일본 기업들의 해외 자산이 대규모 손실을 기록하면서 견실한 기업들마저 줄도산하는 등, 글로벌 경쟁력을 잃어버리고 만다. 실제로 1996년까지는 경제성장률이 회복되려는 움직임이 있었으나, 1998년부터 완전히 마이너스 성장과 0% 성장을 반복하는 고사 상태로 접어든다. 1996년까지는 도산하는 기업이 부동산, 주식 리스크가 컸던 중소형 은행/증권사, 중소 건설업체, 부동산 회사 등에 집중됐으나, 1998년부터는 대기업과 대형 금융사까지 쓰러지게 된다. 이른바 '눈물의 파산선언'으로 유명한 일본 3대 증권사 야마이치 증권(1998년 파산), 일본 최대의 지방은행 홋카이도 탁쇼쿠 은행(1998년 말 파산), 일본장기신용은행(1999년 파산)은 전부 1997년 외환위기 이후 아시아 사업 손실 때문에 파산했다.

학자들은 자산 거품이 꺼지는 중에 금리 인상과 대출 총량 규제 등의 정책이 잃어버린 20년의 원인으로 보았고, 이런 사례를 바탕으로 미국의 연방준비제도는 2008년 서브프라임 모기지 사태 시 미국은 금리 인하와 강력한 부양 정책을 펼치는 등 일본과 전혀 다른 선택을 하게 되었다.

(나무위키에서 발췌, 정리)

10 힐링 영화: 너무 느린 반복

커다란 재난이나 재해를 경험한 사람들은 물론 신자유주의 경제의 모순과 불합리를 목도하고 있는 많은 사람들이 생활양식과 생의 의미에 의문을 느끼는 일이 많아졌다. 일본에서는 동일본대지진과 후쿠시마 원전 사고, 한국에서는 세월호 침몰 사건이나 사상 최대의 지진, 정치적 혼란, 경제적 위기, 여러 분야에서의 부패, 그리고 최근의 팬데믹(Pandemic) 상황 등으로 그러한 문제의식이 고조되었다고 생각된다.

그러한 상황에서 관객이 영화에 기대하고 있는 것은 크게 두 가지로 볼 수 있다. 하나는 의문의 핵심을 찌르고 원인이나 해결책을 제시하는 것이다. 다른 하나는 이제까지의 생활양식이나 시각을 바꾸어 행복을 추구하는 힐링을 안겨주는 영화이다. 우리나라에서는 후자의 영화로서 우선 떠오르는 것이 일본영화이다.

원인은 여러 가지로 생각할 수 있지만, 인터넷에 있는 관객들의 관람 후기에 많이 등장하는 것으로 잔잔하다, 담백하다, 소박하다 등의 느낌이 그렇게 생각하게 만드는 주요 요인이라고 생각된다. 사람에 따라서 편차는 있지만 힐링을 느꼈다, 안식을 얻었다는

_카모메 식당

감상이 SNS나 인터넷 상에 올라 있는 것을 쉽게 발견할 수 있다. 특히 개봉한지 10년도 더 지난 <카모메 식당 かもめ食堂> (2006)은 그것을 본 우리나라 사람들이 '힐링'이라는 말을 공통적으로 들고 있다. 이어서 <안경 めがね>(2007)도 거의 같은 감성으로 보고 있다는 것을 알 수 있다. 요리가 나오기 때문에 요리 영화로 받아들이는 사람도 있지만, 역시 힐링이라는 말로 요약되고 있다.

최근 예술이나 스포츠, 종교, 카운슬링 등에서 힐링을 정신적인 치유법으로 여기는 경향이 있다. 관광이나 산업에서도 힐링을 키워드로 고려하는 움직임도 쉽게 찾아볼 수 있다. 그만큼 '힐링'이 어느새 우리 생활의 키워드로 자리잡은 느낌이다. 힐링(healing)은 사전적 의미로 치유, 치료(법)를 뜻한다. 우리가 생활 속에서 쓰고 있고, 영화에도 적용시키는 힐링은 물론 신체의 치유가 아닌 정신적인 치유와 치료이다.

영화를 비롯한 예술의 효용을 얘기할 때 카타르시스(catharsis)를 흔히 언급한다. 아리스토텔레스(Aristoteles)에게서 유래한 것으로 비극의 주인공이 겪는 비참한 운명에 의해 관중의 마음에 두려움과 연민의 감정이 유발되고, 그 과정에서 이들 인간적 정념이 순화된다고 하는 일종의 정신적 승화작용이라고 할 수 있다. 간접 경험을 통한 정신적 승화는 그것이 비극이건 아니건 일정 정도 많은 스토리텔링에도 유용한 개념이라 하겠다.

그런데 힐링을 느끼는 영화, 힐링 영화는 두 가지 종류로 구분할 수 있다고 생각한다. 하나는 주인공이 스토리 전개를 통해 자신의 마음의 상처나 트라우마를 치료하고 극복하는 영화이다. 주인공은 초반과는 달리 결말에 이르면 많은 변화와 이른바 성장을 하며 세상과 타인에 대해, 그리고 자신에 대해 관대하고 따뜻하며 용기를 가지게 된다. 다른 하나는 주인공이 뚜렷한 상처나 트라우마를 가지고 있지 않고, 초반과 후반이 크게 다르지 않은 영화이다. 주인공 자신은 스토리 내에서 힐링을 한다는 느낌이 없는데, 주변 사람들이나 혹은 영화 자체의 특성으로 인해 관객에게 힐링의 느낌을 주는 영화이다. 카타르시스를 굳이 적용하자고 한다면 전자의 영화를 예로 들 수 있을 것이다.

우리에게 잘 알려진 일본 힐링 영화는 오히려 후자 쪽에 가깝다. 물론 전자의 성향을 가진 영화가 양적으로 훨씬 많은 것은 사실이다. 그러나 일본영화 혹은 일본 힐링 영화라고 했을 때 떠오르는 이미지로는 후자의 인상이 훨씬 강하다. 그것은 <카모메 식당>이나 <안경> 등 우리나라 영화에서는 낯선 연출과 소재, 편집 그리고 연기까지, '일본적'이라는 수식어가 붙을 정도로 특징적인 영화가 힐링 영화로 각인된 영향도 크다고 생각한다. 여기서는 그런 후자의 영화에 가까운 작품들을 찬찬히 살펴보도록 하겠다. <달팽이 식당 食堂かたつむり>(2010), <리틀 포레스트 リトル・フォ

レスト＞(2014~2015)가 중심이 된다.

　　한 가지 짚고 넘어갈 것은 힐링 영화는 엄밀한 의미에서 장르는 아니다. 장르가 가지는 공식이나 관습, 도상 등에 있어 공통적인 것을 찾기가 힘들고 관객들의 주관에 많이 좌우되는 '힐링'이라는 감정적 상태도 한 가지로 규정할 수 없기 때문이다. 그럼에도 불구하고 여기서 소개하는 것은 우리가 영화를 관람하고 그것에 대해 서로 얘기하고 혹은 해석을 해보는 일련의 행위는 '텍스트로서의 영화'가 가지는 재미이다. 즉 영화는 감독이나 영화 제작자의 의도가 아니라 관객이 자신의 경험과 컨텍스트를 통해 해석해 받아들이는 재료 혹은 대상이다. 가공의 자유는 관객에게 있는 것이다. 그런 의미에서 많은 하위 장르의 출현과 인식에는 관객의 힘이 작용하고 있다고 볼 수 있다. 따라서 우리나라 관객들이 명명하고 인식하는 힐링 영화라는 일종의 분류도 논의할 가치가 충분히 있는 것이다.

　　그런데 이른바 일본의 힐링 영화는 그것을 즐기는 마니아가 있는 반면, 재미없는 영화로 일단 패스하는 관객들도 많이 있다. 그들이 받는 공통된 느낌은 지루하다, 느리다 혹은 밋밋하다, 영문을 모르겠음 등이다. 아마도 공감하는 독자들이 많을 듯하다. 어떤 요소들이 그런 느낌을 만들고 힐링이 아니라 짜증과 졸음을 유발하는 것일까? 그것과 더불어 일반적으로 일본 힐링 영화라고 불리는 영화의 공통적인 특징은 어떤 것인지도 함께 생각해 보기로 한다.

01
일본의 힐링 영화 - 지루하고 느린 일상과 반복

　앞에서 얘기했지만 일본의 힐링 영화에 대한 인상은 보는 이에 따라 판이하게 다르다. 휴식과 위안을 얻었다는 사람도 있는 반면, 지루하고 무슨 얘기를 하려는 건지 도통 모르겠다는 사람도 많이 있다. 일단은 후자의 인상에 대해 살펴보도록 하자.

　<카모메 식당>이나 <안경>을 본 사람이라면 충분히 공감하듯이, 주인공을 중심으로 펼쳐지는 사건과 전개라는 것이 새로운 사람이 오고 함께 식사를 하고 떠나는 것이 거의 전부이다. 즉 주인공을 둘러싸고 사건이 촉발되고 전개되며 갈등이 증폭되고 절정에 이르렀다가 해결되는 기승전결 혹은 3막 구조라는 플롯 형식이 희미하거나 많은 부분이 생략되어 있다. <카모메 식당>에서는 주인공이 핀란드에 정착하게 된 이유나 거기에 같이 머무르게 되는 사람들의 사연이 많은 부분 생략되어 있고, 주인공의 초반과 후반이 크게 다르지 않다. 그저 주먹밥(お握り)을 메뉴로 개발하는 일, 과거 안 좋은 일이 있었던 핀란드인과의 화해 등이 사건이라면 사건이다. <안경>은 그것보다 더 단조롭다. 무슨 일인지 혼자 트렁크를 들고 외딴 민박집을 찾은 여자는 식사를 하고 마을 사람들과 바닷가에서 체조를 하고 팥빙수를 먹고 하는 그런 하루를 반복한다. 사연에 대해서는 그녀를 찾아 온 청년과의 대화를 통해서도 알 수 없다. 그리고 올 때와는 다르게 활기차게 떠나간다.

즉 관객이 지루하게 생각하고 스토리를 파악하지 못 하는 것은 '일상'과 '반복' 그리고 영화 연출에 있어서의 '느림'에서 오는 것이다. <어벤저스>나 <극한직업>(2019)처럼 주인공(들)에게 미션이 생기고 난관이 발생하며 갈등을 극복하고 해결하는 일종의 스토리 구조가 뚜렷하게 보이지 않는다는 점에서, 스토리를 이해하기 힘들다는 느낌이 온다. 단적으로 말하자면 스토리라고 할 만한 변화가 없다. 또한 그것을 대신하는 것이 바로 일상이다. 같은 문화권이라면 익숙한 일상이다. 그리고 일상은 반복되는 것이다. 보통의 영화라면 반복은 복선이거나 스토리 전개에 있어 역할이 주어진다. 그러나 이들 영화에서는 먹는 것, 운동하는 것, 자는 것 등이 그러한 복선이나 전개와 무관하게 반복된다. 왜냐하면 일반적으로 사람들은 그렇게 반복되는 일상을 영위하며 살고 있기 때문이다.

일상은 권태 혹은 탈출이라는 단어와 연결되곤 한다. 지루한 일상을 탈출하다 혹은 권태로운 일상 등으로 말이다. 왜냐하면 반복되기 때문이다. 따라서 새로운 무언가를 찾아, 변화된 어떤 것을 쫓아 일상을 탈출하고 싶어 한다. 하지만 일상은 마냥 권태로운 것도 아니고 마냥 지루하지만도 않다. 그것은 그러한 반복되는 일상이야말로 삶을 지탱해주는 대부분의 시간과 행동양식이며 또한 평화와 평온을 의미하기 때문이다.

우리가 흔히 일상에서 탈출한다고 하여 여행을 가지만, 여행을 가서 하는 행위를 생각해 보자. 장소가 바뀌었을 뿐 우리가 영위하던 행동양식은 크게 달라지지 않는다. 잠자고 먹고 TV를 보며 산책을 한다. 색다른 놀거리를 찾기도 하고 볼거리를 구경하기도 하지만, 일시적인 것일 뿐이다. 더 나아가 그곳에서 장기간 지낸다면 또 다른 의미의 일상을 만들고 생활하게 되는 것이다. 그것은 다른 의미로 그러한 일상을 파괴하거나 뒤흔드는 일이 발생하지 않는다는 것을 뜻한다.

일본의 힐링 영화가 지속적으로 보여주는 '일상'과 '반복'은 그렇게 파악할 수 있다면, 느림은 어떨까? 일본영화 역사에서 1950년대 중반부터 1960년대까지 기성세대의 영화를 비판하며 나선 젊은 영화감독, 시나리오 작가 등을 이른바 '일본 뉴웨이브' 혹은 '쇼치쿠 누벨바그'라고 부른다. 그들이 비판한 지점은 여러 가지가 있으나 영화 연출로 제한해 얘기하자면, '느리다'와 '눈물'이다. 연기, 촬영은 물론 편집에서 음악까지 이전의 일본영화는 마치 노(能)를 보듯 마냥 느리고, 서글픈 감정 표현에만 급급하여 눈물로 얼룩져 있다는 것이다. 자신감과 활기가 없이, 마치 느리다는 것이 예술적 엄숙함과 장중함을 대변한다는 인식에 대한 비판이었다.

하지만 힐링 영화 속의 느림은 그들이 비판했던 느림과는 다르게 보아야 한다. 일본 뉴웨이브가 연기자의 연기와 관객에게 감정을 느끼게 할 시간적 여유, 그리고 미적 감각으로서의 느림을 비판의 대상으로 했다면, 힐링 영화 속의 느림은 '일상'과 '반복'을 간접체험하게 하기 위한 방법으로서의 느림이다.

우리는 어느 사이엔가 빠른 것, 즉각 해결되는 것, 속도감 등에 경쟁하듯 몰리게 되었다. 그리고 그것이 좋은 것이고 그런 것이 현대적이며 앞선 것이라고 인식하고 있다. 따라서 일상도 그런 속도에 맞추어 재단하고 단축시켜 버리는 것을 당연시하게 되었다. 문명의 이기라고 불리던 전자기기들은 그러한 속도를 더욱더 가속시킨다. 그럼에도 불구하고 현대인은 시간이 없다, 바쁘다고 한다. 일의 성격과 시스템이 바뀌어서 그럴 수도 있고, 사회 구조의 문제라고 할 수도 있다. 그렇지만 인간은 과거보다 점점 행복해지고 있어야 하는데 혹시 실상은 그렇지 않은 것은 아닐까? 마치 소설『모모』에서처럼 누군가에게 내 시간을 빼앗기고 있는 것은 아닐까? 그런 의구심과 회의감에서 힐링 영화가 제공하는 느림은 자신의 시간을 찾는 간접 체험인 것이다.

　　스토리와 템포의 문제를 일상과 반복, 느림이라는 단어로 살펴보았다. 미진한 부분이 있다면, 다음에 얘기할 음식과 일상 속에서 다시 보충해 보자.

02

현대 일본 힐링 영화 - 음식과 일상

　　이제 영화를 살펴보면서 이야기를 진행해 보도록 하겠다. 우선 <달팽이 식당>이다. 이 영화는 <카모메 식당>이나 <안경>보다는 스토리의 전개와 기승전결이 어느 정도 보인다. 그리고 주인공 자신이 힐링된다는 해석도 가능한 영화이다.

주인공 린코는 아빠도 모른 채 자라 성인이 된 뒤 도시로 나가 식당을 개업하는 꿈을 이루려고 살지만, 남자친구의 배신으로 모든 것을 잃고 실어증에 걸린 채 엄마가 사는 고향으로 돌아온다. 자신을 무시하는 엄마에게서 겨우 작은 창고를 빌려 식당을 개업하고 하루에 한 손님 (팀)만 받는 형태로 영업한다. 식사를 한 손님이 행복을 얻는다는 소문

_달팽이 식당

이 나 성업을 이루지만, 동급생의 시기와 질투로 어려움을 겪는다. 마음을 추스린 린코는 다시 행복을 주는 요리를 만들게 되는데, 암에 걸린 엄마가 죽기 전 자신의 아빠를 만나게 되고 또 자신을 사랑하지 않는다고 생각했던 엄마의 사랑을 확인하게 된다.

린코와 엄마로 스토리를 제한해서 보면 이 영화는 두 사람 사이의 관계 회복과 사연으로 요약할 수도 있다. 그런 면에서 스토리의 기승전결이 다른 힐링 영화보다는 훨씬 뚜렷하다. 그런데 굳이 그렇게 보지 않아도 된다는 점이 이 영화를 두 번째 부류의 힐링 영화로 생각하게 한다. 그녀는 말을 잃은 대신에

_달팽이 식당

사람의 감정과 마음을 읽는 것까지는 아니지만 그 사람에게 맞는 요리를 만들 수 있는 능력을 얻었다. 그것이 행복을 주는 요리이다. 그렇게 다른 사람들에게 위로와 공감을 줄 수 있는 요리를 대접하여 힐링을 제공하는 주인공은 다른 영화에서도 찾을 수 있다. <해피해피 브레드 しあわせのパン>(2012)에서도 주인공 부부는 홋카이도(北海道)를 배경으로 자신들의 카페를 찾는 사람들에게 맛있는 음식과 빵, 커피를 제공해 마음을 열게 하고 서로를 이해하게 한다. 즉 주인공 자신이 아니라 식당을 찾은 사람들의 아픔과 사연에 대한 공감을 보여주는 점에서 힐링 영화라고 할 수 있다. 이런 구조는 <심야식당 深夜食堂>(2015)에서도 볼 수 있다.

어릴 적 자신을 잘 돌봐주었던 이웃 아저씨에게 대접한 카레는 그에게 외국에 나가 있는 아내와 딸에 대한 추억을 되살리고 전화 통화를 하게 되는 우연(기적)이 발생한다. 또 후처(첩)라서 차가운 시선을 받고 늘 상복 같은 검은 옷을 입고 다니던 미망인은 음식을 먹고 삶의 활력을 찾고 화려한 옷으로 외출한다. 극적 효과를 위해 주인공의 남다른 능력을 보여주려는 의도가 있는 연출은 다른 영화들에 무수히 많다. 다만 이 영화에서 그것은 능력이라기보다는 마음이라는 점에 차이가 있다.

린코는 어릴 적부터 혼자라는 느낌을 가지고 자랐다. 불륜으로 낳은 자식이라는 말을 다른 사람들로부터가 아니라 엄마에게서 듣고 자랐고, 바를 차려 일하는 엄마는 밤늦게까지 돌아오지 않았다. 그런 혼자라는 의식의 축적이 린코로 하여금 손님이 느끼는 외로움과 교감하게 하는 것이다. 능력이라면 능력일 수 있겠지만, 린코는 자신의 외로움을 손님에게 감정이입해 요리로 표현하는 것이다. 그것은 공감이라는 느낌과 이해하고 위로하는 마음을 담은 것이라고 볼 수 있다. 손님들이 느끼는 행복은 그런 것이다. 나를 이해하고 공감해주며 소통하는 사람이 있다는 안도감과 따뜻함이다.

그런데 한 가지 생각해 볼 것은 왜 하필 요리와 음식인가 하는 점이다. 우리가 흔히 일본의 힐링 영화라고 부르는 작품들 대부분에는, 여기서 살펴보는 영화들을 포함해서, 요리와 음식이 많이 등장하는 것일까?

음식(요리)은 일상과 밀접히 연관되어 있다. 일상을 이루는 행위들을 잘 생각해 보면, 생존과 관련된 필수적인 것들이 많다. 그중 먹는 행위는 그야말로 필수적이다. 먹는 행위의 대상을 만들고 소비한다는 것만큼 일상을 대변하는 것도 많지 않아 보인다. 그런데 일상적인 먹음에는 '무엇'을 '어떻게'라는 부분이 생략되어 있다. 그렇게 생략된 부분에 중요한 의미가 있다.

찰리 채플린(Charlie Chaplin)의 <모던 타임즈 Modern Times> (1936)에는 유명한 장면들이 많이 있는데, 그 중 하나가 노동 시간을 늘리고 식사 시간을 줄이려고 자동으로 음식을 먹게 해주는 기계를 개발해 찰리가 시험 대상이 되는 장면이다. 기계는 순조롭게 작동되는 듯했지만 이내 속도와 위치 제어에 실패해 찰리를 구타하는 지경에 이르는 에피소드이다. 많은 웃음을 자아내는 장면이지만 그 뒤에는 씁쓸하기도 하고 어쩌면 잔혹한 사회의 일면을 담고 있다. 이 영화에서 찰리로 대표되는 노동자는 다른 에피소드에서 보이듯이 커다란 톱니바퀴의 부속품으로 단지 나사를 조이는 작업을 반복하는 존재이다. 개인의 시간을 빼앗아 노동 시간을 늘리려는 의도가 고안해 낸 자동 식사 장치에서처럼, 무엇을 어떻게 먹을지에 대한 선택권이 남에게 있다면 얼마나 비참하고 잔인한 일일까? 좀 더 극단적으로 얘기하면 패스트푸드(fast food)는 그런 의미를 담고 있는 음식이라고도 할 수 있다.

<달팽이 식당>에서 손님들이 느끼는 이해와 공감, 힐링의 느낌은 그런 것에서 벗어난 존중에서 오는 것이다. 하루에 한 번, 한 손님을 위하여 요리하고 차례차례 음식을 내오는 정성과 마음은 그러한 상대에 대한 존중이다. 그것은 fast가 아니라 slow이고 fast food가 아니라 slow food이다. 맞춤복과 기성복의 차이에 비유할 수 있을까? 물론 받는 느낌이 사람마다 다를 수 있다는 가능성은 있지만 말이다.

영화의 마지막, 엄마의 결혼식에 엄마가 키우던 애완용 돼지를 잡아 동네 사람들과 함께 파티를 여는 장면이 나온다. 어떤 사람들은 충격적이라고 하고 어떤 사람들은 공감한다고 한다. 충격적이라고 생각하는 사람들은 엄마가 사랑했던 애완동물이며 린코와 대화까지 나눴던 상대를 죽이고 게다가 파티까지 여는 것은 엽기적이고 잔인하다는 생각일 것이다. 공감한다는 쪽은 엄마의 사랑을 같이 생각하고 나눈다는 의미로 받아들이는 것이다.

어느 쪽을 편들 생각은 없다. 하지만 이 영화에서 요리가 상대의 존중, 소통, 이해와 공감의 표현이라고 한다면, 린코에게는 마을 사람들과 같이 엄마를 이해하고 존중하고 공감해 주기를 바라는 마음이 아니었나 생각된다. 그러한 방법이 선뜻 내키지는 않겠지만.

두 번째 영화는 <리틀 포레스트>이다. 우리나라에서 리메이크해서 화제가 되기도 했던 작품이다. 영화의 줄거리는 앞서의 <카모메 식당>이나 <안경>만큼이나 간단하게 얘기할 수 있다. 도시에서 살다 농촌인 고향에 돌아온 이치코가 일 년 동안 농사일을 하며 음식을 만들어 먹고 동네 사람들과 교류하며 살다가 다시 도시로 돌아가는 이야기이다. 에필로그에는 도시에서 결혼을 하고 다시 고향으로 돌아와 살게 된 이치코가 보인다.

영화는 크게는 두 작품, 작게는 네 작품으로 구성되어, 각각 여름, 가을, 겨울, 봄이라는 계절을 배경으로 하고 부제목도 그렇게 달려 있다. 그리고 보면 <해피해피 브레드>의 구성도 비슷하다. 각각의 계절에 맞추어 농사일, 양어장, 산에서 나는 열

_리틀 포레스트

_리틀 포레스트

매, 음식 만들기 등이 내레이션과 함께 보여진다. 메인 플롯이라고 할 수 있는 엄마와의 관계나 이치코의 개인적인 사연 등은 영화에서 두드러지게 보이지는 않는다. 굳이 그런 스토리의 기승전결을 얘기하자면 도시 생활에서 자신의 정체성이나 한계에 대해 막막해하던 이치코가 고향에서의 생활을 통해 활력을 찾고 자신의 선택으로 고향에 돌아온다는 것이다.

그런 부분을 메인 플롯으로 생각하기에는 중요한 부분을 차지하는 내레이션이 할당된 많은 부분은 농사일의 과정이나 음식 조리 과정에 부여되어 있다. 아마 이 영화를 관람한 사람은 음식의 재료를 채집하거나 수확하고 음식을 만들고 맛있게 먹는 장면들이 가장 먼저 떠오를 것이다. 그만큼 이 영화에서 중점을 두고 있다는 것도 된다. 이 영화를 우리나라에 소개할 때 카피가 기억에 남는다. 바로 일본판 '삼시세끼'였다. 텔레비전에서 방영되어 인기를 끈 프로그램을 인용하여 영화를 소개한 것인데, 절묘하다는 생각이 들었다. 뚜렷한 목적을 가진 것이 아닌 주인공이 그저 재료를 구해 요리하고 먹는 영화이기 때문이다. 그런데 그냥 그런 요리 레시피 영화일까?

앞서 <달팽이 식당>에서 음식과 요리가 소통, 공감, 존중 등의 함의를 가지고 있다고 한다면, 이 영화에서는 직접 자신의 몸으로 체험하는 것에 대해 얘기하고 있다고 생각한다. 작물을 키우고 음식을 만들어 먹는 것과 그 과정에 대한 장면들, 그리고 양어장 일을 하는 장면들 모두는 과정의 생략이라는 영화 편

_리틀 포레스트

집의 가장 효율적인 개념과 방법을 잊은 듯이 세세히 보여준다. 배우가 대역을 쓰지 않고 직접 연기를 했다는 의미가 아니라, '과정'을 끊지 않고 그대로 보여준다는 것이다.

양어장 일을 돕는 장면에서 동급생이었던 유타는 왜 고향으로 돌아왔냐는 이치코의 질문에 다음과 같은 취지로 대답한다. 직접 몸으로 체험하고 느낀 것은 책임지고 얘기할 수 있고 믿을 수 있다고 생각하는데, 도시에서 만난 사람들은 직접 해보지도 않고 남이 만든 것을 옮기기만 할 뿐인데 마치 다 아는 것처럼 잘난 척하는 것이 싫었다는 것이다.

이치코는 그렇게 옮기는 일이 아니라 직접 과정을 경험하는 것을 반복하면서 자신의 행위와 말에 책임을 질 수 있는 자신을 만들어간 것이다. 요리와 음식은 그것을 나타내는 표현물이다. 재료부터 시작해 자세한 레시피와 더불어 조리 과정이 연이어 등장하는 것은 그 과정을 직접 체험하는 주인공을 보여주고 있는 것이다.

엄마와의 에피소드가 간간이 등장하는데 그것은 모두 엄마가 직접 요리를 하고 음식을 만드는 것과 관련되어 있다. 심지어 엄마

의 남자친구로 여겨지는 외국 남성이 왔을 때도 그러하다. 어디서 사오거나 남에게서 받은 것이 아니라 직접 만드는 행위를 이치코는 엄마에게서 무의식적으로 학습했던 것이다. 그 의미를 깨닫지 못하고 있었던 것뿐이다.

앞서 힐링 영화에 대한 느낌으로 얘기한 '느림'은 생략되지 않은 과정이라고 생각한다. 과정이 있기에 느려 보이고 그렇게 느껴진다. 그것은 과정이 생략된 결과물만을 소비하는 데 익숙해져 있는 현대인들의 초상일 수도 있다. 이치코가 도시에서 어떤 사연이 있고 어떤 아픔이 있었는지는 자세히 나와 있지 않지만, 과정이 생략된 결과물에서 오는 괴리감과 좌절, 소통 불능 등이 그 원인이지 않을까 추측해 본다. 물건의 소비만이 아니라 인간 관계에 있어서도 과정 없이 결과만을 성급히 기대하고 쉽게 좌절하지는 않았을까? 이런 추측의 근거로 남자친구와의 에피소드가 있다. 키가 큰 남자친구는 산수유 열매를 따서 이치코에게 주려고 하지만 이치코는 자신이 직접 따겠다고 고집을 피운다. 남자친구는 이치코의 키로는 무리라며 그냥 자신이 딴 것을 먹으라고 한다. 내레이션에는 체력에는 자신이 있는 시골 출신이라 산수유 열매에 닿지 못하는 것이 분하다고 되어 있다. 그러나 그 이면에는 이치코가 알아차리지 못한 남자친구와의 인식 차이가 있었다. 결과물인 산수유 열매가 있으면 그것으로 됐다는 인식의 남자친구. 자신이 직접 과정을 통해 손에 넣지 못하면 부족하다는 생각의 이치코. 그렇게 달랐던 것이다. 내레이션에는 그 남자친구와 헤어지고 시골로 돌아왔다는 내용이 담겨 있다.

　　<리틀 포레스트>는 그렇게 4계절의 시골 풍경과 그곳에서 키우고 수확한 여러 재료들을 계절에 맞게 요리하고 먹는 행위를 반복하여 보여준다. 누군가는 한적하고 예쁜 시골 풍경 속에서 힐링을 느끼고, 누군가는 거기에 살고 있는 사람들의 소박한 모습들 (아마도 많은 아마추어 배우나 현지인들을 캐스팅했을 것이다)에서 가공되지 않은 신선함에 힐링을 느낄 것이다. 혹은 지루하고 따분한 영화로 볼 수도 있다. 그렇지만 '과정이 있는 느림의 영화'로 다시 생각해 보는 것도 좋을 것이라 생각한다.

03
힐링 영화와 컨텍스트 - 빼앗긴 일상과 평범함

　　지금까지 <달팽이 식당>과 <리틀 포레스트>를 살펴보면서 각각이 담고 있는 요리(음식)의 의미에 대해 생각해 보았다. 그 전제에는 음식과 일상의 관계가 있다. 힐링 영화에 거의 대부분 등장하여 식욕과 더불어 힐링을 전달하는 음식들이 평온하고 내일이 가능한 일상을 대표하는 상징물이라는 것이다. 그렇듯 힐링 영화는 일상에 대해 많은 부분 할애해서 메시지를 전하고 있다.

　　일본 애니메이션의 많은 하위 장르 중에 '일상계'라는 것이 있다. 2000년대 중반부터 등장한 이 용어는 다른 말로 '공기계(空氣

係)'라고도 한다. 일상계 애니메이션은 한 가지로 정의하기 힘들지만 대개는 어린 여자아이들의 특별할 것 없는 일상을 끝없이 묘사하는 애니메이션으로 얘기된다. 애니메이션의 특성상 현실에 있을 것 같지 않은 환타지나 액션, 러브스토리 등을 다루는 것이 당연시되는 데 반해, 일상계는 뚜렷한 기승전결 구조나 화려한 액션 장면 등이 없이 평범한 청소년의 일상을 다룬다. 그런 면에서 우리가 힐링 영화라고 부르는 일본영화들의 특징은 이러한 일상계 애니메이션과 일정 부분 닮아 있다.

또한 일상계 애니메이션을 다른 말로 '공기계'라고도 부른다고 했는데, 그것은 '空気を読む'라는 일본어에서 유래했다고 한다. 그것은 우리말로 직역하면 공기를 읽다가 되고, 의미는 분위기를 읽다, 분위기 파악을 하다 라는 뜻이다. 왜 이런 용어가 일상계 애니메이션에 붙었는가 하면, 일상계 애니메이션이 일상을 다루다보니 등장인물인 청소년들의 대화가 대부분을 차지하고, 내용이나 메시지도 커뮤니케이션과 소통인 경우가 많기 때문이다. 예를 들어 우리나라에서도 방영한 <러키☆스타 らき☆すた>(2007)에서는 여학생들이 소라빵을 어디서부터 먹느냐를 놓고 끝없이 얘기를 나누는가 하면 아이스크림이나 카레 먹는 방법을 가지고 대화를 나눈다. 맥락과 기승전결에 미치는 영향은 아무것도 없다. <야마노 스스메 ヤマノススメ>(2013)에서는 등산에 관련된 대화와 에피소드들이 계속하여 이어진다.

언뜻 애니메이션 내에서 캐릭터들이 수다와 잡담을 하는 장면

을 별 의미 없이 보여주고 있는
것처럼 보인다. 표면상으로는 그
렇다고 할 수 있다. 그러나 그 대
화 속에는 소통과 상대에 대한 이
해의 과정이 있다. 이를테면 <야
마노 스스메>의 주인공은 외톨이
로 혼자 있는 것을 편하게 생각하
는 여학생으로 소통에 어려움을
겪고 있었다. 갑자기 나타난 어릴
적 친구의 반강제적인 등산 권유
로 서서히 교류의 폭을 넓혀가게
된다. <역시 내 청춘 러브코미디
는 잘못됐다 やはり俺の青春ラブ

_러키☆스타

コメはまちがっている>(2013)에서도 두 남녀 주인공은 학교에서
외톨이로 자존심만을 내세우는 인물들인데, 선생님에 의해 봉사부
에 소속되면서 다른 학생들의 고민을 해결해 주는 일을 통해 서서
히 소통과 교류를 넓혀간다는 전개를 가진다.

애니메이션 얘기를 하자는 것은 아니지만, 어쩌면 이런 일상계
애니메이션이 주는 메시지와 일본 힐링 영화의 메시지나 컨텍스트
가 많은 공통점을 가지고 있다고 생각하기 때문에 소개했다.

평범, 일상 이런 단어들로 연상되는 일상계 애니메이션은 바로
일상의 재인식과 연결되고, 공기계로 불리는 이면에는 소통 부재의

상황에 대한 각성과 비판이 들어 있다. 이는 곧바로 힐링 영화에서 발견하는 메시지와 통할 수 있다.

<달팽이 식당>에서 상대에 대한 존중과 소통을, <리틀 포레스트>에서 과정의 중요성을 각각 키워드로 들었다. 그 매개체이자 결과물로 음식을 얘기했던 것이다. 일상계 애니메이션은 음식보다는 대화와 커뮤니케이션이 훨씬 비중이 크다. 대화는 과정이고 그것의 중간 결과물은 소통과 이해, 그리고 존중이다. 이렇게 보면 비슷한 시기에 전혀 다른 형태로 일본의 사회와 인간관계에 대해 메시지를 전하고 있다고 생각된다.

더더욱 이런 힐링 영화나 일상계 애니메이션이 주는 메시지가 의미를 가지는 것은 일상과 평범에 대한 재인식을 촉발한 사건이 있었기 때문이다. 그것은 최대의 재해이자 재난이었던 동일본대지진과 후쿠시마 원전 사고였다. 그것은 평범한 일상을 파괴한 사건이었다. 탈출하고 싶고 벗어나고 싶었던 반복되는 지루한 일상을 빼앗긴 것이다. 일상은 그렇게 내일을 기약할 수 있는 기반이자 평온과 평화를 만드는 기초가 된다는 것을, 잃어버리고 나서 비로소 깨닫게 된 것이다.

영화 <두더지>에서 주인공인 스미다는 너희들은 모두 특별하다는 선생님의 말에 '평범 최고!'(普通、最高!)라고 외친다. 영화는 전적으로 동일본대지진과 원전 사고를 기반으로 깔고 전개되지는 않지만, 감독이 그것을 염두에 두고 시나리오를 고쳐썼다는 점에서 재난이 가져온 인식 변화는 어떤 것일까를 생각하게 한다. 따라서 이 장면은 의미심장하다. 평범과 일상은 유지하고 지키는 것이 그렇게 간단하고 용이하지 않다. 잃어버리고 비로소 알게 되는 가치 있는 것이다. 영화는 그렇게 얘기한다. 영화에 등장하는 노숙인들, 폐허가 된 쓰나미 현장의 이미지 등에서 그것을 발견할 수 있다.

<달팽이 식당>과 <리틀 포레스트>는 그러한 일상의 재인식과 소통의 중요성을 재차 강조하고 있는 힐링 영화이다. 대지진과 히키코모리, 원전 사고와 이지메. 이런 연결은 힐링 영화를 통해 마음의 위안과 더불어 일상과 과정의 가치, 소통과 이해의 소중함을 일본 사회에 전하고 있는 것이다.

쇼치쿠 누벨바그(松竹ヌーベルバーグ)

1950년대 후반부터 1960년대 전반에 걸쳐 쇼치쿠 영화사 출신의 영화감독들을 가리키는 말이다. 오시마 나기사(大島渚)의 〈청춘잔혹 이야기 青春残酷物語〉(1960)의 흥행 성공이 계기가 되었다. 자유분방함과 반권위적인 자세가 프랑스에서 일어난 누벨바그와 닮아서 이들 새로운 영화에 대해 언론에서 쇼치쿠 누벨바그라는 이름을 붙인 것이다. 구체적으로는 오시마 나기사, 시노다 마사히로(篠田正浩), 요시다 기주(吉田喜重) 등 세 명의 영화감독과 그들과 관계된 영화제작 멤버들을 일컫는다. 오시마 나기사는 〈일본의 밤과 안개 日本の夜と霧〉를 영화사가 자발적으로 상영 중지한 것에 항의하며 쇼치쿠를 나오게 된다. 몇 년 후에는 시노다 마사히로와 요시다 기주도

독립하여 영화사를 설립한다. 쇼치쿠 누벨바그는 몇 년을 이어가지 못하는데, 회사에서의 독립도 있지만, 감독들 각자의 개성이 뚜렷하여 공통점을 찾기 어렵고 또한 이러한 흐름이 다른 영화사나 감독들에게서도 발견되어 이후에는 독특함이나 신선함이라는 면에서 공통적으로 일컫기에는 무리가 생겼기 때문이라 할 수 있다.

쇼치쿠라는 영화사에 두각을 나타낸 젊은 신인감독들이 많이 나온 것도 이러한 명칭이 붙게 된 이유이기도 하다. 따라서 이들만이 아니라 그들과 비슷한 시기에 데뷔한 다른 영화사의 감독들이나 영화인들의 영화에 대한 인식이나 관점, 영화만들기 등에서 변화를 발견하고 좀 더 확대시켜 '일본영화 누벨바그'를 논하는 관점도 있다.

이러한 관점에서 보자면 마스무라 야스조(增村保造)가 1958년 영화잡지 『영화평론 映画評論』에 기고한 '어떤 변명 ある弁明'이란 글에서 종래의 일본영화에 대해 비판한 것이 누벨바그의 시작을 알리는 선언이었다고 보인다. 그는 이탈리아 유학을 통해 유럽을 체험하면서 느꼈던 인간의 당당함, 자유 등에 반해, 일본영화에서 관습적으로 재현하고 있는 인간의 모습이나 메시지, 정서 등은 그와 반대되는 것이라고 비판한다. 그것에는 이전까지 영화를 만드는 것이 직업으로 혹은 작업으로 여겨져 왔던 것에 대한 반감이자 자신이 만드는 영화가 지향하고자 하는 바를 명확히 밝히는 일이기도 했다. 확실히 초기의 그의 영화에서는 당당하고 주관이 뚜렷한 남녀 청년들이 등장하며, 빠른 말투와 행동이 부여된다. 또한 편집에 있어서도 기존 일본영화 특유의 느리고 장중함을 느끼게 하는 음악과 사운드 활용을 걷어내고 빠른 전개와 빠른 컷 변화로 변화를 보여준다.

닛카츠(日活) 영화사에서는 비슷한 시기 이마무라 쇼헤이(今村昌平)가 데뷔하여 하층민의 끈질긴 생명력과 욕망에 충실한 모습을 그려냈고, 도에이(東

映)에서는 사와시마 추(沢島忠)가 시대극의 장르적 변주와 인물의 정형성 탈피를 보여주었고, 도호(東宝)에서는 오카모토 기하치(岡本喜八)가 과감한 앵글과 오락으로서의 액션을 선보였다. 다이에이(大映)의 마스무라 야스조와 쇼치쿠의 오시마 나기사까지 추가하면 각각의 영화사에서 신인감독을 중심으로 새로운 영화에 대한 열망과 시도가 각양각색의 모습으로 표출되고 있었다고 판단된다.

이러한 변화의 지점에서 보이는 공통점은 그들이 대학의 정규 교육을 받은 인물들이라는 것과 묘사에 있어서 기존의 장중함이나 엄숙함 혹은 예술의 겉치장을 과감히 벗어났다는 점, 그리고 영화를 바라보는 좀 더 자유로운 인식과 가능성을 영화 속에 녹여냈다는 점 등을 들 수 있다. 대학 출신이라는 점을 든 이유는 영화사가 일종의 도제시스템을 통해 오랜 기간의 수련을 통해 기존 감독들의 영화 만들기와 관념, 기법 등을 모방하는 데 그쳤다면, 이들은 외국의 새로운 경향과 학문적 지식 그리고 사회에 대한 주체적 관점 등을 영화 속에서 표현할 수 있는 기반이 되었다는 것에 있다.

일본영화 누벨바그의 영향은 당대에 새로움과 신선함으로 충격을 안겨준 것에만 있는 것이 아니라, 이후 일본영화에서 묘사나 기법만이 아니라 영화가 현실과 사회에 대해 발언할 수 있고 관객과의 소통이 가능한 매개체로서 기능할 수 있다는 가능성을 열었다는 데 있다. 금기와 관습이라는 틀을 깨고 자유로이 상상하고 표현하는 영화의 새로운 장을 만들었다는 것이 지금까지 쇼치쿠 누벨바그 혹은 일본 누벨바그라고 부르는 1950년대 후반부터 1960년대 초반 일본영화계에 있었던 변화의 영향이라고 하겠다.

후기: 일본의 장르영화 즐기기

장르영화는 대중과 같이 호흡하고 대중이 만들어내며 대중이 키워나가는 영화이다. 장르영화에는 대중에 잠재된 좌절과 슬픔만이 아니라 기쁨과 희망도 함께 들어 있다. 그러므로 장르영화를 통해 그러한 대중의 잠재된 의식과 감정을 추출해 낼 수 있는 것이다. 어느 나라에서나 장르영화는 사회적 상황이나 인식의 바탕 위에서 발견되고 융성하고 또 쇠퇴해 간다. 그 행간에는 역사, 정치, 문화를 바라보는 대중들의 열의, 집중, 호응과 더불어 저항, 무시, 암묵적 동의도 들어 있다. 흔히 장르영화를 영화 산업과 연계해 생각하는 관점이 있는 것은 그러한 대중들의 힘을 인정하는 하나의 징표로도 보인다.

이 책은 그러한 장르영화이면서도 어째서 일본 장르영화가 우리나라에서 일반적으로 재미없다, 지루하다는 이미지로 받아들여지고 있는지에 대한 물음으로 시작했다. 애니메이션의 경우는 관객층이나 수용 양태가 조금은 다르다. 어쩌면 일본 애니메이션의 형식과 표현에 어느 정도 익숙해져 있기 때문일 수도 있다. 어릴 적 더빙판으로 본 애니메이션을 우리나라에서 만든 것으로 굳게 믿고 의

심치 않았던 경험이 일정 세대 이상에서는 공통된 것이라 생각한다. 익숙함은 태생적인 것도 있겠지만, 만들어질 수도 있다는 사실을 알려준다. 더불어 주요 관객층이 청소년이라는 점도 실사영화와 다른 애니메이션의 수용 양태에 영향을 준다고 보인다. 더욱이 정보의 유통과 습득이 현저히 빠르고 광범위해진 현대 사회에서 청소년은 그것을 어느 세대보다 쉽게 수용하는 관객층이 되었다. 이는 실사영화 관객층의 성격과는 어느 정도 차별된 것이라 생각된다.

실사영화에 한해서 생각하면, 일본 장르영화 수용에 있어서의 특징에는 많은 독립변수가 있을 수 있다. 그것을 장르적 특성과 일본 사회라는 컨텍스트를 토대로 최근 영화를 중심으로 분석하고 해석하여 다른 관점으로 일본영화를 바라보는 시도를 하였다. 태평양전쟁, 고도경제성장, 버블과 버블의 붕괴, 동일본대지진과 후쿠시마원전 사고 등의 역사적, 사회적 컨텍스트와, 개인주의와 히키코모리, 노숙인과 경쟁사회 등의 사회 상황에 대해서도 해석에서 언급하였다.

때로는 역사적 흐름을 간략하게 소개하기도 하고 과거 시대의 유명 감독들의 작품에 대해 언급하기도 한 것은, 그런 토대 위에 일본의 장르영화가 성립되었고 흐름을 이어왔기 때문이다. 장르는 작품 하나로 성립되지는 않는다. 한 작품이 계기가 될 수는 있어도 다른 작품들의 가세가 없으면 장르로서의 힘은 없다. 따라서 장르의 축적에 대한 기본적인 지식이나 정보가 없으면 그저 작품론에 그칠 우려가 있다. 되도록 간략하게나마 일본의 장르영화의 흐름에 대해 언급한 것은 그 이유 때문이다.

하지만 그 부분을 되도록 짧게 서술한 것은 이 책이 지향하는 바가 이론적이거나 객관적인 논문이나 철학적인 사색을 위한 것이 아니라, 독자들이 줄거리로 이해하는 데 그칠 수 있는 영화를 다른 각도와 토대 위에서 생각해 보는 예시에 있기 때문이다. 물론 우리나라와 컨텍스트를 달리하는 일본 사회나 일본인들의 인간관계를 끌고 들어오는 것이 얼마나 유효할지 미지수이기는 하다. 역사적, 정치적 관계에 있어서 우리나라와 일본은 많은 갈등과 문제를 안고 있는 것이 현실이다. 어떤 관점에서 보면 해결될 기미가 보이지 않으며 오히려 더욱 그 골이 깊어지는 느낌마저 든다. 이 책에서 다루는 일본의 장르영화가 일본에서 만들어진 일본영화라는 점은 우리에게 있어 지금 무슨 의미가 있는지 반문하게도 한다.

그러나 글에서도 종종 언급했듯이 일본에서 벌어지는 상황이나 현상이 전혀 다른 남의 일이 아니게 된지는 이미 오래전이다. 한 나라의 상황은 곧 다른 나라들로 영향이 미치고 그것이 다른 방향에서 나타나기도 하는 그러한 세계에서 우리는 살고 있는 것이다. 경제문제에서 전 세계가 서로 얽혀 있는 명백한 현실과 작금의 팬데믹 상황에서 보듯이 한 지역, 한 나라의 문제는 더 이상 남의 일로 치부할 수 없는 것이다. 게다가 몇몇 장르영화의 분석에서 보이는 컨텍스트는 우리와도 너무나 밀접하게 관련되어 있기도 하다. 따라서 일본영화에만 그리고 일본 사회에만 적용되는 그러한 해석이나 분석인 것은 아니라고 생각한다. 역으로 한국영화 <기생충>

_기생충

이 수많은 다른 나라에서 주목하고 흥행하는 것은 영화 속 상황이나 현실이 비단 우리만의 문제인 것은 아니라는 것을 말해주고 있지 않은가?

따라서 글에서 제시하고자 한 해석은 일본의 특수성을 떠나 현대사회라는 컨텍스트를 고려하는 것이다. 이전 시대보다 훨씬 속도를 붙여 변화하는 현대사회는 어느 정도 공통되는 사회적 현상과 문제를 안고 있다는 생각이다. 따라서 일본의 장르영화 분석과 해석이 일본 사회에 대한 이해라는 막연한 것이 아니라 우리의 현실과 상황을 파악하는 도구로도 쓰일 수 있었으면 하는 더 큰 바람을 안고 있는 것이다.

한 가지 첨언할 것은 장르는 계속 변한다는 것이다. 장르 자체의 변화와 더불어 다른 장르와의 결합, 인용 등이 늘 벌어지고 있다. 따라서 하위 장르의 발생이나, 관객과 네티즌들이 만들어 내는 장르마저도 존재할 수 있다. 이는 오리지널 장르만을 고집하는 사람들이 보면 장르가 아니라고 하겠지만, 긍정적인 면이 많다고 생각한다. 그만큼 영화에 대해 생각해 보고, 비교해 보고, 해석해 보는 기회가 많아질 것이기 때문이다. 스마트폰에서도 영화를 보는 상황에서 그러한 경향은 극히 자연스럽다고 하겠다. 따라서 여기에 소개한 장르는 그 외의 많은 현대적 장르들을 모두 수용하지는 못했다. 그 외의 장르나 다큐멘터리, 애니메이션 등은 따로 길게 논의할 만큼 방대하다. 이는 이후의 작업으로 넘겨야 한다.

장르마다 소개한 영화들이 양적으로나 시기적으로 성에 안 차

_노인을 위한 나라는 없다

는 독자들도 있을 수 있다. 이것은 양해를 구한다. 매년 쏟아지는 많은 영화들을 모두 업데이트하고 분석하기에는 많은 제약이 있었음을 이해해 주기 바란다. 논문이나 수업을 통해 쌓아 온 일본의 장르영화 관련 정보와 분석의 결과물로 생각해 주었으면 한다. 이후에 다른 방식으로 업데이트와 보완, 수정을 할 수 있기를 기대한다.

끝으로 책 속에는 저자의 주관적인 해석이 많이 들어가 있는데 그것이 반드시 정답인 것은 아니라는 점을 확인해 두고 싶다. 저자가 바라본 관점과 인식일 뿐이다. 피라미드는 옆에서 보면 삼각형으로 보이지만 위에서 보면 사각형이다. 그것들이 합쳐져야 온전한 전체 모양을 파악할 수 있다. 그러기 위한 단지 하나의 시도임을 꼭 밝혀두고 싶다.

인명

유양근

서강대학교, 광운대학교, 가톨릭관동대학교 강사.
니혼(日本)대학 예술학부 예술학박사.
영화와 애니메이션을 활용해 현대 문화, 일본문화 등 강의.

저서 :『LEE Doo-yong』,『아시아 영화의 오늘』(공저),
      『초보자를 위한 시네클래스(개정판)』(공저)
번역서:『영상의 발견』,『일본 아니메 무엇이 대단한가』(공동 번역)
논문 :「영화 <GO>, <피와 뼈>, <박치기>의 변주와 수렴」
      「디지털 시대 일본영화의 변모 - J호러를 중심으로 -」
      「일본 시대극영화의 현대적 변용 - 변주와 수렴 -」
      「일본영화가 담아낸 재난의 기억 - 동일본대지진 이후 영화를 중심으로 -」
      「일본 코미디영화의 웃음 코드와 기능 - 2013~2014 흥행작을 중심으로」 외

있는
일본영화가 재미없는 10가지 이유
현대 일본 장르영화의 경향과 사회적 컨텍스트

초판발행   2020년 5월 30일

지은이   유양근
펴낸이   안종만·안상준

편 집   전채린
기획/마케팅   손준호
표지디자인   이미연
제 작   우인도·고철민

펴낸곳   (주) **박영사**
                서울특별시 종로구 새문안로3길 36, 1601
                등록 1959. 3. 11. 제300-1959-1호(倫)
전 화   02)733-6771
f a x   02)736-4818
e-mail   pys@pybook.co.kr
homepage   www.pybook.co.kr
ISBN   979-11-303-0985-9   03680

이 저서는 2017년 정부(교육부)의 재원으로 한국연구재단의 지원을 받아 수행된 연구임
(NRF-2017S1A6A4A01021848)
This work was supported by the National Research Foundation of Korea Grant funded by
the Korean Government(NRF-2017S1A6A4A01021848)

정 가   19,000원